U0017198

汪榮祖 著

史傳通說

文心雕龍卷第四

史傳第十六

開闢草昧歲紀綿邈居今識古其載籍乎軒轅之世史有蒼頡主文之職其來久矣曲禮曰史載筆左右使之記也者左史記事者右史紀言者言經則尚書事經則春秋唐虞流于典謨商夏被于誥誓洎周命惟新姬公定法紬三正以班曆貫四時以聯事諸侯建邦各有國史彰善癉惡樹之風聲自平王微弱政不反雅憲章散紊彝倫攸斁昔者夫子閔王道之缺傷斯文之墜靜居以歎鳳臨衢而泣麟於是就太師以正

彥和妙解文理，而史事非其當行。此篇文句特煩，而約畧依稀，無甚高論，特敷衍以足數耳。學者欲析源流，有劉子元之書在。敘春秋一段，其文太繁。昔者二字不必增。

文心雕龍卷四

史傳第十六

開闢草昧，歲紀緜邈。居今識古，其載籍乎。軒轅之世，史有倉頡。主文之職，其來久矣。曲禮曰，史載筆左右。史者使也。執筆左右，（八字元脫。按胡孝轅本補。）使之記也。（元作已。胡本補。按）古（元脫孫補）者。左史記事者，右史記言者。言經則尚書，事經則春秋。唐虞流於典謨，商夏被於誥誓。自（汪本作洎）周命維新，姬公定法，紬三正以班歷，貫四時以聯事。諸侯建邦，各有國史。彰善癉惡，樹之風聲。自平王微弱，政不及雅。憲章散紊，彝倫攸斁。昔者（二字從御覽改）夫子閔王道之缺，傷斯文之墜。靜居以歎鳳，臨衢而泣麟。於是就太師以正雅頌，因魯史以修春秋。舉得失以表黜陟，徵存亡以標勸戒。褒見一字，貴踰軒冕。貶在片言，誅深斧鉞。然睿旨存亡（二字衍）幽隱，（胡本作秘）經文婉約。邱明同時，實得微言，乃

上海會文堂書局印行

作者所藏之文心雕龍(影印)

古之常言，曰"良史"，曰"直筆"，其曰"不盡不實"，則史傳之有乖良直者也。竊謂求盡則盡無止境，責實則實無定指。積材愈新，則考覈愈博，稽周知之史傳變而為寡見闕聞矣。著眼迥異，則群推真識圓覽之史傳不免於皮相畦執矣。斯所以一朝之史、一人之傳，祖構繼作，彼此相因相革而未有艾也。劉彥和《史傳》篇稍窺端倪，劉子玄《史通》窮源竟委，慎思明辨，卓爾成一家言，後來論者，祇如餘閏。海通以還，吾國學人涉獵西方論史傳著作，有新相知之樂，固也，而復往往笑與抃會，如獲故物、如遇故人焉。吾友汪君榮祖通識方聞，貫穿新故，出其緒餘，成茲一編。於中外古今之論史傳者提要鉤玄，折衷求是，洵足以疏瀹心胸，開張耳目，筆語雅飭，抑又末已。余受而讀之，賞歎之不足，僭書數語於簡端。錢鍾書。丙寅九月。

錢序原跡（影印）

凡例

一、本書尋劉勰史傳舊踪，旁測側探，參證今古中外，隨心賡揚，聊曰通說，非注劉釋劉之作也。

二、錢先生默存視我爲友，實我師表；賜我佳序，著我微意。誠作者之光寵。杜維運學長專治中西史學，卅年如一日，承其審閱全稿，更蒙惠序，盛情永誌。

三、全篇分述廿四章，凡有徵引咸注明出處，引言以 " " 號表之。可發深思之譯文，附錄原文，以資參照。初見之西人姓氏， 附以原文； 重見者僅示譯名。 篇末附譯名對照表，以利覆按。章末或見附說，以資申論之需。

四、各章附注，明示引用之作者，及其書名卷册頁數，以便讀者速檢。書名以〔 〕號表之，文名以「」表之。卷末徵引書目分中日文與西文二部，以姓氏或書名字母序，並詳示出版時地，以便查閱。參考而未徵引者不備錄。

五、書目之後，附以索引，以人名爲主，便於讀者按圖索驥也。

六、玆編之作，譬如蠡測汪洋，所得涓滴，豈滄海之比？夫中西史學，淵源俱長而流變殊塗，誠不可橫施甲乙；惟宜平心索解，窺其底蘊，觀賞異趣耳。至於殊語壹義，貌異心同者，並非偶然。蓋文化有異，情理可通，若直筆信史，史之懸鵠，東海西海固無異辭也。

再版自序

此書初版於戊辰龍年（1988. 12），嘗慮舊語異詞，難入時流，徒費筆墨而已。孰料三年於茲，海峽兩岸，大洋西東，尚有惠讀之者，為文評論，亦已有數起。今聯經函告，即將再版，更屬意料之外也。

劉勰史傳一篇，極為精簡，雖羅萬象，蘊義多有未發，況吾人居千百年後，值此海通之世，聞見閱歷，固非古人可及，自宜隨心賡揚，增華補厥，折衷求是。苟以囿於前人格局，或以未符先賢原義相質，則殊未逮著作初旨，蓋意在藉題發揮，猶天馬行空，何所羈然乎？至於西語漢譯，求其神似相應，並錄原文，以資互觀，意不在逐字翻譯也。

文章得失，冷暖自知，近年瀏覽所獲，亦能補闕，頗可增演昔說，唯再版在邇，僅先潤飾校正，存其舊貌耳。史傳意興，固不盡此，他日有暇，當別錄一編，再作野芹之獻。

汪榮祖　壬申初春居維州柏堡

錢序

古之常言，曰“良史”，曰“直筆”；其曰“不盡不實”，則史傳之有乖良直者也。竊謂求盡則盡無止境，責實則實無定指。積材愈新，則久號博稽周知之史傳變而爲寡見闕聞矣。着眼迥異，則羣推眞識圓覽之史傳不免於皮相畦執矣。斯所以一朝之史、一人之傳，祖構繼作，彼此相因相革而未有艾也。劉彥和「史傳」一篇稍窺端倪，劉子玄〔史通〕窮源竟委，愼思明辨，卓爾成一家言，後來論者，祇如餘閏。海通以還，吾國學人涉獵西方論史傳著作，有新相知之樂，固也，而復往往笑與忭會，如獲故物、如遇故人焉。吾友汪君榮祖通識方聞，貫穿新故，出其緒餘，成玆一編。於中外古今之論史傳者提要鈎玄，折衷求是，洵足以疏瀹心胸，開張耳目，筆語雅飭，抑又末已。余受而讀之，賞歎之不足，僭書數語於簡端。

錢鍾書　丙寅九月

杜序

劉彥和於第六世紀初期，寫成〔文心雕龍〕五十篇，以瑰麗之辭，剖析文章利病得失，體大而思深，論闢而議精。近世所謂文學批評，必以此書爲大宗焉。劉彥和亦精於史學，其「史傳」一篇，揚搉史籍，探究史理，若隱現劉子玄〔史通〕之縮影。其云“原夫載籍之作也，必貫乎百氏，被之千載，表徵盛衰，殷鑒興廢，使一代之制，共日月而長存，王霸之跡，並天地而久大”；“若乃尊賢隱諱，固尼父之聖旨，蓋纖瑕不能玷瑾瑜也；奸慝懲戒，實良史之直筆，農夫見莠，其必鋤也。若斯之科，亦萬世一準焉。至於尋繁領雜之術，務信棄奇之要，明白頭訖之序，品酌事例之條，曉其大綱，則眾理可貫。然史之爲任，乃彌綸一代，負海內之責，而贏是非之尤。秉筆荷擔，莫此之勞。遷固通矣，而歷詆後世。若任情失正，文其殆哉！”簡約文字中，於史籍之內容，史筆之抑揚，史法之要刪，史任之重大，一一出以精見，雖至中西史學大通之今日，其見仍不可廢。然則彥和之史學爲不可及矣。

吾友汪榮祖兄，醉心史學，於中西史學之會通，尤致深意。近以〔文心雕龍〕「史傳篇」爲基礎，分立二十四題目，通論中西史學。其彰善癉惡、百氏千載、銓評、貫通、史任諸目，尤爲功力所萃。舉凡中西史學之大脈絡、大關節，皆經指陳分析，而精見亦隨之而出，中西史學之異同亦現。"融通中外，參驗古今"（見「史任」第二十四），榮祖兄所懸之鵠的至高，其志趣氣象可見。今其書問世，有不令人歡欣鼓舞者耶!

中西史學，分途發展，中西文明繫焉。平心比較兩者，論其異同，究其短長，爲當今學術之大工作。以寬廣之胸襟，會通兩者，取其折衷，則世界性新史學所從出之途徑。然則凡專崇中國史學或獨宗西方史學者，其皆流於方隅之見歟!

與榮祖兄相交三十年，以興趣相投，每相見，輒恨日短。今其大著梓行，囑我爲之序。夫我豈能序榮祖兄之大著者？僭越之嫌不避，亦即以誌學術之深交也。惟幸大雅教正焉。

杜維運　戊辰初春

目次

載籍第一

開闢草昧，歲紀緜邈，居今識古，其載籍乎？

明萬曆本書影

文心雕龍卷之四

史傳第十六

開闢草昧歲紀綿邈居今識古其載籍乎軒

轅之世史有蒼頡主文之職其來久矣曲禮

"載籍" (Records) 者，文字之記錄，史之始也。載籍之前，太古茫茫，縱有人事，亦如"去歲湖上之風，既逝矣，渺難追尋"①。後人考古，偶拾"遺跡"(Remains)，乃知"史前" (Prehistory，或Antehistory)。故史前所據者，乃古人所遺之實物，諸如器械、屋宇、廟堂、墓葬、壁畫之屬，皆爲"無聲之證言" (the mute, silent witness)。致力於史前遺跡者，即考古學家 (archaelogist) 是也②。考古可爲歷史佐證，然無能取而代之，且史前史久已自立門戶，別闢蹊徑，與史學固多異趣存焉③。

既有文字而後有史，〔禮記〕「曲禮」所謂"史載筆"，誠不易之語。南史執簡以往，所以筆之於簡也。許愼釋史曰："記事者也"④；章太炎曰史"記簿書也"⑤；王國維以"史爲

---

① 此英國史學名家白德斐爾 (Sir Herbert Butterfield) 之言，全句謂："Bygone events were like the pattern of last year's wind on the surface of a lake-not things which one could feel were really capable of recapture."見氏著〔史源〕 (*The Origins of History*)，p. 17.

② 參閱單尼爾 (Glyn Daniel)，〔史前史釋〕 (*The Idea of Prehistory*)，pp. 12-13.

③ 詳見同上書第七章。李濟以考古實物爲眞實之史，文字記錄爲想像之史，顯屬一偏之論，近人已有評騭，閱楊懋春，〔史學新論〕，頁139-52。

④ 許愼，〔說文解字〕，頁65。

⑤ 章太炎，〔文始〕，卷 7，頁148。

掌書之官”⑥；徐子明謂史字旣从又持中，“又者手也，中者有所持也；古時無筆，用刀書之”⑦；金毓黻則謂：“保藏之檔案謂之中，侍中之人謂之史”⑧。衆士同聲，咸以史由筆載。史之於載籍，若形之於影焉。歷代更以書、志、簡、册爲史之異字，直以史卽載籍矣。泰西亦以“載籍乃史事之所賴”（Ne quid falsi audeat）。希臘史字，原作 ιστορια，訓爲調查硏究之意。西方史家之父希羅多德（Herodotus, ca. 484-425 B. C.）作〔波希戰紀〕（*The Persian Wars*），卽其調查之報告，包羅萬象，且有得自旅行見聞者。迄史家破雷別士（Polybius, ca. 198-120 B. C. or 200-118 B. C. or 198-117 B. C.）始以史（The Histories）名其載紀，自此史書同義，世代罔替。德文史字 Geschichte 雖別具史實、求眞之旨，仍以載籍（Geschehnis）爲重。法文 Histoire 亦近似。唯英文 History 作故事解，僅得皮相爾。

吾華載籍之富，舉世無儔。鄭鶴聲曰：“我國史學發生之早，典籍之博，學者之注意，實可謂世界各國中首屈一指”⑨，誠非虛言。蓋西土論師亦樂道中華册藏之盛⑩，若謂：“其持續

⑥ 王國維，「釋史」，〔觀堂集林〕，頁269。

⑦ 徐子明，「東西史學之異同」，〔史學〕，2期，頁285。

⑧ 金毓黻，〔中國史學史〕，頁7。另參閱內藤虎次郎，〔支那史學史〕，頁4-7。

⑨ 鄭鶴聲，〔文獻學〕，頁4。

⑩ 見施溫格（Wager T. Swingle），「中國歷史文獻」（“Chinese Historical Sources”），〔美國史學評論〕（*American Historical Review*），Vol. 26 (Oct. 1920-July, 1921), p. 718 謂中國 “Show a record such as can be produced by no other country in the world”（提供舉世無儔之載籍）。

之久，數量之宏，堪稱特色”(Unique in the volume of its output and the length and continuity of its record)⑪。〔隋書〕「經籍志」初入載籍於史部⑫，〔唐書〕復以史部爲乙部，分十三類：正史以紀紀、傳、表、志；古史以紀編年繫事；雜史以紀異體雜記；霸史以紀僞朝國史；起居注以紀人君言動；舊事以紀朝廷政令；職官以紀班序品秩；儀注以紀吉凶行事；刑法以紀律令格式；雜博以紀先聖人物；地理以紀山川羣國；譜系以紀世族繼序；略錄以紀史策條目⑬。〔宋史〕「藝文」亦曰史類十三，唯類稱略有異同，以“古史”爲編年類，以“雜史”爲別史類，以“雜博”爲傳記類，以“略錄”爲目錄類；另刪“起居注”、“舊事”，而代之以史鈔類、故事類⑭。〔明史〕「藝文」約之爲十類，以編年入正史類，刪霸史、目錄二類⑮。〔清史稿〕史部定爲十六類，增列紀事本末類、詔令奏議類、載記類、時令類、政書類、金石類、史評類，刪刑法類⑯。至此舊史類別已備。其中除史料與目錄外，史書體例不外編年、紀傳、紀事本末三體。唐劉知幾（子玄）已標其二；南宋袁樞，復創其一。子玄復就史家流派約而爲六：尙書家以言爲主；春秋家以事爲主；左傳家以魯爲主，專

---

⑪ 皮思雷（W. G. Beasley）和蒲立本（E. G. Pulleyblank）合編，〔中國與日本之史家〕(*Historians of China and Japan*)，p. 1.

⑫ 見〔隋書〕，册 4，頁953。

⑬ 見〔舊唐書〕，册 6，頁1963。

⑭ 見〔宋史〕，册15，頁5085。

⑮ 見〔明史〕，册 8，頁2377。

⑯ 見〔清史稿〕，册 1，頁39-40目錄。

述一國；國語家並列諸國，可稱爲國別史乘；史記家講求通史；漢書家尚斷代之史⑰。西方史學，雖無六家，三體俱備。歷代史書浩瀚，誠繁而難理，然論體究派，不出藩籬。晚近世變，西潮東至，作史者不崇官修，汰更義法，以史論爲尚，甚者以事輔論。新舊載籍之異，可謂至矣。然居今識古，其仍載籍乎？

載籍既存，人類之記憶不因人亡而滅，西人所謂："史者乃集合之記憶也"(History is organized memory)⑱。劉知幾亦嘗謂："竹帛長存，則其人已亡，杳成空寂，而其事如在，皎同星漢，使用後之學者，坐披囊篋，而神交萬古，不出戶庭，而窮覽千載。"⑲斯言誠然！唯載籍識古之闕失亦不可無言。後史記錄前史遺聞，考覈無從。"學者多稱五帝，尚矣！……而百家言黃帝，其文不雅馴，薦紳先生難言之"⑳。故太史公"擇其言尤雅者"爲本紀書首㉑。所謂尤雅者，亦多"傳聞"(Legends)，難稱信史，蓋無當時文字記錄故也。甲骨出，信史始斷自殷商，因見當時文字記錄故也。故今之作史者不言伏羲、黃帝，非敢數典忘祖，實信史有其準則，難以假借。甲骨文字雖有重建信史之功，因其殘缺，且多卜辭，仍難以據之作史，僅能以偏蓋全耳。西周東周文事雖美，而史簡時

---

⑰ 參閱劉知幾撰，浦起龍釋，〔史通通釋〕，卷1，頁1-11。
⑱ 柯曼久 (Henry S. Commager),〔歷史研求〕(*The Study of History*), p. 3.
⑲ 〔史通通釋〕，頁126。
⑳ 〔史記〕，册1，頁46。
㉑ 同上書。

有遺闕，無從詳其梗概。清昭槤曰："周末自麟經絕筆後，記載絕少。至周顯王蘇、張約縱連橫之時，事跡始可追尋，其間缺佚者一百三十五年，顧炎武已詳記矣"㉒。秦滅六國，禁天下書；項羽一炬，上古典籍，不復得見；漢武獨尊儒術，百家式微；董卓之亂，散二百年之收藏；永嘉南渡，中原文籍，再遭浩刼；侯景之亂，復毀梁元藏書；黃巢作難，隋唐之搜訪經營，又多流失；五代兩宋，刻板之術興，書籍驟增，而靖康難作，館閣蕩然，而南宋收藏則毀於元兵；朱明有〔永樂大典〕之盛，然李闖入京，宋刻元鐫，胥歸殘闕；清有〔四庫〕，咸同大難，損失又不知幾何。古今中外載籍亡佚，何止十之七八，"史家可得而證驗者，僅滄海之一粟耳"(He must take whatever testimony is tossed up like flotsam and jetsam on the sea of time)㉓。史氏欲據之以探眞相，亦汪洋蠡測耳。

或謂既存之載籍，已可稱浩繁矣。然古來政教淫威不絕，直書其難也！或以阿諛爲實錄，眞相湮淪；或以曲誣爲信史，是非莫彰。約而言之，禹域實錄諂于人主者爲多，而泰西實錄諂于教主者爲多，而其效一以汚染載籍爲功。英師傅利曼(E. A. Freeman)有言："作史者之釋古籍也，容或有誤；殊不知古籍或亦有誤謬也"(Not only may the historian err in interpreting the witness of records, but the records

---

㉒ 昭槤，〔嘯亭雜錄〕，頁507。

㉓ 強森(Allen Johnson)，〔史家與史證〕(*The Historian and Historical Evidence*), p. 44。

themselves may either err or lie)㉔。蓋籍由人載，而人心各異，所見不同，正誤不一，況勢利所趨，尤難把持，且從來信古闕疑，故三千年來，"非惟秦漢之書述春秋之事多誤也，卽近代之書述近代之事，其誤者亦復不少"㉕。例不細舉，王應麟已言之矣："〔史通〕云陸機〔晉史〕虛張拒葛之鋒；又云蜀老猶存，知葛亮之多枉。然則武侯事蹟，湮沒多矣。"㉖若然，則吾所識之古，乃他人欲吾識之者，非眞識也。

載籍旣闕而多疑，近世疑古風熾，誠非無故。"寧疑古而失之，不可信古而失之"㉗。甚者以爲歷史一無可信(Historical scepticism)，蓋歷史素材不似地質素材之"金是金，銀是銀"，不容有誤㉘。好古者慮史之將斬矣，遂欲踵武科學，重建"科學之歷史"(History as a Science)。英人布雷(J. B. Bury)於世紀之初(1902)就劍橋講座，卽以此相勉，謂"史學卽科學，不多不少"((History) is herself simply a science, no less and no more)㉙。傅斯年自英歸國途中，致書顧頡剛，

㉔ 傅利曼(Edward A. Freeman)，〔歷史研究方法〕(*The Method of Historical Study*), p. 122.

㉕ 崔述，〔考信錄〕，頁13。

㉖ 王應麟，〔困學紀聞〕，卷13，頁7。

㉗ 見胡適致顧頡剛自述古史觀書，載〔古史辨〕，册1，頁23。

㉘ 例見傅斯年，「與顧頡剛論古史書」，〔傅斯年選集〕，册3，頁408。

㉙ 布雷(John Bagnell Bury, 1861-1927),「歷史之科學」(The Science of History)，係劍橋近代史講座演說辭(The Regius Professor of Modern History at Cambridge), 引言見史屯(Fritz Stern)編，〔史學論叢〕(*The Varieties of History*), pp. 223, 210.

以"牛頓之在力學，達爾文之在生物學"勉之㉚，似拾布氏之言㉛。然布氏於歐戰前後，見解略變，已不似昔日樂觀矣。今日史氏更少以自然科學期許史學者矣㉜。雖然，或仍以不能比擬爲憾爾!

載籍旣難"盡"(complete)，復難"直"(true)，不似科學之精確，今人又安從而識古乎？竊謂史學與科學原非同功，何妨各爲異曲！載籍之闕疑也，天也，譬如道路之崎嶇，河流之淤塞，作史者唯有疏通清理，鍥而不捨，捨此安達?!

㉚ 同註㉘。

㉛ 布氏演說辭中亦有謂："歷史事實——如天文地質之事實"云云，見註㉙引書，頁214。傅氏所謂："上窮碧落下黃泉、動手動腳找東西。"似亦出自英人之說："You must go down to Hell and up to Heaven to fetch them."見崔弗琰(G. M. Trevelyan)，〔史家餘興〕(*The Recreations of an Historian*)，pp. 18-19.

㉜ 參閱汪榮祖，「歷史與科學以及科學的歷史」，〔中央日報〕，「史學」，1979年。

記事記言第二

古者左史記事者，右史記言者。言經則〔尚書〕，事經則〔春秋〕。

曰史載筆左右使之記已者左史記事者右
史記言者言經則尚書事經則春秋唐虞流
于典謨商夏被于誥誓洎周命惟新姬公定

〔漢書〕「藝文志」曰："古之王者世有史官，君舉必書，所以愼言行、昭法式也。左史記言，右史記事，事爲〔春秋〕，言爲〔尙書〕，帝王靡不同之。"① 而〔禮記〕「玉藻」則曰："動則左史書之，言則右史書之。"②左右互異、又其職不見於周官，章學誠因疑爲禮家衍文："後儒不察，而以尙書分屬記言、春秋分屬記事，則失之甚也……古人事見於言、言以爲事，未嘗分事與言爲二也。"③ 章炳麟亦謂："自古相傳，動則左史書之，言則右史書之；言爲〔尙書〕，事爲〔春秋〕，其實不然。"④ 按禹域史纂，始自史官，以天子諸侯之尊，置左右史，分掌言行，事屬可能。金毓黻辨之甚諦，而後作結曰："古之左史卽〔周禮〕之內史，右史卽〔周禮〕之大史。「玉藻」之左右字，以互譌而異，宜從漢志作左史記言，或言則左史書之；右史記事，或動則右史書之，其論辨至爲明晰矣。"⑤ 非僅上古如此，〔唐六典〕猶載，起居郎二人，"掌錄天子之動作

① 〔漢書〕，册 6，頁1715。
② 〔禮記〕，「玉藻」。見〔十三經注疏〕，下册，頁1473-74。另參閱〔初學記〕，「史傳」，册 3，頁502。
③ 章學誠，〔文史通義〕，「書教上」，頁8-9。
④ 章太炎，「略論讀史之法」，〔制言〕53，頁 1。
⑤ 金毓黻，〔中國史學史〕，頁 8，另參閱其引證，見頁7-8。

法度，以修記事之史”，起居舍人兩人，“掌天子之制誥德音，以修記言之史”⑥。王士禛謂左右史之分職，至明而合爲一官⑦，今見晚明瞿式耜疏，有云：“古者左史記言、右史記動，凡以天子一時之言動，卽萬世之法程，慮或湮遺，故以史臣專其事。凡天子召見羣臣，商議時政，則史臣必隨之。今皇上再舉召對，海宇欣瞻，而臣等侍從之臣，反有未能詳知當日光景者，雖閣部大臣，於陳謝疏中，微有條敍，亦似約略言之。伏乞今後凡遇召對，卽命史臣二人，簪筆入仕，記註詳核，隨于次日具疏奏呈，一面發抄，一面宣付史舘，庶四海快若親承，而萬世垂爲永憲。”崇禎元年，於召對之日，乃命記註官二員輪値⑧。然則，舊制復見於明末矣。

夫人主繫國家安危，不僅應記其事，亦必錄其言，固非一人之私，實有關天下後世，中外並無二致。泰西雖無史官，仍有“書記”(scribes)簿錄，所撰“皇家載記”(Royal annals)，言事並見。近世錄音之具普及，在位者更可畢錄公言私語，巨細靡遺矣。尼克森 (Richard Nixon) 初任美國總統，卽有志畢錄所言，以備異日全史之需，遂於白宮 (the White House) 之內，暗藏錄音之網，一言旣出，駟不及舌。不意“水門案”(The Watergate Scandal) 東窗事發，尼氏留言，竟成罪證，而失大位。尼氏或悔言之不愼，然記言實錄之效，直可令人無

⑥ 引自王士禛，〔池北偶談〕上，頁17。
⑦ 同上。
⑧ 瞿式耜，〔瞿式耜集〕，頁17。

所遁形矣⑨。

言行可分職而司，然作史者難以言事分屬。〔尚書〕非僅記言，〔春秋〕非僅記事，言事未嘗分爲二也。〔左傳〕善於記事，尤工於記言。唯左氏所記之言，口角親切，如聆謦欬。若介之推與母偕逃前之問答、鉏麑自裁前之感歎。私室密談、孑身興慨，誰聞而錄之耶？而左氏之後，歷代記言者，諸如驪姬夜泣之事，時可或見。希臘史家修西底地斯（Thucydides, 460?-396? B. C.）嘗自認所記，非親聆口說，乃據實想像。故晚近牛津學者鉢崙（P. A. Brunt）直指修氏史記中，"諸演說者，雖非修氏之代言人，策論有異，然其思惟方式，辭令風格，非修氏莫屬焉"（Though the speakers are not simply Thucydides' mouthpieces, for they advocate opposed policies and utter contradictory maxims, the way of thinking as well as the style is distinctly his own）⑩。蓋謂史氏記言，不免代擬。錢氏〔管錐編〕曰："蓋非記言也，乃代言也。"秉筆之士"，設身處地，依傍性格身分，假之喉舌，想當然耳"⑪。惟據實想像，原非憑空向壁。說古者可以其心託諸彼言（All good storytellers put words into the mouths of their heroes），而作史者必有所依傍，從事"增

⑨ 有關"水門"一案之書甚多，可閱赫金士（George V. Higgins），〔尼克森之狐羣狗黨〕（*The Friends of Richard Nixon*）。

⑩ 見修西底地斯，〔伯羅奔尼撒戰爭〕（*The Peloponnesian War*），崔服羅頗(Hugh R. Trevor-Roper)主編之〔史學名著節譯本〕導論，頁 xxvii，修氏之演說辭見於卷 2，頁36, 41。

⑪ 錢鍾書，〔管錐編〕，册 1，頁165。

飾”（Ausgearbeitet）而已。

近代史家則絕不容杜撰人言，而尚“文證之考信”（Critical examination of documentary evidence）。確實可據之文證，貴有“當時之紀錄”（Contemporary documents），故無傳聞之失；復加考證，辨其眞僞，衡其高低，據之作史，乃信而可徵。此德國語文考證學派之所以興也，其巨子蘭克（Leopold von Ranke, 1795-1886）因有近代史學之父之稱焉⑫。

文獻考證既爲史學重鎭，風尙所趨，蔚成“檔案之熱”（Archivalische Neugier; archival curiosity），發最原始之資料（Rückkehr zu der Ursprünglichsten Mitteilung），以求其眞（Sich zu reiner Auschaunng zu erheben）。所謂“文獻無可取代，無文獻卽無史之可言”（There is no substitute for documents; no documents, no history）⑬。然文獻考證既求史之“全”（complete），之“眞”（truthful），或如蘭克所謂“記事須如其所發生”（wie es eigentlich gewesen），而文證有限，

---

⑫ 近代論師謂蘭克於史法之貢獻，“令作史者不僅運用當時之實錄，且追究實錄作者之人品、意向、行爲、機遇，以決言錄者與實錄間之是否相稱”（the historian must not only use strictly contemporary sources of information, but also must make a thorough study of the personality, “tendencies”, activities and opportunities of the author of each document in order to determine, as far as possible, the “personal equation” in his record of events），見巴耐士（Harry Elmer Barnes），〔史學史〕（*A History of Historical Writing*），p. 245.

⑬ 語見朗格羅阿（C. V. Langlois）與賽努布（Charles Seignobos）合撰之〔歷史研究導論〕（*Introduction to the Study of History*），p. 17.

史事難全，米西雷 (Jules Michelet, 1798-1874) 之撰〔法國革命史〕(*Histoire de la revolution française*) 也，即感文獻難徵，唯有力搜言證，有云："吾所謂史證者，乃採自衆人之口，無論農、商、老、幼、婦女，可聞之於鄉間酒肆、旅途驛站，始談晴雨節候，繼談物價飛漲，卒談及帝政與革命矣。"⑭

雖然，米氏之言證，就文獻考證派視之，乃口耳相傳，難爲信史之據，蓋口說無憑也。但近世錄音之具發達，則可存口言之眞矣。不論公卿將相、販夫走卒 (people of all walks), 俱可畢錄所說，成有聲之書。英國廣播公司 (B. B. C.) 於三十年代之始，即有"聲庫"(Sound Archives) 之設，迄今早已汗牛充棟矣。至於"口述歷史"(oral history) 亦日見通行，大可實聲庫之富藏。實錄之"言證……不啻可令史益爲豐碩生動，亦更爲可讀可信" (Oral evidence... makes for a history which is not just richer, more vivid and heart-reading, but truer)⑮，無異"賦史學以生命"(breathe life into history) 矣⑯。現代社會性質劇變，口言遠較筆錄便捷完整。人人可以記言、記行，存之聲庫，不待左、右史爲之也。

---

⑭ 見米西雷，〔法國革命史〕, 2: 530。米氏復謂："行動乃言論之傭僕，自世界之初創，即恭隨於後：有言遂有世界。" (L'action est ici la servante de la parole; elle vient docilement derriére, comme au premier jour du monde: Il dit, et le monde fut.) 見同書，1: 1025，可見米氏之重言證。

⑮ 湯普孫(Paul Thompson.)〔口述歷史〕(*The Voice of the Past, Oral History*), p. 90.

⑯ *Ibid.*, p. 15.

彰善癉惡第三

諸侯建邦，各有國史，彰善癉惡，樹之風聲。

法紬三正以班曆貫四時以聯事諸侯建邦
各有國史彰善癉惡樹之風聲自平王微弱

班彪「略論」曰：“唐虞三代，詩書所及，世有史官，以司典籍，曁於諸侯，國自有史，故孟子曰楚之〔檮杌〕，晉之〔乘〕，魯之〔春秋〕，其事一也。”①是則，〔檮杌〕、〔乘〕、〔春秋〕，皆國史之別稱。諸侯既各有國史，固不僅楚、晉、魯而已。金毓黻曰：“由孟子之言觀之，魯晉楚三國有史，則其他諸國亦必有史”②，誠無可疑。唯諸國之史名實俱亡，無可追尋；〔檮杌〕徒存虛名，晉〔乘〕若係汲冢所出之〔紀年〕，亦殘史耳。僅〔春秋〕獨存，春秋遂爲史之別稱矣。

晉杜預「左傳序」有謂，〔春秋〕之作乃遵周公遺制，劉勰故曰：“姬公定法”，頒之諸侯，以修國史。而金氏曰：“杜氏所謂五十凡，或卽王室所頒之成法，爲列國史官奉以爲準則者，然必謂爲周公所創，則失之拘”③，可資參考。

秦漢一統，斷代爲史，一代稱爲一朝，而各朝皆以國朝自稱，則其史卽國史也。梁啓超謂：“二十四史非史也，二十四姓之家譜而已。”④蓋指歷代國史乃一家一姓之史，所言或非

① 引自范曄，〔後漢書〕，册 5，頁1325。
② 金毓黻，「文心雕龍史傳篇疏證」，頁216。
③ 同上書，頁214。
④ 梁啓超，「新史學」，〔飲冰室文集〕，卷34，頁266。

盡誤，然以二十四史屬二十四姓，則屬大謬！〔史記〕固非一姓之史，而新舊〔唐書〕同屬李唐，安得二十四姓耶？以任公之博雅，猶有荆州之失；晚近學士，但憑耳聞，竟謂“自夏迄淸有二十五朝”（There were twenty-five legitimate dynasties that ruled from legendary Hsia to the Manchu dynasty）⑤，卽以一正史爲一朝而致誤也。

泰西列國溯源於羅馬帝國之崩壞，一統之緒旣斬，王國分立，復因種族之特殊、方言之異同，卒有以語言種族爲界之“近代民族國家”（modern nation state）之興焉。國朝之國本植於帝室，求一姓之緜延；民族之國本植於人民，求全民之榮華。同謂之國，固有異趣存焉。

國旣有異，其國史之旨趣自亦有別。求一姓緜延有賴忠君愛國（國者朝廷也）。所彰之善，忠臣良將也；所癉之惡，亂臣賊子也。其歸宿在於懲勸。故劉知幾曰：“史之爲務，申以勸誡，樹之風聲；其有賊臣逆子，淫君亂主，苟直書其事，不掩其瑕，則穢跡彰於一朝，惡名被於千載。”⑥所措意者，非盡欲誅淫亂於旣死，“蓋因已往之興廢，堪作將來之法戒”⑦。卽陳亮所謂：“信千古以興頹俗，聖人懲勸之法也”⑧；歸有光亦謂：“大抵史家之裁制不同，所以扶翊綱常，警世勵俗，

---

⑤ 見哈理遜（John A. Harrison），〔中華帝國〕（*Chinese Empire*），p. 8.
⑥ 劉知幾，〔史通〕，「直書」，頁92。
⑦ 宋濂語，見〔宋文憲公文集〕，卷1，頁3。
⑧ 陳亮，〔陳亮集〕，册1，頁154。

則一而已矣。”⑨是則，其國史之精神，可約之爲三：一曰顯忠臣，二曰誅逆子，三曰樹風聲。

求全民之榮華，則賴國威之激揚。所彰之善，乃國族之優秀 (racial qualities) 、國格之高超 (the superiority of national character)，以及國文之特殊 (the distinctiveness of national culture)。所癉之惡，則爲敵國敵族之兇暴鄙劣，與夫聊無國性之“普及文化” (universal culture) 矣。如德意志之崔子刻 (Heinrich von Treitschke, 1834-1896)，棄啓蒙時代之大同文化，以傚法英國爲恥，尙普魯士軍國精神，倡國權無限之論⑩。卽國之惡亦爲致善所需⑪。則國史者，乃一民族之無情鬪爭史也⑫。如法蘭西之米西雷，以其國史爲民族之詩篇，歌之、頌之，滿懷浪漫激情⑬，其述聖女貞德 (Joan de Arc) 之慘烈，尤足泣鬼神動心絃也⑭。則國史者，乃一民族之英雄史也。又如麥考雷 (Thomas Babington Macaulay, 1800-1859) 之〔英國史〕(*History of England*)，記法師敗績於拉和格 (The Battle of La Hogue, May 24, 1692)，倫

---

⑨ 歸有光，〔震川先生集〕，册1，頁36。

⑩ 參閱邁涅克 (Friedrich Meinecke)，〔馬基維利主義〕(*Die Idee der Staatsrason*), Werke 1, pp. 475-77.

⑪ 此卽黑格爾 (Georg Wilhelm Friedrich Hegel)所謂之“狡辯” (List der Vernunft)。

⑫ 語見〔普魯士年報〕(*Preussische Jahrbücher*), VII (1861), p. 381. 並參閱崔氏七卷本〔德國史〕(*Deutsche Geschichte*)。

⑬ 參閱米西雷所撰〔法國史〕。

⑭ 同上書，V，p. 157.

敦爲之“狂歡”(emotional outbursts), “鐘聲屢日不絕，旌旗飄揚， 燭膍處處”(During several days the bells of London pealed without ceasing. Flags were flying on all the steeples. Rows of candles were in all the windows.) ⑮，愛國情操，溢於言表矣。麥氏論及英國之革命，更以爲舉世獨有之光榮革命，“害極少而利至多”(And yet this revolution, of all revolutions the least violent, has been of all revolutions the most beneficent) ⑯，蓋其不血刃而致自由民權，發全球解放之先聲也。則國史者，乃民族之自由進步史也。再如美利堅之莫特雷（John Motley, 1814-1877）著荷蘭國史，文勢規模直追吉朋（Edward Gibbon, 1737-1794), 亦彰善（荷、英）癉惡（西班牙、羅馬）之作也。善則勝，惡則敗。莫氏云：“西、羅違反人權之惡毒陰謀，務必細究，蓋其事乃歷史之一大教訓也。”(The deep-laid conspiracy of Spain and Rome against human rights deserves to be patiently examined, for it is one of the largest lessons of history.) ⑰教訓也者，亦欲樹之風聲云爾。

類此民族色彩洋溢之國史，近人艾格士（George G. Iggers）約其精神爲三，一曰“張國力”(Machtstaat) 以頌國德，

---

⑮ 麥考雷（T. B. Macaulay),〔英國史〕(*History of England*), 頁459，參閱頁458。

⑯ 同上書，頁263，參閱頁265。

⑰ 莫特雷（J. Motley),〔荷蘭聯邦史〕(*The History of the United Netherlands*), p. iii.

二曰“反規範”(Antinormativität) 以顯民族文化之殊特，三曰“反定律”(Anti-Begrifflichkeit) 以獨特之國性解史⑱。清季以來，列強淩夏，中華國朝之史亦漸成民族之史矣。錢穆撰〔國史大綱〕曰：“治國史之第一任務，在能於國家民族之內部自身，求得其獨特精神之所在”⑲；又曰：“羅馬民族震鑠於一時，而中國文化則輝映於千古”⑳；至於稱美舊制，謂中國歷來政制無專制，有民權㉑，其愛國情操足踵泰西崔氏、米氏、麥氏之國史矣。

然不論忠君勸善、愛國揚威，皆屬“價值之判斷”(Judgments of value)。以主觀之判斷定“歷史之是非”(verdict of history)，縱無“有心之過”(conscious sin)，難免“無心之誤”(unconscious error)。劉因謂：“若將字字論心術，恐有無邊受屈人”㉒；鄭樵竟云：“使樵值史苑，則地下無寃人”㉓，豈其然哉？故潘次耕曰，史家“其權至重，少有曲筆，便名穢史”㉔，蓋本劉知幾論曲筆云：“蓋史之爲用也，記功司過，彰善癉惡，得失一朝，榮辱千載”㉕，亟言善善惡惡之不可輕忽也。韓昌黎復激而揚之曰：“爲史者，不有人禍，則有天刑”，例舉“孔子聖人作〔春秋〕，辱於魯、衛、陳、宋、齊、楚，卒不遇而死。太史氏兄弟幾盡。左丘明

⑱ 艾格士 (G. G. Iggers)，〔德國史觀〕(*The German Conception of History*), pp. 7-10.
⑲ 錢穆，〔國史大綱〕，上册，頁9。
⑳ 同上書，頁12。
㉑ 閱同書，頁12-13。
㉒ 見劉因，「讀史評」，〔靜脩先生文集〕，卷12，頁1。
㉓ 見〔鄭樵文集〕，頁49。
㉔ 見〔明史例案〕，卷4，頁8。
㉕ 〔史通通釋〕，頁95。

紀春秋時事以失明。陳壽起又廢，卒亦無所至。王隱謗退死家。習鑿齒無一足。崔浩、范曄赤誅。魏收夭絕。宋孝王誅死”㉖。況“傳聞不同，善惡隨人所見。甚者，附黨憎愛不同，巧造語言，鑿空構立善惡事迹”㉗。既如此矣，爲史者何安？“若無鬼神，豈可不自心慙愧？若有鬼神，將不福人！”㉘韓氏之甚言也，柳宗元駁之爲“大謬”㉙，以“人禍天刑”之說爲無稽，孔子“雖不作春秋，猶不遇而死”，“范曄悖亂，雖不爲史，其宗族亦赤”。故“不可以是爲戒”㉚！至於鬼神云云，更“渺茫荒惑無可准”㉛。度昌黎之意，似不願就史館而有斯言，故柳子譏之曰：“史以名爲褒貶，猶且恐懼不敢爲，設使退之爲御史中丞大夫，其褒貶成敗人愈顯，其恐懼尤大也，則又揚揚入臺府，美食安坐，行呼唱於朝廷而已耶？”㉜使昌黎果有懼於直筆招忌、曲筆招媿，則人禍屬實，天刑子虛耳。懼人禍之降也，孰能不稍犯“有心之過耶”？袁枚曰：“作史者只須據事直書，而其人之善惡自見，以己意爲姦臣、逆臣，原可不必。”㉝子才之言誠然！奈直書招禍爾！明之王鏊，史館歲暮述懷，有云“太平有象須君寫，莫把三長讓子玄”㉞，則別有一番景象矣。

㉖ 韓愈，「答劉秀才論史書」，〔韓昌黎集〕，外集，頁70。
㉗ 同書，頁70-71。
㉘ 同書，頁71。
㉙ 柳宗元，「與韓愈論史官書」，〔柳宗元集〕，册3，頁807。
㉚ 同書，頁808。
㉛ 同上。
㉜ 同上。
㉝ 袁枚，〔隨園隨筆〕，卷4，頁1。
㉞ 詩見王鏊，〔王文恪公集〕，卷2，頁6。

麥考雷之撰其國史也，黨見殊深，故善善惡惡之準則不一，又多謗言，詆平恩氏 (Sir William Penn) 尤厲。或有指其誤者，麥氏拒之，可稱穢史矣。然麥氏之謗之謬，不僅未招人禍天刑，反致財運，其書自初版以來卽暢銷不衰，且彼邦論師多以"麥氏雖有誤謬，仍不失爲偉大之史家", (Macaulay, in spite of his errors, remains one of the great historians) ㉞，稱譽有加焉。反觀魏收〔魏史〕，因其瑕疵，世稱穢史而鄙之甚矣，近人周一良始稍平反之㉟。中西作史者禍福之異有如此！

西國史界，"人禍"雖鮮見，卻有"國禍"之說。邁涅克 (Friedrich Meinecke) 於其〔德國禍言〕(*The German Catastrophe*) 一書中，言之最痛㊱。蓋邁氏身歷希魔之狂飈，目睹祖國之敗亡，而深有感於國史之助長國權，因以致禍焉。依邁氏所見，德國之慘禍由於日耳曼精神之衰敝，由崇高之歌德時代古典自由主義，淪爲希特勒時代之窮兵黷武主義。其所以如此，乃因過於強調國權而無視道德 (amoral nationalism)，"置公衆之幸福於個人幸福之上" (Gemeinnutz geht vor Eigennutz) ㊲。史家如崔子刻之流雖雅不欲見德國自"歌德高峯墜入希魔泥潭" (fall from the heights of the Goethe era

---

㉞ 麥考雷，〔英國史〕，「導言」，頁 xxxvi，另閱頁 xxxiii，xxxiv-xxxv.

㉟ 參閱周一良，「魏收之史學」，載〔中國史學史論文選集〕，杜維運、黃進興編，頁 311-347。

㊱ 見邁涅克 (Friedrich Meinecke)，〔德國禍言〕(*The German Catastrophe*)，Sidney B. Fay 英譯。

㊲ 同書，頁51。

to the swamps of the Hitler period)[38]，然崔氏亟言“國之精髓在力、力、力”(the essence of the state is power, and again power, and for a third time power)[39]，而無道德爲之覊絆，實已“助長日耳曼資產階級瘋狂醉心權力之風”(Treitschke's uncritical assertion contributed much to the development in the German bourgeoisie of the intoxicated craze for power) 矣[40]。然則崔氏及其普魯士學派諸公以國史致國禍之疚，恐難辭之矣!

且勿論國禍人禍之說，就史論史，晚近史家輒以彰善癉惡爲“道德裁判”(moral judgment)，有礙史事眞相之理解。蓋道德也者頗具主觀因素，或因人而異，或因時而異，若據之以論史，眞史奚繫之乎? 故廿世紀之初，美國學者雷氏 (Henry Charles Lea) 卽以艾克頓爵士 (Lord Acton, 1834-1902) 力主史以載道爲大誤[41]。蓋艾氏一反乃師蘭克之說，信奉天主教義，以道德評史爲作史者不移之職責[42]，嘗引傅盧得 (James

---

[38] 同書，頁53。

[39] 同書，頁54。

[40] 同上。

[41] 見雷氏 (Henry Charles Lea),「史學中之倫理觀」(Ethical Value in History),〔美國史學評論〕(*American History Review*), 第9期 (1903-04), pp. 233-46.

[42] 艾氏自謂: “蘭克吾師不與吾說” (Ranke, who was my teacher, rejected the view that I have stated), 見其就劍橋「敎席演說辭」(Inaugural Lecture on the Study of History), 載〔近代史講稿〕(*Lectures on Modern History*), p. 26. 艾氏之天主敎義歷史哲學可參閱習枚髮 (Gertrude Himmefarb),〔艾克頓爵士〕(*Lord Acton*), pp. 194-204.

Anthony Froude, 1818-1894）之言曰: "史者示人明辨是非，所見可變，所行可易，學說有升降，唯道德之律永銘不移者也" (History, says Froude, does teach that right and wrong are real distinctions. Opinions alter, manners change, creeds rise and fall, but the moral law is written on the tablets of eternity) ㊸。復致友人函有云: "歷史人物爲後世作則，史家彰善，樹之風聲，吾不以爲大謬" (Whilst the heroes of history become examples of morality, the historians who praise them... become teachers of morality and honest men. Quite frankly, I think there is no great error)㊹。豈僅彰善? 艾氏尤主癉惡，以爲"偉人幾皆惡人" (great men are almost always bad men)，而史者乃"癉惡之書也" (disclosure of guilt and shame) ㊺。遂謂: "吾言似有千鈞之重焉。曰毋貶道德之値，毋忝德行之正，勵律己之說，使人事無所遁形，蓋史者具癉惡之權也" (The weight of opinion is against me when I exhort you never to debase the moral currency or to lower the standard of rectitude, but to try others by the final maxim that governs your own lives, and to suffer no man and no cause to escape the undying penalty which history has the power to inflict

---

㊸ 見上引艾氏「演說辭」，頁40。

㊹ 見「艾克兩氏來往函件」(Acton-Creighton Correspondence)，載艾克頓，〔自由與權力論文集〕(*Essays on Freedom and Power*)，p. 336.

㊺ 引自習枚髮著〔艾克頓爵士〕，見註㊵，頁 161 202，203。

on wrong) ㊻。此劍橋名師善善惡惡之史觀也。

雷氏之後，史家多宗蘭克，而少艾氏。既抑情緒，述多論少，眞相自見，固毋庸主觀道德之見以汚染之也。今人費雪 (David Hackett Fischer) 益以善善惡惡爲"道德之謬誤" (the moralistic fallacy) ㊼，蓋"藉往事以逞一己之私見，直如縱犬於假日之原" (it makes the past into a field in which we exercise our moral and political opinions, like whippets in a meadow on Sunday afternoon)㊽，舛馳異趣，不勝譁聒。鍼之甚矣。即艾氏劍橋後學白德斐爾亦駁之甚力，謂作史者既"難知人心之奧秘，故無以作公正之裁斷" ㊾，此原本基督格言："既未受審，何以審人" (judge not lest ye be judged) 之義諦。白氏之言曰："吾所欲辯之者，乃與人事以道德之論斷，不僅有違實求之精神，且亦與科學治史之義相背馳" (moral judgments on human beings are by their nature irrelevant to the enquiry and alien to the intellectual realm of scientific history) ㊿。然則，凡以道德仲裁自居如艾克頓者流，莫不陷入黨見，而"有礙史事之理解" (has the practical effect of curtailing the effort of historical un-

---

㊻ 見註㊵艾氏演說辭，頁38。

㊼ 費雪 (David Hackett Fisher)，〔史家之謬誤〕(*The Historian's Fallacy*), p. 78.

㊽ 同書同頁引歐克夏汶 (Michael Oakshotts) 之言。

㊾ 白德斐爾 (Herbert Butterfield)，「歷史中之道德裁判」(Moral Judgments in History)，載〔歷史與人際關係〕(*History and Human Relations*), p. 112.

㊿ 同書，頁103。

derstanding）矣[51]。既知此弊，史家始能“自外於善惡之外”(self-emptying)，“既不彰善，亦雅不癉惡”(It is not for the historian to exonerate; but neither is it for him to condemn)[52]。是猶〔淮南子〕所謂：“與其譽堯而非桀也，不如掩聰明而反修其道。”其道何由？客觀求眞之道也。故白氏願史家寧爲聰明之“偵探”(detective)，莫作傲慢之“判官”(judge)。蓋偵探但求事實，不問是非，而判官則難能不善善而惡惡矣。

當代史家果能習作偵探，而自外於善惡是非乎？似猶不能。文明日進，而世變益亟，攻伐詐虞，誕張乖離，作史者能視若無覩，而無動於衷乎？是不能也。或曰風俗之美，史家亦有呵護之責[53]，或曰實事求是固然，四海皆準之人性規範，能不謹守之乎[54]?!牛津名家柏林（Sir Isaiah Berlin）更以“常語分析之法”(an analysis of ordinary language)，謂善惡是非涵泳於語言文字之中，作史者卽不欲彰善癉惡，亦不能也[55]。況善善而惡惡乃人類自然之情愫，安得強抑之耶？罪魁巨戾，

---

[51] 白德斐爾，〔輝格史釋〕(*The Whig Interpretation of History*), p. 112.

[52] 同書，頁117。

[53] 芮德（Conyers Read），「史家之社會職責」(Social Responsibilities of the Historians)，〔美國史學評論〕(*American Historical Review*), Vol. 55 (1949-50), pp. 283-84.

[54] 閱雷氏，「史學中之倫理觀」，頁11，參閱註[39]。

[55] 柏林（Isaiah Berlin），「歷史的必然性」(Historical Inevitability)，載〔自由四論〕(*Four Essays on Liberty*), pp. 90, 95.

惡之何妨？所謂僅能作客觀之陳述，不宜有主觀之評價，乃“屬混淆人文之學與物質之學之謬”(to spring from a confusion of aims and methods of the humane studies with those of natural sciences)㊻。史學既非物質之學㊼，雅不受“鐵律天力”(vast impersonal forces) 所預制者也。

故柏氏甚詆白德斐爾之說。白氏以“人有局限”(humane predicament)，難能作客觀之評價；而柏氏則謂不能因噎廢食，縱有惡非其惡，非不能惡惡”(But because blame can be unjust and the temptation to utter it too strong, it does not follow that it is never just)㊽。然則作史者既是搜集證據之偵探，又復是彰善癉惡之判官矣。

彰善癉惡可乎？不可乎？吾謂實齋史德之說，可備一解。史德者何？實齋曰：“著書者之心術也。”㊾心術者，非僅君子之心。苟具君子之心，愼於好惡，若“所養未粹”，亦不足以曲盡事情，好惡不爽。此卽白德斐爾所謂之“難局”也。白氏以所養難粹，而袪好惡；章氏則以未粹而求其粹，不令好惡“似之而非”。養粹之道，須知氣知情。氣者何？曰：“夫史載事者也，……蓋事不能無得失是非，一有得失是非，則出入予奪相奮摩矣，奮摩不已而氣積焉。”㊿情者何？曰：夫史事“不能無盛衰消息，一有盛衰消息，則往復憑吊生流連矣，流連不

㊻ 同書，頁91。
㊼ 參閱同書，頁91-93。
㊽ 見同書，頁96。
㊾ 章學誠，〔文史通義〕，內篇，頁144。
㊿ 同書，頁145。

已而情深焉”㉛。若令氣愼而合於理，則天也；若氣違理以自用，則人也。若令情本於性，則天也；若情“汩性以自恣”，則人也。此卽實齋所謂：“當愼辨於天人之際，盡其天而不益以人也。”㉜ 天者，乃客觀之準繩也，故能氣平而情正；人者，乃主觀之私見也，蓋“人有陰陽之患”，難不“忤於大道之公”㉝。苟能“盡其天而不益以人”，則“愛而知其惡，憎而知其善，乃眞史德也”㉞。易言之，若麥考雷能知平恩氏之善，米西雷能知法國之惡，則可以彰善癉惡矣。

㉛ 同上。
㉜ 同書，頁144–45。
㉝ 同書，頁145。
㉞ 柳詒徵語，見〔國史要義〕，頁102。

春秋第四

〔夫子〕因魯史以修〔春秋〕，舉得失以表黜陟，徵存亡以標勸戒，褒見一字，貴踰軒冕；貶在片言，誅深斧鉞。

政不及雅憲章散紊彝倫攸斁夫子閔王道
之缺傷斯文之隊靜居以歎鳳臨衢而泣麟
於是就大師以正雅頌因魯史以修春秋舉
得失以表黜陟徵存亡以標勸戒褒見一字
貴踰軒冕貶在片言誅深斧鉞然睿旨存亡

春秋原爲史之通稱。謂〔春秋〕出孔子之手，即"因魯史以修春秋"者也①。〔春秋〕上自魯隱公元年（公元前722年），下訖哀公十四年(公元前481年)，計二百四十二年事，"以事繫日，以日繫月，以月繫時，以時繫年，所以紀遠近，別同異也"②。上古時月不並書，"〔春秋〕獨並舉時月者，以其爲編年之史，有時、有月、有日，多是義例所存，不容於闕一也"③。其所包容者，實非僅魯國，誠中國當時之"國史"(the history of a nation; the chronicle of contemporary affairs)；亦可謂吾國編年史之鼻祖也。自此以往，史實有所區分（classification of data)，事情有所承續(the succession of things in time process)，古今相延（continuity between past and present)，史學生焉④。

〔春秋〕縱非出聖人之手，亦必孔門後學所爲，故歷代視爲六經之殿，以其爲經，而非史也。王陽明〔傳習錄〕謂五經只是史，明經必東以爲經、史皆所以“紀善惡以垂訓誡者也”⑤清乾嘉間章實齋倡六經皆史，謂“六藝皆古史之遺，後人不盡

① 〔春秋〕出孔子之手，似已無可疑，參閱蔡尚思，〔孔子思想體系〕，頁138-39。

② 語見晉杜預序，〔春秋三傳〕，頁1。

③ 顧炎武，〔日知錄〕，上册，頁74。

④ 〔尚書〕雖爲最早之史書，然就其性質言，但可稱之爲政書或文獻，不足以言學。中國史學應以〔春秋〕始。惟史學一詞初見於〔晉書〕「石勒載記」及〔宋書〕「隱逸・雷次宗傳」。

⑤ 見參閱汪必東，〔南雋集文類〕。卷1，頁 12-17。

得其淵源，故覺經異於史耳”⑥。實則經史一也，稱經以尊之耳。章太炎嘗曰，經之名廣矣，不必視爲尊崇，曰：“諸教令符號謂之經”⑦，且“經不悉官書，官書亦不悉稱經”⑧。唯太炎頗以實齋六經皆史爲然，曰：“〔春秋〕，往昔先王舊記也。”⑨故孔子之偉績殊非素王改制，而係良史維國性於不墜，曰：〔春秋〕之績，其什伯于禹耶？禹不治洚水，民則溺，即無苗裔，亦無與俱溺者。孔子不布〔春秋〕，前人往，不能語後人；後人亦無以識前乍，被侵略則相安於輿臺之分，詩云：宛其死矣。”⑩故章炳麟曰：“仲尼，良史也”⑪，即欲表彰孔子作史之功也。

〔春秋〕果能稱之謂良史乎？王安石有“斷爛朝報”之譏⑫，蓋指〔春秋〕所錄，乃枯燥乏味之大事記也。如魯哀公十三年所記：

> 十有三年，春
>
> 鄭罕達帥師取宋師於嵒。
>
> 夏，許男成卒。
>
> 公會晉侯及吳子於黃池。

---

⑥ 章學誠，「丙辰劄記」，〔章實齋先生讀書劄記〕，頁91。另參閱〔文史通義〕，「經解」，頁29-31。
⑦ 章太炎，「原經」，〔國故論衡〕，頁44。
⑧ 同書，頁47。
⑨ 章太炎，「春秋故言」，〔檢論〕，卷2，頁17。
⑩ 章太炎，「原經」，〔國故論衡〕，頁50。
⑪ 章太炎，「訂孔」，〔檢論〕，卷3，頁2。
⑫ 見陸佃，「答崔子方秀才書」，〔陶山集〕，卷12，轉引自錢鍾書，〔管錐編〕，冊1，頁161。另見蔡上翔，〔王荊公年譜考略〕，卷11，頁 170-71。蔡氏謂安石“特不信傳，而未嘗不信〔春秋〕”。

楚公子申帥師伐陳;

於越入吳。

秋，公至自會。

晉魏曼多帥師侵衛;

葬許元公。

九月，螽

冬，十有一月，有星孛于東方;

盜殺陳夏區夫。

十有二月，螽。⑫

翌年（哀公十四年），僅有一條，以終篇:

十有四年，

春，西狩獲麟。⑬

今人讀之，"興味索然，實難信竟出於孔子之手"（The book, as it has been handed down, however, is so dull and inconsequent, and the complete product so apparently pointless, that its association with Confucius has caused some difficulty）⑭。唯西方上古之編年紀亦類是，如巴比倫人 (Babylonians) 史記所載:

十年八月，拿布破沙爾集阿卡之兵，進軍幼發拉底河 (In the tenth year, Nabopolaasar, in the month of Iyyar, mustered the army of Akkad,

---

⑫ 〔春秋三傳〕，頁534-36。

⑬ 同書，頁536。

⑭ 白德斐爾，〔史源〕，頁147-48。

and reached up the Euphrates)。

蘇胡與辛達奴人未禦之，獻禮以謝 (The men of Suhu and Hindanu did not fight against him; their tribute they laid before him) 。

十一月，聞阿沙銳亞之軍據瓜城，拿布破沙爾率師擊之 (In the month of Ab, they reported that the army of Assyria was in the city of Qablinu. Nabopolassar went up against them)。

十一月又十二日，擊阿沙銳亞軍，大敗之 (In the month of Ab, the 12th day, he did the battle against the army of Assyria and the army of Assyria was routed before him, and great havoc was made of Assyria); 俘虜衆多……遂克瓜城(Prisoners in great number they took... On that day the city of Quablinu was captured)⑮。

古人能以事繫年月，已爲紀事之一大發明，洵屬難得。其辭約義隱也，蓋因其時載筆之難，不屑爲冗長也。〔春秋〕既屬大事編年，謂之存錄舊事可也，何以有褒貶寓於〔春秋〕之說？蓋孟子始發其說，曰: "世衰道微，邪說暴行有作，臣弒其君者有之，子弒其父者有之，孔子懼，作〔春秋〕。" ⑯又曰: "孔子成〔春秋〕，而亂臣賊子懼。" ⑰范寧「穀梁序」

⑮ 引自同書，頁115。
⑯ 〔四書集注〕，〔孟子〕卷 3，「滕文公」，頁21。
⑰ 同書，頁22。

遂曰："就大師而正雅頌，因魯史而修〔春秋〕……舉得失以彰黜陟，明成敗以著勸誡，拯頹綱以繼三五，鼓芳風以扇遊塵，一字之褒，寵踰華袞之贈，片言之貶，辱過市朝之撻。"⑱然則孔子作〔春秋〕，幾同老吏斷獄於理矣！

唯孔子存心於褒貶之說，後人頗疑之，以爲聖人直書其事，褒貶自見。如錢大昕謂："孟子言孔子成〔春秋〕而亂臣賊子懼。愚嘗疑之，將謂當時之亂賊懼乎？則趙盾、崔杼之倫，史臣固以直筆書之，不待〔春秋〕也。將謂後代之亂賊懼乎？則「春秋」以後，亂賊仍不絕於史册，吾未見其能懼也。孟子之言，毋乃大而夸乎？"⑲又曰："〔春秋〕，褒善貶惡之書也，其褒貶奈何？直書其事，使人之善惡，無所隱而已矣。"⑳章炳麟亦云："若謂〔春秋〕之道，但在明法底罪，以懼亂臣賊子，則已死之亂臣賊子，何由知懼？見在之亂臣賊子，大利當前，又何恤於口誅筆伐哉?!"㉑直合〔史通〕所言"孟子云，孔子成〔春秋〕，亂臣賊子懼，無乃烏有之誤歟?!"㉒

所謂直書其事，褒貶自見，論者亦有疑焉。蓋董狐、南史各懷直筆，書趙盾、崔杼弒其君不諱，而魯桓公弒隱公，〔春秋〕但曰公薨，以諱桓惡，直書云乎哉？謂"不書君弒爲愛君"固謬，然曰："孔子爲魯臣，於其先君之簒弒，不可直書也"；

---

⑱ 〔春秋三傳〕，頁3。

⑲ 錢大昕，〔潛研堂文集〕，卷7，頁77。

⑳ 同書，卷2，頁17。

㉑ 章炳麟，「春秋三傳之起源及其得失」，〔制言〕，56期（1939年9月25日），頁8。

㉒ 〔史通通釋〕，卷14，「惑經」，頁199。

"削去弑君者之名，但書薨而不書地，則與正終者異矣。隱公不書葬，桓公乃卽位，其爲桓公弑隱公，不待言而明矣"㉓，亦曲爲之說耳。孔子固倡言爲賢者諱，卽劉勰所言："若乃尊賢隱諱，固尼父之聖旨，蓋纖瑕不能玷瑾瑜也。"㉔是有違直書之旨亦明矣。

然而因魯史而修〔春秋〕果何爲而作耶？聖人有爲而作，殆無可疑。孟子曰："王者之迹熄而〔詩〕亡，〔詩〕亡然後〔春秋〕作。"蘇東坡謂，"春秋一斷於禮"。禮者，亦王者之迹歟？㉕蓋謂平王東遷，周室號令不及於天下。王應麟曰："魯有頌，而周益衰；變風終於陳靈，而〔詩〕遂亡，夏南之亂，諸侯不討，而楚討之，中國爲無人矣。"㉖姬周之秩序旣傾，世遂衰，道亦微矣！孔子之志原擬救世拯道，以復周制，卽晦翁所謂："玄聖作〔春秋〕，哀傷實在茲"㉗，故頗有用世之心。旣周遊歷國而不售，不得已而存其義於〔春秋〕。是卽「孔子世家」所載："子曰弗乎！弗乎！君子病沒世而名不稱焉；吾道不行矣，吾何以自見於後世哉！乃因史記作〔春秋〕。"㉘〔春秋〕者，亦可謂"救時之書"(a livre circonstance)歟？

救時云何？乃藉魯史，"筆則筆，削則削"㉙，以肅綱紀。胡安國謂〔春秋〕"假魯史以寓王法"。王法者，周法也；歐

㉓ 陳澧，〔東塾讀書記〕，卷10，「春秋」，頁2。

㉔ 劉勰，〔文心雕龍〕，卷4，「史傳」，頁3。

㉕ 〔四書集注〕，〔孟子〕，卷4，「離婁」，頁17。蘇軾，「春秋」、〔東坡七集〕，頁5。

㉖ 王應麟，〔困學紀聞〕，卷6，頁1。

㉗ 朱熹詩句，見〔晦庵文集〕，卷1，頁2。

㉘ 〔史記〕，「孔子世家」，册6，頁1943。

㉙ 同書，頁1944。

陽修曰："天下之人不禀周命久矣。孔子生其末世，欲推明王道以扶周。"㉚然〔春秋〕既非釋史之作，亦非議論之書，則其所寓尊周之意何從而寄之乎？曰屬辭、曰書法。故春秋大義，一寄託於春秋筆法耳。

筆法云何？曰奉正朔。稱周天子爲天王，凡諸侯封爵悉依周初之制，如吳楚之君自稱王，而〔春秋〕仍書子；齊公晉公仍稱齊侯晉侯。蓋欲置名分於不墜，以寄望於舊禮也。於顯然有違名分之事實，則隱之；若視若無覩，願其無有。如不書桓公弒公，但書"冬十有一月壬辰公薨"㉛。不書晉侯召天王，但書"天王狩于河陽"㉜。〔公羊傳〕閔公元年曰："〔春秋〕爲尊者諱，爲親者諱，爲賢者諱。"㉝王應麟曰："書狄入衞，著楚子入陳，不忍諸夏見滅于夷狄，故稱入焉。"㉞故隱諱乃孔子所本之倫理，而形之於筆法，以重名分者也。

筆法云何？曰奉天時。〔春秋〕屢書日食、星隕、地震等異象，蓋述天象示警，以遵天命也。如僖公十六年書："春王正月，戊申，朔，隕石于宋五。是月六鷁退飛。"㉟隕石降，鷁退飛何足記之乎？蓋述異象也。昭公七年書："夏四月甲辰，朔，日有食之"。〔左傳〕曰："何也？對曰：不善政之謂也，國無政，不用善，則自取謫於日月之災，故政不可不愼也。"㊱

㉚ 胡氏與歐陽氏語，轉引自〔春秋三傳〕，「綱領」，頁4，1。

㉛ 〔春秋三傳〕，頁60。

㉜ 同書，頁199。

㉝ 同書，頁144。

㉞ 王應麟，〔困學紀聞〕，卷6，頁10。

㉟ 〔春秋三傳〕，頁176。

㊱ 俱見同書，頁429。

斯即伊川先生所謂“示人君當上奉天時，下承王正；明此義，則知王與天同大，人道立矣……假天時以立義爾”㊲。董仲舒之言曰：“〔春秋〕之法，以人隨君，以君隨天”㊳，盡之矣。

奉天法周，則禮樂征伐自天子出，天下有道矣㊴。斯乃孔子理想之世也。而孔子實處之世，禮樂征伐自諸侯大夫出，天下無道甚矣。孔子所謂有道之天下、無道之天下，略似聖奥古斯丁（St. Augustine）“上帝之國”（The Kingdom of God）與“地上之國”（The Kingdom of this world）之說。兩者雖有俗眞之異，同處衰微暴亂之世，而有所嚮往於聖世者也㊵。聖奥氏以“地上之國”競私而瀆神，以上帝之國敬神而鄙私㊶。孔氏則以尊王絀霸爲天下有道，以爭霸凌王爲天下無道。程頤曰：“王者奉若天道，故稱天王，其命曰天命，其討曰天討。

㊲ 〔河南程氏經說〕卷第四「春秋傳」，見〔二程集〕，册4，頁1086。

㊳ 董仲舒，〔春秋繁露〕，「玉杯」，見〔中國哲學史資料選輯——兩漢之部〕，頁13。

㊴ 〔四書集注〕，〔論語〕，卷8，「季氏」，頁37。

㊵ 道森（Christopher Dawson）氏謂：“聖奥古斯丁生活之時代乃衰敗憂患之世也”（It was in the age of ruin and distress that St. Augustine lived and worked），見氏著「聖奥古斯丁及其時代」（St. Augustine and His Age），〔聖奥古斯丁〕（*St. Augustine*），p. 38。而孟子謂孔子之時代：“世衰道微，邪說暴行有作，臣弑其君者有之，子弑其父者有之。”見〔四書集注〕，卷3，頁21。張爾田曰：“〔春秋〕者，孔子憂患來世之書也。”見〔史微〕，頁379。兩聖異時異地，而所處之衰世如一。

㊶ 見聖奥古斯丁：〔上帝之城〕（*De Civitate Dei*），14本，28節。此據王德（J. W. C. Wand）節譯本〔上帝之城〕（*The City of God*），pp. 239-40.

盡此道者，王道也。後世以智力把持天下者，霸道也。〔春秋〕因王命以正王法。”㊷孟子語梁惠王曰：“仲尼之徒，無道桓文之事者”㊸，蓋齊桓晉文之事，霸業也。

孔子辨王霸之別，譴諸侯爭霸之惡，回想周王之美，所冀者乃往世舊制之復興；而聖奧氏辨人神之別，譴世俗之私，遙想天國之公，所望者乃未來之“帝城”(De Civitate Dei)“永世”(The World of eternal reality)，可謂奉神法天也。一以基督教義繩史，一以儒家倫理繩史，皆以義諦入史(Read philosophy into history)，各成“史觀”(philosophy of history)。聖奧氏之說入西方史學之深，至十九世紀而不衰，猶尊之爲史觀之祖(Justifying the right of St. Augustine to be treated as the founder of the philosophy of history)㊹。孔子乃中國傳統史觀之祖也。自兩漢以來，迄於清末，雖云〔春秋〕筆削褒貶，不得妄擬，然所謂書法，所謂正統，原本〔春秋〕大義。如習鑿齒以蜀漢爲正統，以晉承漢；如〔通鑑〕凡一統之君，死稱崩，否則稱殂，一統之國大臣死稱薨，否則稱卒，斯皆〔春秋〕書法也。歷代作史者視爲當然，益可見〔春秋〕寓褒貶於書法，入史學之深也。然則〔春秋〕一書，非僅編年之濫觴，亦史觀之淵泉也。

㊷ 〔河南程氏經說〕，卷第四，〔二程集〕，册4，頁1087-88。
㊸ 〔四書集注〕，〔孟子〕，卷1，頁7。
㊹ 見道森氏文，參閱註㊴，〔聖奧古斯丁〕，頁43。

左傳第五

（左丘明）創爲傳體。傳者，轉也。轉受經旨，以授於後，實聖文之羽翮，記載之冠冕也。

幽隱經文婉約丘明同時實得微言乃原始要終創為傳體傳者轉也轉受經旨以授其後實聖文之羽翮記籍之冠冕也至從橫之

魯君子左丘明轉受經旨作傳，與〔春秋〕猶衣之表裏，〔史〕、〔漢〕、桓譚〔新論〕俱言之矣①。然自漢以來，有非左一派，大抵公羊之徒，蓋與立學有關。陳東塾有言："漢博士謂左氏不傳〔春秋〕，蓋以爲解經乃可謂之傳，〔左傳〕記事者多，故謂不傳〔春秋〕。"②而東塾以爲，"〔左傳〕依經而述其事，何不可謂之傳"③？太炎以"傳者，有傳記、有傳注，其字皆當作專"。而"專，六寸簿也"，引申爲簿籍："原夫古者名書，非有佗義，就質言之而已。經緯皆以繩編竹簡得名，專以六寸簿得名，隨文生義，則以經緯爲經天緯地，而以專爲傳述經義"，然則"〔左傳〕之爲左專，猶鄭氏說〔詩〕稱鄭箋"④。

① 〔史記〕，「十二諸侯年表第二」曰："孔子……西觀周室，論史記舊聞，興於魯而次〔春秋〕……魯君子左丘明懼弟子人人異端，各安其意，失其眞，故因孔子史記具論其語，成〔左氏春秋〕。"見〔史記〕，册2，頁509-10。〔漢書〕，「藝文志第十」謂孔子"與左丘明觀其史記……有所褒諱貶損，不可書見，口授弟子……丘明恐弟子各安其意，以失其眞，故論本事而作傳，明夫子不以空言說經也"。見〔漢書〕，册6，頁1715。桓譚〔新論〕則曰："〔左傳〕傳於經，猶衣之表裏相持而成。"見〔全上古三國六朝文〕，册1，頁548。

② 陳澧，〔東塾讀書記〕，卷10，頁4。

③ 同上。

④ 章炳麟，「春秋左傳讀敍錄」，〔章太炎全集〕，册2，頁821-22。

斯即"左傳史而翼經"⑤之謂歟?

自唐以後,始有謂〔左傳〕非丘明作者。如啖助謂:"〔左傳〕非丘明所作,獨詳周、晉、齊、宋、楚、鄭之事,乃左氏得此數國之史以授門人……故序事雖多,釋經殊少。"⑥宋鄭樵辨之尤力,曰:"左氏終紀韓、魏、知伯之事",以八事證左氏非丘明,而係六國時人⑦。近世學者如劉逢祿、康有爲、崔適諸氏,更謂今本〔左傳〕頗經劉歆竄亂,所釋經文,固非左氏之舊。劉氏以左氏書本名〔左氏春秋〕,若〔晏子春秋〕、〔呂氏春秋〕之比,故當以"〔春秋〕歸之〔春秋〕,左氏歸之左氏"⑧。康氏撰〔新學僞經考〕,詆之益甚,曰:"蓋(劉)歆託於丘明而申其僞傳,於是尊丘明爲魯君子,竄之〔史記〕「十二諸侯年表」中,又稱與孔子同觀史記,僞古〔論語〕又稱孔子與丘明同齒,蓋歆彌縫周密者也。"⑨劉氏僅以左氏不傳〔春秋〕,而康直以〔左氏春秋〕爲僞,非〔呂氏春秋〕之比。崔氏觶甫以"〔新學僞經考〕字字精確,自漢以來未有能及之者"⑩。又曰:"知漢古文亦僞,自康君始。下走之於康,略如攻東晉〔古文尚書〕者惠定宇於閻百詩之比。"⑪

---

⑤ 見姜白巖,〔讀左補義〕,序。
⑥ 引自錢基博,〔經學通志〕,頁198。
⑦ 閱鄭樵,〔六經奧論〕,卷4,「左氏非丘明辨」。另參閱皮錫瑞,〔經學通論〕,卷4,「春秋」,頁36-37。
⑧ 引自錢基博,〔經學通志〕,頁212。
⑨ 康有爲,〔新學僞經考〕,頁86。
⑩ 引自崔適致門人錢玄同函,載錢撰,「左氏春秋考證書後」,〔古史辨〕,册5,頁4。
⑪ 同上書,頁4-5。崔適撰有〔史記探源〕(1910)謂〔史記〕「書序」亦劉歆增竄;又撰〔春秋復始〕(1918)謂穀梁亦係古文。日人亦有從劉康之說者,如津田左右吉,見氏著〔左傳の思想史的研究〕,頁1-60。

民初疑古之士，更推波揚瀾，左氏其人固疑其有，其傳更疑其無⑫。然歟？非歟？

左氏去古渺遠，其身世誠難稔知，故或以其爲史官，或以其爲楚人，或以其爲魏人，或以其爲楚左史倚相，或以其爲六國時人，或以其爲孔丘弟子，莫衷一是。論者不以丘明與孔子同時，蓋因〔左傳〕所記異時。崔述曰："〔左傳〕終於智伯之亡，係以悼公之謚，上距孔子之卒已數十年，而所稱書法，不合經意者，亦往往有之，必非親炙於孔子者，明甚！不得以〔論語〕之左丘明當之也。"⑬然俞正燮謂："不悟傳書坿益，古多有之，丘明可續經，曾申、吳起，何不可續傳？"⑭況東壁亦謂："戰國之文恣橫，而〔左傳〕文平易簡直，頗近〔論語〕及〔戴記〕之「曲禮」、「檀弓」諸篇，絕不類戰國時文，何況於秦？"⑮瑞典學者高本漢（Bernhard Karlgren）曾撰「左傳眞僞考」（The Authenticity and Nature of the Tso Chuan），比勘文法，發見〔左傳〕不似魯語，左氏常用"及"字，而〔論〕〔孟〕唯用"與"字，故非魯人所作，左丘明亦非魯君子矣；然〔左傳〕用語亦絕不類戰國時文。故高氏推論此書成於一人或一派之手，成書時間約在春秋戰國之間

---

⑫ 如錢玄同，「左氏春秋考證書後」，〔古史辨〕，册5，頁1-22。張西堂，「左氏春秋考證序」，〔古史辨〕，册5，頁263-92。

⑬ 崔述，「洙泗考信餘錄」，卷3，頁1-2，見〔崔東壁遺書〕，册2。

⑭ 俞正燮，「左丘明作左傳論」，〔癸巳類稿〕，卷2，頁73。

⑮ 見註⑬，頁2，姜白巖亦引黃氏澤之言曰："其春秋時文體，全無戰國意思，戰國書戰伐如所謂拔某城、下某邑、大破之、叩急擊等語，皆左氏所無。"〔讀左補義〕，「綱領」下，頁1-2。

(Ca. 468 B. C. -300 B. C)⑯。疑古派以高氏謂〔左傳〕文法近於〔國語〕，遂證劉歆割裂〔國語〕而成〔左傳〕，未知高氏不以〔左傳〕爲僞，而其作者縱非魯君子，或孔門弟子，然未必非晚周人也⑰。

或謂左氏乃春秋瞽史，一如荷馬(Homer)之傳誦史詩⑱。然荷馬之史詩，非史也，詩也⑲；而左氏之傳，史也，非詩也。況丘明其人，亦較荷馬可考⑳。有謂左丘爲氏，猶如公羊、穀梁，實誤。蓋左氏傳不稱左丘傳，近人已有考證，如俞正燮謂左丘明子孫爲丘氏，自漢至六朝並無異說，左爲職稱，猶如左史㉑。劉師培以爲不誤，曰："左史卽太史，又據漢志自注及〔論語〕孔注均云丘明魯太史，是丘明卽左史，厥證甚昭。"㉒

---

⑯ 高氏之文載於 *Gothenburg Hogskolas Arsskrift*, No. 32, 結論見頁 63-65。胡適摘譯此文爲「論左傳之可信及其性質摘要」，〔古史辨〕，册 5，頁 293-313。另見高本漢，〔左傳眞僞及其他〕，頁59-92。

⑰ 劉師培於民國元年已有"〔左傳〕、〔國語〕確非兩人所作"之語，見「春秋左氏傳答問」，〔儀徵劉師培先生遺著〕，頁15。近人郭沫若、童書業以吳起爲〔左傳〕之主要作者，可資參考。見童書業，〔春秋左傳研究〕，頁 286-89, 351-52。日人鎌田正斷言〔左傳〕成於戰國中葉，見〔左傳の成立と其の展開〕，頁305-29。

⑱ 如徐中舒，「左傳的作者及其成書年代」，〔中國史學史論集〕，吳澤主編，册 1，頁72。

⑲ 蕭特維爾曰："荷馬與赫索所撰皆非史也，乃詩也。浪漫也，藝事也，由意象而造，眞幻相間者也"(But none of this is history, Homer no more than Hesiod. It is poetry, romance, art, the creation of imagination, the idealization of both realities and dreams), James Shotwell,〔史學史〕(*The History of History*), p. 165.

⑳ 如俞正燮以三佳證考定左丘明墓在肥城，見〔癸巳類稿〕，卷 9，頁330-32。

㉑ 兪正燮，〔癸巳存稿〕，卷10，頁283-84。

㉒ 劉師培，「春秋左氏傳答問」，頁15。

章太炎亦謂："太史爲左史，左其官，丘其氏，信矣"㉓。丘明既爲史官，左史記言，〔左傳〕工於記言，誠有故歟？

按經今文家言，〔左傳〕係出僞作，則其作者乃劉歆，非邱明也。唯僞作之說，殊難成立。章太炎撰「春秋左傳讀敍錄」與「劉子政左氏說」二文，辯之甚力。或謂章氏偏袒古文，然康南海所言，劉歆竄亂〔史記〕「十二諸侯年表」，〔史記〕紀事採左氏書甚夥，高本漢已舉證矣㉔，豈歆盡竄〔史記〕而亂之耶？況見左氏書者，非僅馬遷；戰國士子已多引其書，如〔韓非〕、如〔呂覽〕，俱可索驥。誠如劉申叔之言曰："若謂周代之世，左氏之書流傳未普，則諸子百家，何以無不雜引其文哉？"㉕然則，〔左傳〕實出晚周史官丘明之手，應可存信。

今日論史，固不必泥於經說。非左者以左氏不傳〔春秋〕，而申左者則以〔左傳〕與經文盡相符合，皆失之於泥。蓋〔左傳〕轉受經旨，未嘗墨守大義。王應麟曰："左氏傳事不傳義，是以詳於史。"㉖張爾田更申言之曰："公穀守經，左氏通史。經以明義爲主，史以紀事爲先；論大義之傳，左氏不及公穀；論本事之眞，公穀亦不及左氏。"㉗是固然矣。唯左氏未嘗不傳義，其與孔氏義諦相契者，姜白巖約爲五事：一曰躬承聖教，未遺其神；二曰寢兵息民，與〔春秋〕無義戰之旨脗合；三曰羽

㉓ 章太炎，「春秋左傳讀」，〔章太炎全集〕，册2，頁58。
㉔ 見高氏文前篇，參註⑯。
㉕ 劉師培，「讀左劄記」，〔儀徵劉師培先生遺著〕，頁14。如〔韓非子〕，「姦刼弒臣第十四」，頁68-77所引二事，一見〔左傳〕昭公元年，一見襄公二十五年。另參閱上引「讀左劄記」，頁8-9，10-11。另參閱鎌田正，〔左傳の成立と其の展開〕，頁102-304。
㉖ 見〔困學紀聞〕，卷6，頁14。
㉗ 張爾田，〔史微〕，內篇，卷5，頁225。

翼六經，而有功於羣經；四曰表裏〔論語〕，得聖人心法；五曰屬辭比事，捨經文之大，而論其細㉘，堪稱精當。近人劉師培更益以"嚴華夷之界"，與夫"責君特重，而責臣民特輕"二義㉙。唯〔左傳〕之義，亦有不爲〔春秋〕所牢籠者，非不知〔春秋〕之義故也。約而言之，〔春秋〕奉天崇周，而〔左傳〕重民敬霸。左氏雖累記災異妖祥之事，實本"天道遠，人道邇"㉚之旨；呂東萊惜乎左氏不足以知幽明之理㉛，蓋未悉"左公本不信妖祥之事，全書多載此等，特以寄其詼詭之趣而已"㉜。不信天道，所以興人道也，故左氏假史嚚之言曰："國將興，聽於民；將亡，聽於神。神，聰明正直而壹者也，依人而行。"㉝雖不信而備書於策，史之職也。

孔子、左氏俱寄望於大一統，殆無可疑。然〔春秋〕藉魯史以寓王意，明王霸之別，蓋欲復禮返周；而〔左傳〕重齊桓、晉文霸業，以政出家門爲可，家臣而欲張公室，則惡極矣㉞，蓋知周之不可復也——"已弗能有，而以與人"㉟。能有者非關奉天法周，實繫務德適民。左氏大書齊桓之霸，曰："管氏

㉘ 閱姜白巖，〔左氏補義〕，「綱領」下，頁1-8。
㉙ 見〔讀左劄記〕，頁2。
㉚ 見〔春秋三傳〕，昭公十八年五月，〔左氏傳〕引子產言，頁454。
㉛ 詳見呂祖謙，〔東萊博議〕，亨册，卷2，頁6。
㉜ 見吳闓生評註僖公十六年隕星與鷁退飛事，〔左傳微〕，頁140。
㉝ 見〔春秋三傳〕，〔左傳〕莊公三十二年，頁139。汪中亦謂"左氏之言鬼神，未嘗廢人事也"，〔述學〕，內篇2，「左氏春秋釋疑」，頁2。錢鍾書，〔管錐編〕，册1，186。
㉞ 詳見〔春秋三傳〕，〔左傳〕昭公十四年春，頁447。
㉟ 同書，〔左傳〕隱公十一年秋七月，頁60。

之世祀也，宜哉。”㊱然卒以“不務德而勤遠略”㊲，霸功遂衰。若左氏刺桓公“不務德”而衰，蓋如東萊所申言，桓公所自期者止於霸，未至於王，“所期旣滿，其心亦滿，滿則驕，驕者怠，怠則衰”㊳。務德云何？曰有道於民。左氏言之者累，如成公十五年有云：“凡君不道於其民，諸侯討而執之”㊴；成公十八年有云：“凡六官之長，皆民譽也……民無謗言，所以復霸也”㊵；襄公廿九年有云：“民之歸也，施而不德，樂氏加焉，其以宋升降乎”㊶？吾國民本思想，其始於〔左傳〕乎？〔春秋〕與〔左傳〕固有異同存焉。

王充有言：“孔子作〔春秋〕，以示王意，然則孔子之〔春秋〕，素王之業也；諸子之傳書，素相之事也。觀〔春秋〕以見王意，讀諸子以睹相指。”㊷斯即〔左傳〕翼經之說，翼者相也。雖然，知傳傳經矣，而未明經傳之異也。左氏以史翼經，經史原有異趣。哲人康德(Immanuel Kant)嚴別史、哲之異，謂史者“因成紀前”(discovering facts about the past)，哲者“胸中之造”(devising a point of view)㊸。康氏固重

㊱ 見〔左傳微〕，「齊桓之霸」，頁99；高士奇，〔左傳紀事本末〕，「齊桓之伯」，册1，頁202。

㊲ 見〔左傳微〕，「齊桓之霸」，頁98, 87。

㊳ 呂祖謙，〔東萊博議〕，利册，卷3，頁1-2。

㊴ 見〔春秋三傳〕，〔左傳〕，頁318。

㊵ 同書，頁 330。

㊶ 同書，頁 399。

㊷ 王充，〔論衡〕，「超奇篇」，册1，頁282。

㊸ 近人華胥 (W. H. Walsh) 於康德之見曾作扼要總結與批評，見氏著，〔歷史哲學導論〕(*Philosophy of History: An Introduction*), pp. 122-32。“因成紀前”、“胸中之造”借王充故辭，見〔論衡〕，册1，頁281。

哲輕史者也，欲以"論"(Idee)帶史㊹，非吾欲論；所欲表之者，史哲之異耳。經者，哲也；孔子者，哲人也，以〔春秋〕爲"具"(device)，隱藏"胸中之造"，公、穀闡發，一如康德之運"先驗"(a priori)以馭史，史者遂爲奴僕，供哲人驅馳，了無性格。而〔左傳〕者，史也；丘明者，史家也，因成紀前，求事之詳，故視三諱若無覩。〔春秋〕書"天王狩於河陽"，諱之也，而〔左傳〕直書曰："是會也，晉侯召王，以諸侯見。"㊺因成紀前又必知所成因，〔春秋〕記"事"(what happened)，語焉未詳；而"左傳"述之，始明"事由"(why it happened)。〔春秋〕隱公元年夏五月"鄭伯克段于鄢"，使〔左傳〕不書"鄭共叔段之亂"本事，"後之人何所考據，以知當時事乎"㊻？是故太炎以〔春秋〕爲史，實多賴〔左傳〕；必謂"〔春秋〕經傳，同作具修"。蓋"左氏得據以錄，外柔順，內文明，不害史官之直，亦惟恥巧令、遠足恭者，爲能修之，信哉！經之與傳，猶衣服表裏相持，去傳則經

㊹ 施逵肯保(J. H. W. Stuckenberg)於其〔康德一生〕(*The Life of Immanuel Kant*)中，有謂："康德雖讀史而不喜之，故亦未許史以應得之一席地"(Although Kant read historical works, he did not sufficiently appreciate history to give it the place it deserves)，見頁150。施氏並引赫德(Johann Gottfried von Herder)之言曰："取木引火，以揚史燄"(I will carry together fire and wood, in order to make the historical flame large)，見施著，頁151，意在絀康德之說。赫氏抨擊康德之評論可參閱柏林((Berlin)撰〔維科與赫德〕(*Vico and Herder: Two Studies in the History of Ideas*), pp. 164, 175, 189。

㊺ 見〔春秋三傳〕，頁199。

㊻ 姜白巖，〔讀左補義〕，「綱領」下，頁13-14。

爲虎豹之鞹，與犬羊無異矣”㊼！經固賴傳以明史也。

劉氏知幾，史家也，故作「申左」之篇。如謂公、穀二傳“記言載事，失彼菁華；尋源討本，取諸胸臆。夫自我作故，無所準繩，故理甚迂僻，言多鄙野。比諸左氏，不可同年”㊽。若以史學衡之，何止二傳其短，卽〔春秋〕又安得望〔左傳〕之項背耶？

史學何以衡之？史家之懸鵠云何？左氏有五例：“君子曰，〔春秋〕之稱，微而顯，志而晦，婉而成章，盡而不汙，懲惡而勸善，非聖人孰能修之！”㊾錢氏〔管錐編〕曰：“五者乃古人作史時心嚮神往之楷模，殫精竭力，以求或合者也，雖以之品目〔春秋〕，而〔春秋〕實不足語於此！”㊿懲惡勸善，示歷史之“道德裁判”(moral judgment)，所謂“春秋大義”實藉三傳而益顯。微而顯，志而晦，婉而成章，盡而不汙，示“載筆之體”：盡而不汙者，“不隱不諱而如實得當，周詳而無加飾”(51)，其“眞”(true)之謂也；婉而成章者，乃“文詞簡嚴，取足達意而止”，其“省”(economical)之謂也；志而晦者，乃“一言而鉅細咸該，片語而洪纖靡漏”(52)，其“效”(forceful)之謂也；微而顯者，乃“義生文外，秘響旁

㊼ 章炳麟，「春秋左氏疑義答問」，〔章氏叢書續編〕，卷 1，頁14。

㊽ 見〔史通通釋〕，卷14，頁203。

㊾ 〔春秋三傳〕，〔左傳〕，頁317。

㊿ 錢鍾書，〔管錐編〕，册 1，頁161。

(51) 參閱錢氏語，見上引書，頁163-64。

(52) 〔史通通釋〕，「敍事」，卷 6，頁83。

通”(53)，其“雅”(elegant) 之謂也。眞實雅達，言簡意賅，“歷史文章”(historical writing) 與“歷史敍事”(historical narrative) 之眞、善、美，俱見之矣(54)。〔春秋〕及其三傳之中，惟〔左傳〕庶幾近之。

劉知幾曰：“夫史之稱美者，以敍事爲先。”(55)〔左傳〕善敍事，爲記載之冠冕，學者盛道久矣。有云：“左氏之傳，史家之宗也：馬得其奇，班得其雅，韓得其高，歐得其婉。“(56) 故〔史通〕謂：“左氏爲書，敍事之最。”(57) 若〔春秋〕爲編年之祖，〔左傳〕乃敍事之宗。“編年”(chronicle) 與“敍事”(narrative) 原有異同。西士有云：“敍事之史家異於編年之史家者，由其能連繫史實，知所相因耳。”(the task of the narrative historian, as distinct from the chronicler, is to “colligate” these facts in such a way that we understand why they followed upon one another in the way

(53) 劉勰，〔文心雕龍〕，「隱秀」，卷8，頁6。

(54) 近世史學名家伯恩漢 (Ernest Bernheim) 曰：“此處之問題在於，如何用敍述之法，使歷史事實逼近於眞，而爲吾人所認識？”(wie kann die Darstellung das Geschehene moglichst der Wirklichkeit entsprechend zu unserer Kenntnis bringen und vorstellig machen, da sie dock notwending nur einen Teil der der Wirklichkeit entsprechenden Vorstellungen des Forschers zur Mitteilung bringt?)見〔史學方法論〕(*Lehrbuch der Historischen Methode und der Geschichtsphilosophie*)，頁779，亦尙簡明逼眞，爲敍述之要。可參閱陳韜漢譯本，頁514。

(55) 〔史通通釋〕，「敍事」，卷6，頁78。

(56) 引自姜白巖，〔讀左補義〕，卷1，「綱領」下。

(57) 〔史通通釋〕，「模擬」，頁106。

they did.）[58]編年僅列事實，如踐土之會，〔春秋〕僖公廿八年（631 B. C.）但記“五月癸丑，公會晉侯、齊侯、宋公、蔡侯、鄭伯、衞子、莒子，盟于踐土”[59]。而敍事必述“背景以及於發生之事”(the background conditions must be placed in relation to the action)，以知成事之“由”(reason)，發生之“因”(causes)，故踐土之盟前因城濮之戰，晉侯勝楚，築王宮於踐土，會王與諸侯，受“大輅之服”，而後作盟誓，唯〔左傳〕述明之[60]，敍事之功也。

〔左傳〕敍事之美，衆口交譽矣。或謂文史有別，史者務實，文字工拙，非所宜計；著史而重文采，夸飾必多。麥考雷、卡萊爾（Thomas Carlyle）輩敍事文采飛揚，而失誤累累。是故有言“若以史爲畫，無須配框飾之；若以史爲寶石，無須鑲之嵌之”(history is a picture which requirs no frame, a precious stone which needs no setting)[61]。劉知幾亦謂：“虛加練飾，輕事雕彩……文非文，史非史……刻鵠不成，反

---

[58] 見歐拉夫森（Frederick A. Olafson），「敍事史與行動觀」(Narrative History and the Concept of Action)，載〔歷史與理論〕(*History and Theory*)，卷9，期3（1970），頁279。另參閱懷特氏（Morton White），〔歷史知識之基礎〕(*Foundations of Historical Knowledge*)，頁221。歐氏之文爲評懷氏及丹徒氏（A. Danto）史學知識論而作。

[59] 〔春秋三傳〕，頁197。

[60] 同上書，另參閱高士奇，〔左傳紀事本末〕，「晉文公之伯」，册2，頁310-11。

[61] 克勞福一柏卡士男爵(the Earl of Crawford and Balcarres)之語，引自芮尼爾（G. J. Renier），〔歷史之目的與方法〕(*History: Its Purpose and Method*)，p. 244。

類於驚者也。”⑫ 總之,“藝術固無與史事”(Art had nothing whatsoever to do with history) ⑬ 者也。

惟左氏敍事之美,原非徒逞詞藻,輕事雕彩。其美也,能善用省、晦。省者何?曰:“加以一字太詳,減其一字太略,求諸折中,簡要合理,此爲省字也。”⑭ 晦者何?曰:“言近而旨遠,辭淺而義深。雖發語已殫,而含意未盡。使夫讀者望表而知裏,捫毛而辨骨,覩一事於句中,反三隅於外,晦之時義不亦大哉!”⑮ 故省而晦者,文略理昭之謂矣。劉知幾謂此卽丘明之體,曰:“如敍晉敗於邲,先濟者賞,而云中軍下軍爭舟,舟中之指可掬(宣公十二年)。夫不言攀舟,擾亂以刄斷指,而但曰舟指可掬,則讀者自覩其事矣。”⑯ 是卽錢大昕所謂“左氏文極精嚴,一字不可增減”⑰。不僅此也,左氏行文“汪洋奇變,而不失三代渾穆之遺”⑱。渾穆之遺具“古風之美”(an archaic quality),而汪洋奇變,則無“借璧”(a borrowed excellence) 之憾。故〔左傳〕之文,能勝所載之質,事核而辭潔。聖文羽翮,記載冠冕,卽此之謂乎?

言〔左傳〕敍事之美既竟, 當一究左氏敍事之眞。韓愈

⑫ 〔史通通釋〕,「敍事」,頁86。

⑬ 英國劍橋近代史教授施利(J. R. Seeley)語,引自魏姬吾(C. V. Wedgwood),〔眞理與見解:史學論集〕(*Truth and Opinion: Historical Essays*), p. 90.

⑭ 〔史通通釋〕,卷6,「敍事」,頁81。

⑮ 同上書,頁83。

⑯ 同上書,卷8,「模擬」,頁107。

⑰ 錢大昕,〔潛研堂文集〕,卷27,「跋春秋左氏傳宋本」,頁404。

⑱ 姜白巖,〔讀左補義〕,「綱領」下,頁1-2。

「進學解」有"〔春秋〕謹嚴，左氏浮夸"之詞⑲。吳闓生謂"浮夸未足以盡左氏"⑳。蓋昌黎去古已遠，傳文策書多有增益，或簡牘散落，難究本末，殊不可以若干浮夸之詞盡左氏之書也。文廷式嘗謂，〔春秋〕隱十年，鄭人請師於齊，齊人以衞師助之，故不稱侵伐，而"六年傳已詳載其事，此複從北戎病齊追記，左氏文法未有複疊，似此者明是後人竄入，不能自掩其迹也"㉑。又曰："莊元年至五年，傳甚簡，惟楚武王荆尸一條略詳，然不與經相比附，疑此外皆後人依託爲之，七年傳亦然。"㉒至謂左氏有失之怪巫者，斯乃上古史乘所難免；然左氏言鬼神未嘗廢人事也，因其奉天敬霸之故。〔管錐編〕曰："蓋信事鬼神，而又覺鬼神之不可信、不足恃，微悟鬼神之見強則遷，唯力是附，而又不敢不揚言其聰明正直而壹，馮依在德，此敬奉鬼神者衷腸之冰炭也。玩索左氏所記，可心知斯意矣。"㉓言之亟諦。又左氏屢預言禍福之期，汪中曰："史之於禍福，舉其已驗者也。"㉔故"非以後事爲前事之因"(later events cannot cause earlier events)㉕，實甚彰明。

雖然，左氏敍事猶難當"盡而不汙"之旨，蓋古人徵信甚難，有不得不憑傳聞臆想之處。汪中曰："百世之上，時異事

⑲ 韓愈，〔韓昌黎集〕，卷 3，頁77。

⑳ 吳闓生，「與李右周進士論左傳書」，〔左傳微〕，頁22。

㉑ 文廷式，〔純常子枝語〕，卷 1，頁11。

㉒ 同書，卷 1，頁12。

㉓ 錢鍾書，〔管錐編〕，册 1，頁186-87，另參閱頁182。

㉔ 汪中，「左氏春秋釋疑」，〔述學〕，頁 5。

㉕ 牛經 (W. T. K. Nugent)之語，見〔創造歷史〕(*Creative History*)，頁110。

殊。故曰古之人與其不可傳者，衆矣！所貴乎心知其意也。"⑯心知其意者，錢丈默存參照狄爾泰（W. Dilthey)、柯林烏（R.G. Collingwood）之意，發爲精義曰："史家追敍眞人實事，每須遙體人情，懸想事勢，設身局中，潛心腔內，忖之度之，以揣以摩，庶幾入情合理。"⑰故人事乃史家所知之人事（facts known to the historian)，人事之因由乃史家所懸想之因由（historical reasons or causes were historians' thoughts）。懸想者亦卽史家對史事之忖度耳。其想當然耳之所以異於劇本對話獨白者，卽在"設身處地，依傍性格身分"，固有異於向壁虛構也。記言固然不免代言，記事或亦屬代記，蓋"遙想古人，敍事陳詞，乃史家之敍詞，未必卽古人之敍詞也"(the temporal and causal perspective implicit in the narrative sentence is that of the historian and not necessarily that of the agent)⑱。欲變史家"陳述之辭"(narrative sentences)爲古人"行動之辭"(action sentences)，以重建確切之往事，猶爲今日史家之鵠的，非丘明可逆料也。春秋二百餘年天子諸侯盛衰之事，今猶知其梗概，豈非拜〔左傳〕之賜乎？

⑯ 汪中，「左氏春秋釋疑」，〔述學〕，頁5。
⑰ 錢鍾書，〔管錐編〕，册1，頁166。
⑱ 歐拉夫森，「敍事史與行動觀」，頁276，參閱註㊳。

戰國策第六

及至縱橫之世，史職猶存。秦幷七王，而戰國有策；蓋錄而弗敍，故即簡而爲名也。

後實聖文之羽翮記籍之冠冕也至從橫之
世史職猶存秦幷七王而戰國有策蓋錄而
弗敘故節簡而為名也漢滅嬴項武功積年

〔戰國策〕始於劉向輯錄。向敍曰：“中書餘卷，錯亂相糅莒……臣向因國別者，略以時次之，分別不以序者以相補，除復重，得三十三篇……或曰〔國策〕，或曰〔國事〕，或曰〔短長〕，或曰〔事語〕，或曰〔長書〕，或曰〔脩書〕。臣向以爲戰國時游士，輔所用之國，爲之筴謀，宜爲〔戰國策〕，其事繼〔春秋〕以後，訖楚、漢之起，二百四十五年間之事，皆定以殺青，書可繕寫。”① 東漢高誘注之②。卒以其書“捭闔詐譎”(a wicked book)，而遭擯忌；觀三國秦宓謂李權曰：“海以受游，歲一蕩清；君子博識，非禮不視，今〔戰國策〕反覆儀、秦之術，殺人自生，亡人自存，經之所疾。”③ 蓋異端之難容於聖教也。及趙宋之世，印書大盛，而〔戰國策〕已散佚殘闕；曾鞏“訪之士大夫家，始盡得其書，正其誤謬，而疑其不可考者。然後〔戰國策〕三十三篇復完”④。鞏雖曰：“君子之禁邪說也，固將明其說於天下”⑤，實欲借放絕之名，

① 〔戰國策〕，目錄，頁 1。
② 參閱齊思和，「戰國策注者高誘事蹟考」，〔中國史探研〕，頁241-42。
③ 陳壽，〔三國志〕，册 4，頁973-74。
④ 〔戰國策〕，序後，頁 1。
⑤ 同上。

以存其籍。蓋處聖教之世，不得已而云然。剡川姚宏、縉雲鮑彪復理董之。姚氏尤能闕疑存古，定爲今本。然謬誤脫漏猶多，無以一一匡正，而書之作者，尤難蠡測。或有〔戰國策〕作於漢人蒯通之說⑥，牴牾難通⑦。劉向編錄，原非一書；宋人補輯，復見錯雜，應非一家之書也。

策指簡册，然亦可訓爲"籌碼"(chips)，計算籌劃之謂也。戰國策士從横長短，變詐譎誑，若謂之策士之書，亦名實相符。西士柯迂儒(J. I. Crump, Jr.)以長爲"強"(strong-points)，以短爲"弱"(shortcomings)⑧，似有未諦。蓋長短與從横相對稱，策士以智勇辯力相尚，固不惜横衝直闖，長攻短擊，以勝爲雄。若球戲之"長射"(a long shot)固不如短投之易中也。若短者弱也，則漢"邊通學短長"⑨，主父偃"學長短從横術"⑩，袁悅"能短長說"⑪，短安足學哉?!乃權變之術云爾。夫戰國講求權變之策士，酷似上古雅典(Athens, 5th century)之"蘇非亞士"(the Sophists, or

⑥ 詳閱羅根澤，「戰國策作始蒯通考」，〔諸子考索〕，頁543-45；「戰國策作始蒯通考補證」，同書，頁546-47。與羅氏之見略同者有乾隆貢生牟庭與近人金德健，見羅根澤，「跋金德建先生戰國策作者之推測」，同書，頁548-52；金氏原文見頁552-58。

⑦ 駁議可閱潘辰，「試論戰國策的作者問題」，同上書，頁565-70。齊思和，「戰國策著作時代考」，〔中國史探研〕，頁237-40。另可參閱張心澂，〔僞書通考〕，頁535-38。

⑧ 〔戰國策英譯〕(*Chan-kuo Ts'e*)，頁17。按柯迂儒乃其本人自取之漢名。

⑨ 見班固，〔漢書〕，「張湯傳」，册9，頁2645。

⑩ 同上書，「主父偃傳」，頁2798。

⑪ 見余嘉錫，〔世說新語箋證〕，第32，頁891。

teachers of Sophia)。"蘇非亞"一字可訓爲"機智"(cleverness and wisdom)而具"實才"(practical ability),豈非戰國策士之所尚乎?而兩者行事相似,尤見之於磨練"辯才"(rhetoric),習"見聽之術"(the art of persuasion),以求實效(practical efficiency, or success in public affairs)。實效貴能爭勝,故不崇"鬼神"(religion),不作"玄談"(metaphysics),不計"德行"(morality),"唯強者有理"(Justice is simply the interest of the stronger)⑫。是故戰國策士與夫雅典術士皆以"智"(wisdom)聞,而各披"惡名"(evil fame),固非巧合矣。其所異者,雅典乃民主之城邦,術士所授者,"邦人"(citizen)與"政客"(statesmen),教之以智能辯才,以爭勝於法庭議場,出人頭地⑬;而先秦戰國之世,策士所授者,"諸侯"(rulers)與"卿相"(nobility),教之以智勇辯力,以存國滅國相競勝。養士者雖異人,而俱以智辯遊說得人之養,固無二致也。

---

⑫ 此爲雅典蘇非亞士施拉思麻秋斯(Thrasymachus)之辯詞,詳見柏拉圖(Plato),〔理想國〕(*The Republic*)卷1。有關蘇非亞士言行之簡述可參閱阿格(Walter R. Agard),〔希臘思想〕(*The Greek Mind*),頁35-36;齊多(H. D. F. Kitto),〔希臘人〕(*The Greeks*),頁167-68;羅素(Bertrand Russell),〔西方哲學史〕(*A History of Western Philosophy*),頁73-80。

⑬ 參閱普羅塔哥拉斯(Protagoras, ca. 450 B. C.)之言曰:"From me, he will learn how to manage efficiently his private affairs and acquire such an understanding of public affairs as to fit him for a successful career as a citizen and statesmen",引自阿格,〔希臘思想〕,頁114,參閱註⑫。普羅塔哥拉斯者,雅典之蘇秦、張儀也。

然則〔戰國策〕多策士擬託之辭，以爲"說詞之典範"（manual of rhetoric），非確切之記言記事，洵不足以稱信史。宋晁公武謂"其紀事不皆實錄"⑭，柯迂儒視之"爲小說家言，非史也"（it belongs generally to the world of fiction rather than history）⑮，則又矯枉過正，言過其實矣。策文記言殊多，其辯難橫肆之辭，口角生風，如聆謦欬，必非當時之實錄，殆無可疑，固不必舉其說辭牴牾史事，以疑其擬託也。蓋策士敍錄，必有所憑藉，無論流傳故事，或佚聞掌故，固不盡同於小說之向壁虛構，有賴臆造也。歷史掌故（historical anecdote, fable, tales），宮秘閨私記，每多增飾，雖難盡信，未嘗不似"死象之骨"，可藉以意想生象也⑯。

試觀策文「秦圍趙之邯鄲」章⑰，魯仲連與辛垣衍辯論帝秦事。魯連滔滔雄辯，世稱"義不帝秦"⑱，唯連說衍而服之者，非由義故，實利害之故。連曰："今秦萬乘之國，梁亦萬乘之國。俱據萬乘之國，交有稱王之名，睹其一戰而勝，欲從而帝之，是使三晉之大臣不如鄒、魯之僕妾也。且秦無已而帝，則且變易諸侯之大臣，彼將奪其所謂不肖而予其所謂賢，奪其所憎而與其所愛；彼又將使其子女讒妾爲諸侯妃姬，處梁之宮，

---

⑭ 晁公武，〔郡齋讀書志〕，卷11，頁22。

⑮ 〔戰國策英譯〕，頁11。參閱註⑧。

⑯ 〔韓非子〕，「解老」有云："人希見生象也，而得死象之骨，案其圖以想其生也。"見卷6，頁108。

⑰ 見〔戰國策〕，卷20，趙策「三」，頁7-10。

⑱ 〔古文觀止〕選此文，以"魯仲連義不帝秦"爲篇名，見卷4，頁14-17。

梁王安得晏然而已乎？而將軍又何以得故寵乎！⑲”連之說詞雖係擬言，未必虛擬臆造，蓋齊之魯仲連與梁之辛垣衍皆實有其人，據佚聞而追敍之，殊有可能。繆文遠曰："秦圍邯鄲前後，秦並無稱帝之意。”⑳按秦圍邯鄲事在秦昭襄王四十八至五十年（259-257 B. C.）間，而昭襄王十九年(288 B. C.）秦嘗與齊並稱帝，雖僅二月不得已而去帝號，是秦有稱帝之意，殆無可疑。今秦乘長平大勝（259 B. C.）而圍邯鄲，相持二年，其豈無鴻鵠之志哉！卒因魏、楚救趙而解圍。設若魏、趙尊秦爲帝而降之，則齊益弱，秦且無意獨爲帝乎？不帝秦而抗之，事出有因焉。魯連事固有誇張，如謂"秦將聞之，爲卻軍五十里”云云，然不帝秦之議未必與史事牴牾，"橫生枝節”也。卅餘年之後，秦王政始混一宇內而爲帝，非有所待也，六國猶能不帝秦爾。又是役也，秦攻邯鄲十七月不下，策文另有記曰，王稽藉秦王之親愛，不賜軍吏而禮之，軍吏窮而反，秦王怒誅王稽，且欲兼誅范雎，雎以說詞得弗殺㉑。按"范子因王稽入秦”㉒，稽得罪而及雎，乃秦連坐之法。今見〔雲夢秦簡〕，昭王五十二年（254 B. C.）書："王稽、張祿死。”㉓張祿即范雎。范子終因邯鄲不下與稽同死。昭王初或仍善遇雎，終兼誅之。益知〔戰國策〕所記，雖未可盡信，仍有史實存焉。從橫之世，史職未廢歟？

---

⑲〔戰國策〕，卷20，「趙策三」，頁9。
⑳ 繆文遠，〔戰國策考辨〕，頁192。
㉑〔戰國策〕，卷5，「秦策三」，頁9-10。
㉒ 同上，頁3。
㉓ 見「雲夢秦簡大事釋文」，載〔文物〕，1976年6期。

人或以〔戰國策〕爲小說者，因其敘事記言，"過於渲染，幾無可能發生"(stretching the thread of probability too thin) ㉔。若柯迂儒謂齊威王四年（353 B. C.）邯鄲之難，齊救趙攻魏，曰齊起兵、軍於邯鄲之郊，"乃難以想像之妄計"(surely no more ridiculous tactics can be imagined) ㉕，既至邯鄲而不攻魏，是無其理。柯氏不知威王雖應策士段干綸之說而發兵救趙，仍不願力攻；"軍於邯鄲之郊"者，但爲聲援耳，故段干綸曰："軍於其郊，是趙不拔而魏全也"㉖。既不欲與魏之主力相攻於邯鄲之郊，乃"南攻襄陵以弊魏"㉗，故是年七月㉘，魏雖拔邯鄲，而齊能承魏之弊，大破魏軍於桂陵(卽桂陽)。斯卽鶴蚌相爭、漁翁得利之策略，安得稱之爲"妄計"乎？今見新出〔孫臏兵法〕，「擒龐涓」章曰："昔者，梁君將攻邯鄲，使將軍龐涓，帶甲八萬至於茬丘。齊君聞之，使將軍忌子帶甲八萬至……。龐子攻衞……若不救衞，將何爲？孫子曰：請南攻平陵。平陵其城小而縣大，人衆甲兵盛，東陽戰邑，難攻也，吾將示之疑。吾攻平陵，南有宋，北有衞，當途有市丘，是吾糧途絕也，吾將示之不知事。於是徙舍而走平陵……將軍忌子召孫子曰：吾攻平陵不得

㉔ 見柯迂儒（J. I. Crump, Jr.），〔從横術：戰國策研究〕（*Intrigues: Studies of the Chan-kuo Ts'e*），頁61。

㉕ 同書，頁60。

㉖ 見〔戰國策〕，卷 8，「齊策一」，頁 3 。

㉗ 同上。

㉘ 柯迂儒以爲"七個月"(In seven months)，誤。見〔縱横術：戰國策研究〕，頁59。參閱註㉔。

而亡齊城、高唐，當術而厥。事將何爲？孫子曰：請遣輕車西馳梁郊，以怒其氣，分卒而從之，示之寡。於是爲之，龐子果棄其輜重，兼趣舍而至。孫子弗息而擊之桂陵，而擒龐涓……。”㉙誠可補策文「邯鄲之難趙求救於齊」章之未盡，固非虛擬故事也。茬丘其地未詳，若自梁攻邯鄲，則其地必在邯鄲之南郊，卽策文所謂齊“軍於邯鄲之郊”，以與梁師對壘耶？衞地既在邯鄲之南，齊捨梁師南攻平陵，平陵卽策文所謂之襄陵乎？襄陵“魏邑也，河東縣”㉚，而平陵在宋衞之間，疑卽漳水與趙長城以南之平陽。孫子以齊城、高唐之弱師，攻平陽之堅，雖敗厥於塗，其旨固在弊魏，卽策文所謂“南攻襄陵以弊魏”耶？魏拔邯鄲，勝而愈弊。齊師遂以輕車西馳梁郊，魏軍棄輜重兼程南救，齊師擊之於桂陵而大敗之。桂陵卽桂陽、大梁之北，濮水之濱，以齊而言，故謂之西馳也。兩文互觀，邯鄲之難本事，約而可明矣。

蘇秦者，戰國辯士之雄也，而馬伯樂（Henri Maspero, 1883-1945）謂其人乃小說家之虛構，因其事如六國相印，妻嫂前倨後恭，皆詭奇難信㉛。說行卅年後，楊寬謂蘇秦確有其

㉙〔孫臏兵法——銀雀山漢墓竹簡〕，頁31-32。

㉚〔戰國策〕，卷8，「齊策一」，頁3，註文。

㉛詳閱馬伯樂（H. Maspero），「蘇秦傳奇」（Le Roman de Sou Ts'in），〔法蘭西遠東學院亞洲研究廿五周年專刊〕（*Etudes asiatiques publiees par l'Ecole francaise d'Extreme-Orient a l'occasion de son 25e anniversaire*），II, p. 141.

人，合縱抗秦確有其事。柯迂儒嘗譏之㉜。然馬王堆漢墓帛書〔戰國從横家書〕，載出土〔戰國策〕佚文十六章，既含蘇秦書信，其人固無可疑之矣㉝！唯佚文可補正蘇秦史事者亦多。蘇秦乃燕昭王(311-279 B. C.)之策士，平生行事，都爲燕謀；入齊爲燕諜，使湣王一意南攻，無北顧之憂，以疏訪燕之心。燕卒於齊滅宋之際，乘虛南侵。計既大泄，蘇秦車裂於齊，燕將樂毅遂破齊㉞。太史公雖去古未遠，然當其時言蘇秦者已多異詞，遂"故列其行事"㉟，誤以爲蘇秦在張儀先。時序既亂，敍事多謬。所謂六國合從，實卽蘇秦、李兌約五國攻秦事，時爲秦昭王廿年（287 B. C.）也。五國方勝秦，昭王釋帝號，而諸王復又爭霸，亦蘇秦欲使齊趙相攻以存弱燕之策也。太史公雖知蘇秦車裂於齊，而不悉其故，乃以爲燕人反間以死，齊乃恨怒燕㊱。遂又有蘇秦之弟蘇代，代弟蘇厲，"求見燕王，欲襲故事"。此後行事，策文雖作秦，而〔史記〕改作代。若謂燕昭王，"召蘇代，復善待之，與謀伐齊，竟破齊，湣王出走"㊲。卽因時序倒置，不得不張冠李戴也。因策有闕文，卽以太史公之賢，未能徵其信，重敍史事，不免錯亂。非策文虛

㉜ 柯迂儒，〔縱横術：戰國策研究〕，頁 89-90，參閱註㉔。柯氏引楊寬〔戰國史〕，1955年版，1980年有增訂新版。

㉝ 帛書於1973年出土，整理小組命之曰〔戰國從横家書〕，北京文物出版社編輯。蘇秦書信見該書頁1-50。

㉞ 據帛書重建蘇秦事蹟，可參閱馬雍，「帛書戰國縱横家書各篇的年代和歷史背景」，〔戰國從横家書〕，頁176-90。

㉟ 見〔史記〕，卷69，「蘇秦傳」，太史公曰。册 7，頁2277。

㊱ 見同書，頁2266。

㊲ 見同書，頁2271。

妄不足據，乃策文散佚不足徵也。一旦佚文重出，事實遂明。然則，〔戰國策〕固非無稽之傳奇，亦頗有信史可考歟?

竊謂〔戰國策〕不僅有史可考，復有義可尋。義者，"時代精神"(climate of opinion, Weltanschauungen)之所寄也。孟子謂梁惠王曰："王何必曰利，亦有仁義而已矣"㊳；是孟子不知身處何世也。蓋戰國時代，仁義禮樂俱廢，而猶欲仁義信天下，可乎? 處悖亂之世，唯有權力利害治之，此縱橫之士所以遊說權術而揚名也。惜戰國術士所優爲者，制人之術有餘，制衡之計不足。智勇譎詐，一以墮城、掠地、殺人、滅國爲務。爭一時之暴利，而略千秋之盛業。遂令"秦王續六世之餘烈，振長策而御宇內，吞二周而亡諸侯，履至尊而制六合，執棰拊以鞭笞天下"㊴。漢賈誼、宋二蘇，皆惡虎狼之秦，恨六國之未能守約擯秦也。不知"彼六國者，皆欲爲秦所爲"，"溺於攻伐，習於詐虞，強食而弱肉者，視秦無異也"㊵。若秦未能併天下，魏或併之，趙或併之，齊或併之，蓋未諳制衡之術也，以致"兵連禍結，曾無虛歲"(power sapped by the constant need for the application of force)㊶，六王畢，四海一而後巳。制衡之道(equilibrium)，貴能以詭譎之術(subtle manaeuvere)，弱強國、強弱國，以維"諸國勢力之均

㊳ 見〔四書集注〕，下册，上孟，卷1，頁1。

㊴ 語見賈誼，「過秦論上」，〔經史百家雜鈔〕，册1，頁79。

㊵ 語見李楨，「六國論」，王文濡評選，〔近代文評註〕，頁1。參閱〔三蘇文選〕，頁6-11，235-37。

㊶ 李楨，「六國論」，頁1。英譯見季辛吉(Henry A. Kissin ger)，〔世序重整〕(*A World Restored: The Politics of Conservatism in a Revolutionary Age*)，p. 16。

等”(a balance among states of approximately equal power)[42]，固有異於合縱連橫之術矣。當秦齊稱帝之際，原可以東西二帝爲制衡，五國爲“緩衝”(intermediary powers)。而李兌、蘇秦必欲破之。李爲趙計，蘇爲燕計，皆未嘗爲天下計也。然則戰國有策，知秦併六王，勢所必然乎？秦雖混一，不二世而亡，秦亦隨六國而亡也。使制衡之術行於戰國，七雄得以久存，則中國乃封建之中國，非郡縣之中國矣。

附說　史傳與傳奇之辨

〔戰國策〕，史也，而近人或以傳奇視之。夫史傳崇實，傳奇尚虛；近代史氏尤務實證，避傳奇若鬼魅。史傳與傳奇果風馬牛不相及乎？似又不然。張蔭麟嘗言："小說與歷史之所同者，表現有感情、有生命、有神彩之境界。"[43]此境界也，見諸敍事。以科學爲心之史家，或視感情神彩爲客觀之敵，法國“安娜學派”(The Annales)更鄙視敍事。然此派名家拉都銳(Emmanuel Le Roy Ladurie)近著〔芒特盧史〕(*Montaillou*)，文獻數據固全，而敍事尤具傳統之美，可謂合科學與藝術爲一之佳作，史家何必羞言敍事乎？回顧昔日名家，若馬班陳范，若吉朋、米西雷、麥考雷，以至蘭克，皆以敍事而不朽。作史者終不可偏廢敍事歟？傳奇之佳者必擅敍事，史家與之道雖不同，未嘗不相謀也。史氏閱覽傳奇，豈止茶餘

㊷ 季辛吉，〔世序重整〕，頁31。參閱註㊶。
㊸ 見〔張蔭麟文集〕，頁201。

消遣而已？況昔日之傳奇，猶有助於昔日之史傳。巴克丁（Mikhail Bakhtin）謂傳奇乃近代文化之縮影也㊹，蓋傳奇之作者，亦乃其時代之產物，能不透露時代之心靈乎？然則虛構之傳奇，亦有實在之信息存焉，足資史家參證。而眞人實事，其變幻起伏，亦有非虛構可得者，史家泰勒（A. J. P. Taylor）有言："眞實之生命勝於虛渺之想像"（Real life outdoes immagination）㊺，謂生命之豐碩多姿，非幻想可包攬；若取多姿之血肉素材，刻劃精能，未嘗不可如傳奇之有聲色也。唯傳奇之言行情節可決之於作者，而史傳之言行必決之於文獻。史家苟或濫用文獻，則其所作，等同傳奇可也。

㊹ 參觀拉卡普辣（Dominick Lacapra），〔思想史之再商榷〕（*Rethinking Intellectual History*），pp. 291-324.

㊺ 見泰勒，〔英國史論集〕（*Essays in English History*），p. 16.

太史公第七

爰及太史談，世惟執簡，子長繼志，甄序帝勣，比堯稱典，則位雜中賢；法孔題經，則文非元聖。故取式《呂覽》，通號曰紀。紀綱之號，亦宏稱也。故本紀以述皇王，列傳以總侯伯，八書以鋪政體；十表以譜年爵，雖殊古式，而得事序焉。爾其實錄無隱之旨，博雅宏辯之才，愛奇反經之尤，條例踳落之失，叔皮論之詳矣。

陸賈稽古作楚漢春秋爰及太史談世惟執
簡子長繼至甄序帝勣比堯稱典則位雜中
賢法孔題經則文非元聖故取式呂覽通號
曰紀紀綱之號亦宏稱故本紀以述皇王列
傳以總侯伯八書以鋪政體十表以譜年爵
雖殊古式而得事序焉爾其實錄無隱之旨
博雅弘辯之才愛奇反經之尤條例踳落之
失叔皮論之詳矣及班固述漢因循前業觀

太史公乃太史令之尊稱，其職置於漢武帝之時，"位在丞相上，天下計書先上太史公，副上丞相"①。談生平無考，卒於元封元年（110 B. C.），嘗"學天官於唐都"②，天官者，星曆之學也。「天官書」曰："夫自漢之爲天數者，星則唐都，氣則王朔，占歲則魏鮮。"③繼"受易於楊何"④，何菑川人、受學於王同（子仲），元光元年（134 B. C.）以〔易〕徵，官至中大夫⑤。又"習道論於黃子"⑥，黃子好黃老之術，景帝時曾與齊人轅固生爭湯武受命事⑦。談商道、固學有所承，撰「六家要旨」，獨稱道家，曰："道家使人精神專一，動合無形，贍足萬物，其爲術也，因陰陽之大順，采儒墨之善，撮名法之要，與時遷移，應物變化，立俗施事，無所不宜，指約而易操，事少而功多。"⑧唯談之稱道家也，非欲盡棄五家；既見其弊，亦見其利，如謂："陰陽之術，大祥而衆忌諱，使人拘而多所

① 見〔漢禮註〕，載〔漢書〕，册 9，頁2709。
② 〔史記〕，「太史公自序」，册10，頁3288。
③ 同書，册 4，頁1349。
④ 〔史記〕，「太史公自序」，册10，頁3288。
⑤ 〔史記〕，「儒林列傳」，册10，頁3127。
⑥ 〔史記〕，「太史公自序」，册10，頁3288。
⑦ 〔史記〕，「儒林列傳」，册10，頁3122-23。
⑧ 〔史記〕，「太史公自序」，册10，頁3289。

畏，然其序四時之大順，不可失也。儒者博而寡要，勞而少功，是以其事難盡從；然其序君臣、父子之禮，列夫婦長幼之別，不可易也。墨者儉而難遵，是以其事不可徧循；然其彊本節用，不可廢也。法家嚴而少恩；然其正君臣上下之分，不可改矣。名家使人儉而善失眞；然其正名實，不可不察也。”⑨五家既有可取，談未嘗不稍取之，則談固不必受道家牢籠也歟？而其志在史，臨危“執遷手而泣曰：余先周室之太史也，自上世嘗顯功名於虞夏，典天官事，後世中衰，絕於予乎？汝復爲太史，則續吾祖矣”⑩。遷遂“悉論先人所次舊聞”，繼承父志，而成名山業焉。

遷字子長，不見〔漢書〕遷傳，王鳴盛曰：“史例雖至班氏而定，每人輒冠以字某，某郡縣人，而遷傳卽用自序之文，例不盡一，故漏其字。”⑪遷生龍門（漢夏陽縣），生年未具。自序曰：“卒三歲而遷爲太史令”⑫，司馬貞〔索隱〕注曰：“〔博物志〕：太史令茂陵顯武里大夫司馬遷，年二十八。”⑬談既卒於元封元年，卒三歲應卽元封三年（108 B. C.），時遷二十八歲，則生年應爲武帝建元六年（135 B. C.）。然自序又曰：“五年而當太初元年”⑭，裴駰〔集解〕註曰：“李奇曰：遷爲太史後五年，適當於武帝太初元年。”⑮張守節〔正義〕

⑨ 〔史記〕，「太史公自序」，册10，頁3289。
⑩ 同上，頁3295。
⑪ 王鳴盛，〔十七史商榷〕，册 1，頁57。
⑫ 〔史記〕，「太史公自序」，册10，頁3296。
⑬ 同上。
⑭ 同上。
⑮ 同上。

案曰:"遷年四十二歲。"⑯若太初元年(104 B.C.)遷四十二歲, 則其生年應爲景帝中元五年(145 B.C.)矣! 二說差十歲。王國維「太史公行年考」謂:"疑今本索隱所引〔博物志〕年二十八,張守節所見本作年三十八;三訛爲二,乃事之常,三訛爲四,則於理爲遠。以此觀之,則史公生年,當爲孝景中元五年,而非孝武建元六年矣。"⑰自王文出,中外學者多宗其說。然近代學者桑原隲藏、李長之、郭沫若等疑之,持建元六年之說。李氏謂遷「報任少卿書」既撰於太初四年(93 B.C.),有云:"僕賴先人緒業,得待罪輦轂下,二十餘年矣",若遷生中元五年,則應作待罪三十餘年,故必爲建元六年始合⑱。郭氏則舉漢簡實例,證"太史令,茂陵,顯武里,大夫司馬(遷),年二十八",仍先漢記錄,非魏晉人語,故二十八非三十八之訛,謂王氏失察,故亦定遷之生年爲孝武建元六年矣⑲。李郭兩氏又曰,報任安書謂"僕不幸早失二親",司馬談既卒元封元年,所謂早失者,固以廿六歲勝於卅六歲之說也⑳。若然,則遷之生年,猶晚於希臘史家破雷別士㉑,距西方史學之父希羅多德之生也,晚三百餘年。遷之卒年不載,歷代學者疑

⑯ 同上。
⑰ 王國維,「太史公行年考」,〔觀堂集林〕,卷11,頁483。
⑱ 李長之舉十例駁王氏說,以此條最辯,見李著〔司馬遷之人格與風格〕,頁23-26。
⑲ 閱郭沫若,「太史公行年考有問題」,〔文史論集〕,頁168-72。近見徐朔方,「司馬遷生於漢景帝中元五年考」,載〔史漢論稿〕,頁48-57,駁郭氏說,可資參考。唯定論似猶未必。
⑳ 郭沫若,「太史公行年考有問題」,頁171-72。李長之,〔司馬遷之人格與風格〕,頁24。
㉑ 破氏生年亦難定,有二說:即 198 B.C. 與 200 B.C.

其下獄死，約於譔報任安書時，張守節〔正義〕所謂"司馬遷年四十二歲"。卽太史公之享年歟 (135 B. C. -93 B. C.)㉒？

遷著〔史記〕，史記本史書通稱，原名〔太史公書〕。〔史記〕之稱，始見於三國㉓，〔隋書〕「經籍志」以下，遂專稱〔史記〕，卽錢大昕所謂："子長未嘗名其書曰〔史記〕，疑出魏晉以後。"㉔若名從其主，固宜稱之爲〔太史公書〕也。朱希祖曰："遷既從楚俗，稱太史令爲太史公，則太史公仍爲官名，惟爲太史令之別名耳，雖似他人之尊稱，亦得自己爲題署，與太史丞不嫌無所分別。而敍其身受之官號，則仍從漢官之正名，自序所謂三歲而遷爲太史令是也。"㉕是則，朱氏認爲遷"稱太史令爲太史公，既以稱其父，又以自稱，且以稱其書"㉖。遷稱其父爲太史公，固無可疑，若"太史公執遷手而泣"云云；遷自稱太史公，則有疑之者，若桓譚〔桓子新論〕曰："太史公造書，書成，示東方朔，朔爲平定，因署其下。太史公者，皆朔所加之者也。"㉗是卽遷稱其父爲太史公，東方朔稱遷爲太史公，皆尊之也。錢大昕謂"以公爲朔尊遷之稱，失之遠矣"㉘。然遷既稱其父爲太史公，復以之自稱，似有違事理。竊謂〔史記〕雖成於遷手，而遷視同父業。父談臨終謂遷曰：

㉒ 參閱郭沫若，「關於司馬遷之死」，〔文史論集〕，頁 173-75。
㉓ 見〔三國志〕，「王肅傳」，册 2，頁418。
㉔ 錢大昕，〔廿二史考異〕，頁189。
㉕ 朱希祖，〔中國史學通論〕，頁72。
㉖ 同書，頁71。
㉗ 載〔全上古秦漢三國六朝文〕，册 1，頁549。
㉘ 同註㉔，頁187。參閱蘇洵"史論下"，頁 5。

"余爲太史而弗論載，廢天下之史文，余甚懼焉，汝其念哉！"遷俯首流涕曰："小子不敏，請悉論先人所次舊聞，弗敢闕。"㉙是以遷秉承父志，玉成父業，未敢視爲己有，故以其父太史公稱其書。太史公曰云云，亦代父言之也。遷報任安書，自稱"太史公先馬走司馬遷"，李善注曰："太史公，遷父談也，走猶僕也，言己爲太史公掌先馬之僕。"㉚俞正燮「太史公釋名」則曰："〔史記〕署太史公，是司馬遷署官以名其書，其曰公者，猶曰著書之人耳。"㉛朱希祖以俞說爲勝，曰："考談卒於武帝元封元年，報任少卿書，在遭李陵禍之後，即在武帝天漢三年以後，時談卒已久，何得云爲其父談掌先馬之僕？且報任少卿書，何預於談乎？"㉜朱氏似振振有詞矣，實失之於泥。蓋遷爲其父掌先馬之僕者，乃指欲成先人之緒業也。其所以刑餘苟活，無乃先人之業未竟；嘗謂任少卿曰："所以隱忍苟活，幽於糞土之中而不辭者，恨私心有所不盡，鄙沒世而文彩不表於後世也。"㉝私心者何？疾文彩不表者何？遷自序有言："揚名於後世，以顯父母，此孝之大者。"㉞是則，遷以"太史公先馬走"自居者，欲爲太史公竟舌耕之役云爾；以太史公名其書者，亦功成不居，揚名顯親云爾。若遷自稱太史公，先馬走爲謙詞，則繼言"司馬遷再拜稽首"，豈非架床疊屋？應作"太

㉙ 〔史記〕，「太史公自序」，册10，頁3295。
㉚ 見〔文選李善注〕，頁587。
㉛ 俞正燮，〔癸巳類稿〕，卷11，頁428。
㉜ 見朱希祖，〔中國史學通論〕，頁67-68。
㉝ 見司馬子長報任少卿書一首，載〔文選李善注〕，頁591。
㉞ 同註㉙，頁3295。

史公先馬走”，或作“太史公司馬遷先馬走再拜稽首”，而不應作“太史公先馬走司馬遷”。若然，則李善之注言，或未必“迂而鑿”（錢大昕語）耶？

遷創作傳體，而不廢記事編年，滙成一書，自謂“網羅天下放失舊聞，考其行事，綜其終始，稽其成敗興壞之紀。上記軒轅，下至于茲，爲十表，本紀十二，書八章，世家三十，列傳七十，凡百三十篇”㉟，“五十二萬六千五百字”㊱，可謂“參酌古今，發凡起例，創爲全史”㊲矣。其體既創，百代而下，遵爲定式。王鳴盛曰：“後之作者，遞相祖述，莫能出其範圍，即班、范稱書，陳壽稱志，李延壽南北朝稱史，歐陽子五代稱史記，小異其目。書之名，各史皆改稱志，五代又改稱考。世家之名，晉書改稱載記，要皆不過小小立異，大指總在司馬氏牢籠中。”㊳〔史記〕爲正史之首，司馬氏爲史學宗師，是固然矣！

遷曰：“上記軒轅，下至于茲，著十二本紀，既科條之矣。”㊴科條者，編年記事，待“王迹所興，原始察終，見盛觀衰”㊵，遂有本紀以述皇王之說。唐劉知幾廣其說曰：“蓋紀之爲體，猶春秋之經，繫日月以成歲時，書君上以顯國統。”㊶然則，項羽“未得成君”，“安得諱其名字，呼之曰王者乎”？

㉟ 見註㉝，頁592。另見〔經史百家雜鈔〕，册4，頁1028。
㊱ 見註㉙，頁3319。
㊲ 語見趙翼，〔廿二史劄記〕，頁3。
㊳ 王鳴盛，〔十七史商榷〕，册1，頁58。參閱內藤虎次郎，〔支那史學史〕，頁124。
㊴ 見〔史記〕，「太史公自序第七十」，册10，頁3319。
㊵ 同上。
㊶ 〔史通通釋〕，卷2，「本紀第四」，頁18。

"況其名曰西楚，號止霸王者乎？霸王者，卽當時諸侯。諸侯而稱本紀，求名責實，再三乖謬"㊷。劉氏不知司馬遷尋王者之跡，不求王者虛名，但求其實耳。項羽雖無王者之名，卻有其實；義帝雖有其名，而無其實，故楚漢之際編年，以羽爲紀，正見遷之史識，乖謬云何？且遷之求實，不僅項羽；以呂后爲紀，而無惠帝本紀，亦本斯義也。班固別爲惠帝立紀，則棄"實王"(de facto ruler)，而取"虛君"(de jure monarch)，是固不如遷也。日人增井經夫曰："十二本紀で支配權力の頂點を綴う"㊸，誠得遷心法。惜彼邦譔〔大日本史〕，雖取法〔史記〕，以虛君之天皇爲紀，而少"支配權力の頂點"之幕府將軍，抑亦班固之流亞歟？至於勰謂"取式〔呂覽〕，通號曰紀"非是。蓋〔呂覽〕之紀，紀十二時令，非史官紀事之比，安得取式？遷大宛傳贊，有云"〔禹本紀〕言河出昆侖"，又曰："(禹)〔本紀〕所謂昆侖者乎"㊹？則本紀之名，旣非取式〔呂覽〕，亦非遷之杜譔。學者已論之詳矣㊺。

遷曰："並時異世，年差不明，作十表"㊻，蓋"謂事微

㊷ 同上。

㊸ 增井經夫，〔アジアの歷史と歷史家〕，頁27。文廷式曰："列項籍於本紀，此不刊之典。"見〔純常子枝語〕，册9，卷14，頁12。

㊹ 見〔史記〕，「大宛列傳第六十三」，册10，頁3179。章學誠亦謂，十二本紀取法十二月紀，參閱〔章氏遺書〕，册2，頁47。

㊺ 參閱范文瀾，〔正史考略〕，「史記」條；金毓黻，「文心雕龍史傳篇疏證」，頁226；盧南喬，「論司馬遷及其歷史編纂學」，〔中國史學史論集〕，吳澤主編，册1，頁168。

㊻ 同註㊴，頁3319。

㊼ 見〔史記〕，「三代世表第一」，册2，頁487，〔索隱〕註文。

不著，須表明也”㊼。須表明者何？史事之變也。然劉知幾以爲重沓，曰："重列之以表，成其煩費，豈非謬乎？且表次在篇第，編諸卷軸，得之不爲益，失之不爲損！"㊽果其然乎？浦起龍未以爲然也，按曰："揆之史法，參以時宜，親若宗房，貴如宰執。傳有所不登，名未可竟沒。胥以表括之，亦嚴密得中之一道哉！"㊾趙翼亦謂，表與紀傳相爲出入："凡列侯、將相、三公、九卿、功名表著者，既爲立傳。此外大臣無功無過者，傳之不勝傳，而又不容盡沒，則於表載之，作史體裁，莫大於是。"㊿是則，表非重沓，即劉知幾復於其〔史通〕「外篇」，自異其說曰："觀太史公之創表也，於帝王則敍其子孫，於公侯則紀其年月，列行縈紆以相屬，編字戢孴而相排。雖燕越萬里，而於徑寸之內犬牙可接，雖昭穆九代，而於方尺之中，雁行有敍。使讀者閱文便覩，舉目可詳，此其所以爲快也。"㊿近代西方史家，素以"歷史爲人事演化之學"(Die Geschichte ist eine Wissenschaft von der Entwicklung der Menschen)㊿，故尤重"時"(temporal)、"空"(spatial)之變。武田泰淳謂馬遷之表，不僅明史事時序之變，亦顯史事之"空間關係"(spatial relationships)㊿。西士華

㊽ 〔史通通釋〕，卷3，頁25。
㊾ 同書，頁26。
㊿ 杜維運，〔校證補編廿二史劄記〕，頁5。
(51) 〔史通通釋〕，卷16，頁227。
(52) 伯恩漢，〔史學方法論〕，頁10。陳韜譯，〔史學方法論〕，頁5作"歷史爲人類演化之學"。"人類演化"易誤爲達爾文之說，故易爲人事演化，似較妥。
(53) 參閱武田泰淳，〔司馬遷〕，頁124。

眞 (Burton Watson) 謂司馬遷創表，足稱"良法美意"(a masterful idea)，宜也。且司馬遷以三代爲世表，十二諸侯爲年表，秦楚之際爲月表，蓋依史料之眞僞多寡爲詳略，正見作者務實求眞之意。英師濮冷布 (J. H. Plumb) 謂〔史記〕雖稱"巨製"(a remarkable book)，未悉"歷史考證"(historical criticism) 之事，故"有異於吾人習知之歷史"(is quite unlike what we regard as history)(54)。歷史考證者，卽"不盲目接受史證"(not to accept all evidence blindly)(55)。司馬遷果昧於史證之眞僞乎？非也。其取材論證，誠有疏誤；而其考求實證之心，固無異於今人。〔史記〕「三代世表」曰："五帝、三代之記，尙矣！自殷以前諸侯不可得而譜，周以來乃頗可著。"(56)是所謂文獻可徵而後著作，豈眞僞莫辨耶？

遷曰："禮樂損益，律曆改易，兵權山川鬼神，天人之際，承敝通變，作八書。"(57)八書者，禮、樂、律、曆、天官、封禪、河渠、平準是也。〔索隱〕曰："此之八書，記國家大體(58)"。郭嵩燾曰："禮、樂者，聖人所以紀綱萬事，宰制羣動，太史公列爲八書之首，而於漢家制度無一語及之，此必史公有歉然不足於其心者，故虛立其篇名而隱其文。"(59)然班固

(54) 閔華眞氏撰〔中國太史司馬遷〕(*Ssu-ma Ch'ien, Grand Historian of China*), pp. 112-14. 濮冷布 (J. H. Plumb), 〔歷史亡矣乎〕(*The Death of the Past*)，頁21。蘇轍亦嘗責遷"淺近而不學，疎略而輕信"，見〔古史〕，敍，函1，册1，頁1。

(55) 布洛克 (M. Bloch)，〔史匠〕(*The Historian's Craft*)，頁79。

(56) 〔史記〕，卷13，頁487。

(57) 〔史記〕，「太史公自序第七十」，册10，頁3319。

(58) 〔史記〕，卷23，册4，頁1157。

(59) 郭嵩燾，〔史記札記〕，卷3，頁124。

遷傳謂: "十篇缺，有錄無書"⑥⓪，王鳴盛引張晏注云，遷歿之後，褚少孫補缺，"「禮書」，取荀卿「禮論」；「樂書」，取〔禮〕「樂記」"⑥①。郭氏以爲史公深意，原非完書，誠難決言之也。「律書」載"制事立法，物度軌則"，"於兵械尤所重"⑥②。雖以兵爲重，而不尚武⑥③。「曆書」載時序，"建五行，起消息，正閏餘"⑥④，而後"民以物享"，政從正朔。「天官」言天文,〔史通〕言古今天無二致，"施於何代不可"，未見其宜⑥⑤。王鳴盛則曰: "「天官書」一篇，錢少詹大昕以爲當是取甘石〔星經〕爲之，愚考此書，漢「藝文志」已不載，而前明俗刻有之，疑唐宋人僞託也。"⑥⑥劉知幾唐人也，未嘗疑爲僞託。夫司馬談掌天官，遷爲之書，"觀象於天"，"法類於地"⑥⑦，良有以也。蓋太史公之觀天也，推古察變，明天人之際，固未嘗以古之天猶今之天也，曰"夫天運，三十歲一小變，百年中變，五百載大變"⑥⑧。「封禪」具言古今祀典，尤爲秦皇、漢武之大事，遷書之，實諷之。若以方士爲"怪迂

---

⑥⓪ 班固，〔漢書〕，卷62，冊9，頁2724。

⑥① 王鳴盛，〔十七史商榷〕，卷1，冊上，頁59。

⑥② 遷曰: "六律爲萬事根本焉。"見〔史記〕，卷25，冊4，頁1239。

⑥③ 見同書，頁 1240-1243，郭嵩燾曰: "案六律爲萬事根本，而莫重於兵，史公於此據其大者言之，而專取高帝之偃武、文帝之無議軍，以致其嘆美之意，所以證武帝窮兵黷武之失也。"〔史記札記〕，卷3，頁127。

⑥④ 〔史記〕，卷26，冊4，頁1256。

⑥⑤ 〔史通通釋〕，卷3，頁27。

⑥⑥ 王鳴盛，〔十七史商榷〕，卷3，冊1，頁73。

⑥⑦ 〔史記〕，卷27，冊4，頁1342。

⑥⑧ 同書，頁1344。

阿諛苟合之徒"⑥⑨；若謂求海上神山，雖莫能至，"世主莫不甘心焉"⑦⓪；若書"始皇封禪之後十二歲，秦亡"⑦①。是則"今天子（漢武帝）初即位，尤敬鬼神之祀"⑦②，蓋有言外之意存焉。封禪乃當時大事，史公不得無記，而其"論次自古以來用事於鬼神者，具見其表裏"⑦③。所見之表裏爲何？鬼神之事不足信也。「河渠」言水之利害，實明"兩漢富強之業所由開也"⑦④。「平準」言食貨，舉凡錢幣物價，商賈之律，轉輸邊粟，豪黨兼併，公室奢侈，出征靡費，鹽鐵官辦，商賈逐利，食租衣稅，莫不及之。至於"外攘夷狄，內興功業，海內之士，力耕不足糧饟，女子紡績，不足衣服，古者嘗竭天下之資財以奉其上，猶自以爲不足也"⑦⑤，史公之微旨也歟？「河渠」、「平準」所述，即今之"經濟史"（Economic History）也。英人亞當斯密（Adam Smith）著〔原富〕(*An Inquiry into the Nature and Causes of the Wealth of Nations*)，其第三章始記農工商交易之事，爲泰西平準書之濫觴⑦⑥，其去司馬遷已一千八百餘年矣。史公以十表通紀傳之窮，復以八書補紀傳之敝，不遺政俗生計大事。劉知幾曰："司馬遷曰書，班固曰志，蔡邕

⑥⑨ 同書，卷28，册4，頁1369。

⑦⓪ 同書，頁1370。

⑦① 同書，頁1371。

⑦② 同書，頁1384。

⑦③ 同書，頁1404。參閱方苞，〔方望溪全集〕，頁29-30。

⑦④ 郭嵩燾語，見〔史記札記〕，頁154。

⑦⑤ 〔史記〕，卷30，册4，頁1442-43。

⑦⑥ 閱郭特(W. H. B. Court)，「經濟史」(Economic Histoory)，載芬伯（H. P. R. Finberg）編，〔治史殊途〕（*Approaches to History*），頁19。

曰意，華嶠曰典，張勃曰錄，何法盛曰說，名目雖異，體統不殊。”(77)遂爲國史定制矣。

遷曰：“二十八宿環北辰，三十輻共一轂，運行無窮，輔拂股肱之臣配焉，忠信行道，以奉主上，作三十世家。”(78)〔索隱〕曰：“系家者，記諸侯本系也，言其下及子孫常有國。”(79)〔正義〕曰：“世家者，志曰：謂世之有祿秩之家，累世有爵士封國。”(80)〔廿二史劄記〕曰：“古來本有世家一體，遷用之以記王侯諸國。”(81)是則，學者皆以世家乃“世襲王侯之紀”(hereditary houses)，故劉知幾曰：“案世家之爲義也，豈不以開國承家，世代相續。至如陳勝起自羣盜，稱王六月而死，子孫不嗣，社稷靡聞，無世可傳，無家可宅，而以世家爲稱，宜當然乎？”(82)王安石「讀孔子世家」則曰：“孔子，旅人也，栖栖衰季之世，無尺寸之柄，此列之以傳宜也，曷爲世家哉？……遷也自亂其例，所謂多所抵牾者也！”(83)遷果自亂其例歟？非也。遷固未嘗言世家僅限世襲王族。若陳勝者，雖無世可傳，卻開新世之運。遷曰：“陳勝雖已死，其所置遣侯王將相竟亡秦，由涉首事也。”(84)則勝之居所，譬如北辰，衆將

(77) 〔史通通釋〕，卷3，頁27。

(78) 〔史記〕，卷130，册10，頁3319。

(79) 見〔史記〕，卷31，册5，頁1445。另見瀧川龜太郎，〔史記會注考證〕，頁523。

(80) 見瀧川龜太郎，〔史記會注考證〕，頁523。

(81) 趙翼，〔廿二史劄記〕，杜維運校證本，頁4。

(82) 〔史通通釋〕，卷2，頁20。

(83) 王安石，〔臨川文集〕，卷71。別見王應麟，〔困學紀聞〕，卷11，頁18。

(84) 見〔史記〕，卷48，册6，頁1961。

相拱之；譬如衆輪所湊之心，運行無窮。遷「秦楚之際月表」曰："初作難，發於陳涉；虐戾滅秦，自項氏；撥亂誅暴，平定海內，卒踐帝祚，成於漢家。"[85]歷史之轉折乃明。遷以陳涉爲世家，一如以項氏爲本紀，正見史公識見，以確定陳涉、項氏、漢家之"歷史地位"(historical role)，固不必若錢辛眉所謂，意在尊漢黜秦也[86]。至以孔子入世家，亦以其歷史地位，有異於羣賢，置之列傳則不顯。太史公曰："孔子布衣，傳十餘世，學者宗之，自天子王侯，中國言六藝者折中於夫子，可謂至聖矣！"[87]況當遷之世，儒學漸爲國教，亦"忠信行道，以奉主上"之謂歟？孔子之居所，亦猶如衆星環拱之北辰也。度遷之意，非僅尊崇孔子[88]而已，亦欲示歷史之輕重耳。餘若周室屏藩、諸王外戚、社稷功臣，則爲輔拂股肱之臣云爾。

遷曰："扶義俶黨，不令已失時，立功名於天下，作七十列傳。"[89]子長草創紀傳一體，以列傳補本紀之遺，記載事跡，以傳於後世，不必限於一人之始終，亦不止"傳聞人事之紀"[90]。竊以爲馬遷之作傳也，尚有他義存焉。一曰延薪火之傳，綿長史跡。〔莊子〕「養生主」曰："指窮於爲薪，火傳也，不知其盡

[85] 〔史記〕，卷16，册３，頁759。
[86] 見錢大昕，〔潛研堂文集〕，卷24，頁352。
[87] 〔史記〕，卷47，册６，頁1947。
[88] 學者多以孔子入世家，乃史公尊崇聖人。參閱〔史記索隱〕；王鳴盛，〔十七史商榷〕；趙翼，〔陔餘叢考〕等。
[89] 〔史記〕，卷130，册10，頁3319。
[90] 如海陶瑋(James R. Hightower)，「屈原研究」(Ch'u Yuan Studies)，頁197。

也。”註曰：“形雖往而神常存。”(91)往事之逝如形往，載之簡册而神存，即若伯夷叔齊，事渺難尋，猶能妙筆傳神，達古忠臣孝子之精魂，此史公之所以欲“藏之名山，傳之其人”(92)也。二曰傳者轉也，一若轉受經旨。〔史通〕曰：“春秋則傳以解經，史漢則傳以釋紀”(93)，言之諦矣！蓋本紀從編年，事錄而未詳；詳諸傳中，是謂釋紀。如韓信破齊稱王事，「高祖本紀」四年條僅五十餘字，而詳見於「淮陰侯列傳」，計一百六十餘字(94)，餘皆若是。所傳者，一以人爲主，或分傳，或合傳，或雜傳；或記其事，或記其言，或記其行，要皆扶義俶黨之人。俶黨者，卓異也。司馬長卿有云：“若乃俶黨瑰瑋，異方殊類。”(95)若魯仲連，“好奇偉俶儻之畫策”(96)。凡卓異奇偉之士，斷不令已失時，立功名於天下者，更無論矣。即今所謂時代人物，固不可無記者也。至於刺客、儒林、游俠、貨殖諸傳，則記卓異之“群”(the circle)，亦人事也。南越、東越、朝鮮、匈奴諸傳，雖記其國，實敍其國人。如匈奴傳，大似單于世家，猶見其“人”也。趙翼謂七十列傳次序，“隨得隨編”，並無意義(97)。朱東潤曰：“曲解篇次，誠爲不可，然遽謂其隨得隨編，亦未盡當。大要自四十九篇以上，諸篇次第皆有意義可尋，自五十篇以下，中經竄亂，始不可解”(98)，堪參照焉。唐之開

(91) 〔莊子集解〕，册 4，頁20。
(92) 語見司馬遷，「報任安書」，〔經史百家雜鈔〕，册 4，頁1028。
(93) 〔史通通釋〕，卷 2，頁22。
(94) 見〔史記〕，卷 8，册 2，頁375；卷92，册 8，頁2621。
(95) 見「子虛賦」，〔文選李善注〕，頁125。
(96) 〔史記〕，卷83，册 8，頁2459。
(97) 趙翼，〔廿二史劄記〕，杜維運校證本，頁 8。
(98) 朱東潤，〔史記考索〕，頁20。

元、宋之政和，奉敕升老子傳，爲列傳之首(99)，則又"竄亂"之一特例也。

紀傳分敍，不免支漫；其實傳以釋紀，猶春秋有傳解經也(100)。西人習於記事本末，尤感哽隔。華眞氏謂〔史記〕體裁，有云："其敍事殊難暢達，史事間之關係亦痦而不彰。"(deliberately obscures the flow and relationship of history)(101)西人或亦有謂希羅多德史記雜亂無章者(102)。實則子長三章九節，自具匠心。紀、傳、書、表，原可別行，合而益彰。旣合之矣，可抵今之叢書；布局之宏、含蓋之廣，上古史書無可倫比者也。況下開百代，遵爲定式，流風遠拔。鄭樵有言："史官不能易其法，學者不能捨其書。"(103)是固然矣。

近世西學激盪，舊史式微，相形自穢，遂有痛詆之者。雷海宗之論司馬遷史學也，批駁殆盡；僅可取者，乃襲自陸賈，餘皆不足爲訓(104)。夫〔楚漢春秋〕旣已亡佚，則鈔襲云云亦想當然耳。雷氏不免過甚其辭矣。唯〔史記〕初非完璧，就今視之，錯亂可議之處，俱可或見，歷代學者已有論列。況馬遷去古雖未遙遠，史籍燔滅已多，若六國史記，便不復得見。文獻

---

(99) 見錢鍾書，〔管錐編〕，册 1，頁305-06。

(100) 參閱陸深，「史通會要三卷」，〔儼山外集〕，卷29，頁13。

(101) 華眞（Burton Watson），〔中國太史司馬遷〕（*Ssu-ma Ch'ien the Grand Historian of China*），頁108。

(102) 參閱布雷（J. B. Bury），〔古代希臘史家〕（*The Ancient Greek Historians*），頁38-39。

(103) 鄭樵，〔通志〕「總序」，頁 1。

(104) 閱雷海宗，「司馬遷的史學」，〔清華學報〕，卷13，期 2（1941年10月），頁 1-6。按南宋高似孫猶得見〔楚漢春秋〕，謂"讀之不見其奇"。見〔史略〕，頁86。

既無足徵，敍事難免謬誤，如蘇秦傳，錯失累累。若非竹帛復現，則眞相何從大白？太史公未及見，不免失實。然近世考古，亦頗有證實〔史記〕所述者，則小疵當不掩大瑜也。

史公行文恣肆，所謂疏蕩有奇氣者也。敍人述事，時或傳神繪聲；記語載言，不免曲傳口角。然瑰奇幽遠，雖可增飾彩筆，終有虧徵信之史。曾文正公謂："太史公稱莊子之書皆寓言，吾觀子長所爲〔史記〕，寓言亦居十之六七"(105)。寓言誘人，故直如馮班所云："今人看〔史記〕，只看得太史公文集，不曾讀史。"(106)史其危乎！章太炎詆斥之曰："史家之弊，愛憎過其情，與解覯失實者有之，未有作史而橫爲寓言者也。"(107)蓋作史者代作喉舌，初非向壁虛構；筆補造化，亦非自闢鴻濛。遷文瑰瑋譎麗，史筆未免文勝於質矣，然不可等同寓言傳奇也。

遷之作〔史記〕也，實已博覽當世典籍，石室金匱之藏，略盡之矣。復又益之以旅行見聞，曰："余嘗西至空峒，北過涿鹿，東漸於海，南浮江淮矣！"(108)猶如希羅多德之南入埃及 (Egypt)，北臨細西亞 (Scythia)，西浮地中海而及馬格納・哥拉西亞 (Magna Graecia)，東達巴比崙 (Babylon) (109)。行遠識廣，所以備撰史之需。馬遷尤喜實地訪求，探索遺聞，以補尺書之闕。若"適長沙，觀屈原所自沈淵，未嘗不垂涕，想見其爲人"(110)。

(105) 曾國藩，「聖哲畫像記」，〔曾文正公文集〕，卷3，頁23。
(106) 馮班，〔純吟雜錄〕，卷4，頁61。
(107) 章太炎，「讀太史公書」，〔章太炎全集〕，册5，頁120。
(108) 〔史記〕，卷1，册1，頁46。
(109) 見蕭特維爾，〔史學史〕，頁180。
(110) 〔史記〕，卷84，册8，頁2503。

又"適魯，觀仲尼廟堂車服禮器，諸生以時習禮其家，余祇迴留之，不能去云"[111]。又"適豐沛，問其遺老，觀故蕭、曹、樊噲、滕公之家，及其素，異哉所聞"[112]！又"適故大梁之墟，墟中人曰：秦之破梁，引河溝而灌大梁，三月城壞，王請降，遂滅魏。說者皆曰魏以不用信陵君故，國削弱至於亡，余以爲不然"[113]！又"適楚，觀春申君故城，宮室盛矣哉"[114]！吉朋憑弔羅馬廢墟，思緒激揚，陶醉數月，始克靜心審察[115]。司馬氏思古幽情，豈有二致哉？大凡史家容或愛憎過情，莫不具稽古之志。稽古者，求其眞而敍其事，安能以寓言視之耶？〔史通〕目遷所採記，"並當代雅言，事無邪僻"[116]，可略知其"採撰"(la collection des faits) 之愼矣。

馬遷何止愼於採撰，亦能"鑒識"(la recherche des causes)。錢先生默存曰："馬遷奮筆，乃以哲人析理之眞，通於史家求事之實。"[117]神目如電，洞若觀火矣，〔太史公書〕固非史實之彙編，復有史家之生命在焉。遷精神所貫注者，乃欲"究天人之際，通古今之變，成一家之言"[118]耳。究天人分際，蓋欲明"史中之動力"(driving forces in history)。西

---

[111] 同書，卷47，册 6，頁1974。
[112] 同書，卷95，册 8，頁2673。
[113] 同書，卷44，册 6，頁1864。
[114] 同書，卷78，册 7，頁2399。
[115] 見〔吉朋自傳〕(*The Autobiography of Gibbon*)，p. 152。
[116] 〔史通通釋〕，卷 5，頁55。
[117] 錢鍾書，〔管錐編〕，册 1，頁252。
[118] 見司馬遷，「報任安書」，〔經史百家雜鈔〕，册 4，頁1028；〔文選李善注〕，頁592。

洋中古之世，耶教鼎盛，基督史家，莫不以"上帝"(Providence)爲史之動力，神魔相高，善惡競勝，而神必制魔，善必剋惡。故史者乃"上帝選民之聖事"(the sacred story of the chosen people)，而由聖事以見"無尙天帝之籌劃"(the plans of the Ominipotent)⑲。亦卽梯格爾氏(F. J. Teggart)所謂："神力左右史事"(the ordering of events by divine will and purpose)也⑳。當馬遷之世，天人感應，五德終始，方士求仙，皆風尙不衰。作史者不可無記，而遷獨能疑之，別究天人之際，其識可謂高矣。「封禪」一書，記祀天鬼神之事，蓋"自古受命帝王，曷嘗不封禪"？然遷實譏黜之，若謂入海求蓬萊，覓不死之藥，"終莫能至云，世主莫不甘心焉"！又謂："始皇封禪之後十二歲，秦亡。"㉑此太史公於序事中以寓論斷之法也，亭林已備言之矣㉒。鬼神旣不可信，天道亦無可親。「伯夷列傳」有云："或曰天道無親，常與善人，若伯夷、叔齊，可謂善人者非邪？積仁絜行如此而餓死！且七十子之徒，仲尼獨薦顏淵爲好學，然回也屢空，糟糠不厭，而卒蚤夭，天之報施善人，其何如哉？"善人蚤夭，而盜蹠"

---

⑲ 語出波爾(George Lincoln Burr)，「論歷史之自由」(The Freedom of History)，載〔美國歷史評論〕(*American Historical Review*)，1917年元月，頁259-60。

⑳ 見梯格爾(Frederick J. Teggart)，〔歷史之理論及其發展〕(*Theory and Processes of History*)，p. 71。

㉑ 〔史記〕，卷28，册4，頁 1355，1369-70，1371。

㉒ 顧炎武，「史記於序事中寓論斷」，〔日知錄〕，下册，頁590。

竟以壽終”。“余甚惑焉，儻所謂天道，是耶？非耶？”⑫³或謂遷雖不信“天道”(divine justice)，而好言“天命”(blind fate)⑫⁴。若「魏世家」太史公曰:“天方令秦平海內，其業未成，魏雖得阿衡之佐，曷益乎？”⑫⁵劉知幾曰：“夫論成敗者，固當以人事爲主，必推命而言，則其理悖矣！”⑫⁶惟「項羽本紀」太史公曰：“自矜功伐，奮其私智而不師古，謂霸王之業，欲以力征經營天下，五年卒亡其國，身死東城，尙不覺寤而不自責，過矣！乃引天亡我，非用兵之罪也，豈不謬哉！”⑫⁷似又以人事乃成敗之主，何圓枘方鑿若此耶？竊以爲秦之暴興也，大勢所趨，非一魏可塞之。諸侯合六國之士，十倍之地，百萬之衆以攻秦，“秦無亡矢遺鏃之費，而天下諸侯已困矣”！“及至秦王，續六世之餘烈，振長策而御宇內，吞二周而亡諸侯”⑫⁸。則六國已盡其人事矣而卒不免於滅亡，蓋秦之人事尤勝於六國也，此卽馬遷所謂“天命”乎？項王有成事之“天命”，而矜功伐，奮其私智，自壞之而歸諸於天，故遷斥其謬也。夫雖盡人事，事未必有成；人事未盡，事固無成。天命旣“無準”(blind)，唯有盡人事以聽之耳。遷或仍採信天象氣數之事，爲古人所難免，然其不以宿命論史，殆無可疑者也。

人事旣非天定，則興亡何自？此遷所以欲通古今之變也。

---

⑫³ 〔史記〕，卷61，册７，頁2124-25。

⑫⁴ 閱錢鍾書，〔管錐編〕，册１，頁 306-08，錢氏譯“天命”爲“blind fate”，甚是佳妙。

⑫⁵ 〔史記〕，卷44，册６，頁1864。

⑫⁶ 〔史通通釋〕，卷16，頁225。

⑫⁷ 〔史記〕，卷７，册１，頁339。

⑫⁸ 同書，卷６，册１，頁279，280。

夫今者 (existing condition of mankind)，乃古來"行動"(deeds and actions) 之累積，故"由古而知今，原始而察終"(A present situation is thus explained by going back to some point in the past, and by carrying down a narrative of happenings from that beginning to the moment of immdiate interest of concern)⑫⁹。太史公熟知"史學乃察變之學" (history conceived as the study of change)，即鄭樵所言會通之旨，爲司馬氏所擅長⑬⁰。其會通也，雖上起軒轅，下訖漢武，實以秦漢之際爲要。班固不云乎："其言秦漢詳矣！"⑬¹〔史通〕亦謂："遷雖敍三千年事，其間詳備者，唯漢興七十餘載而已。其省也則如彼，其煩也則如此。"⑬²然史公繁省有故，詳近略遠，非僅文獻之多寡，亦由於史家論史之輕重耳。蓋遷所見者，乃秦漢以來亘古未有之巨變；五年之間，秦楚漢號令三嬗，其變尤亟，與其所居之世，實相關息者。而遷所欲"見盛觀衰"者，亦以秦楚漢之代興爲要也。秦併六國之後，患諸侯"兵革不休"，遂混一宇內，無復"尺土之封"，以"維萬世之安"；然秦之滅諸侯、墮名城、銷鋒鏑，適足爲後之豪傑，驅除阻難耳⑬³。是則秦弊之根本，端在極權而無藩籬；陳吳偶爾作難，震動天下者，即因此故。遷謂："陳勝雖

(129) 同註(119)，頁78。

(130) 參閱鄭樵，「通志總序」，〔通志〕，册1，頁1。亦卽高似孫於〔史略〕中所謂太史公能"成始成終"。見頁20。

(131) 見班固，〔漢書〕，册9，頁2737。

(132) 〔史通通釋〕，卷16，頁231。

(133) 參閱〔史記〕，卷16，册3，頁760。

已死，其所置遣侯王將相竟亡秦，由涉首事也。”⑬所謂牽一髮而動全身；觀全身之動，固不可忽牽髮之人也。以遷之見，亡秦者，項羽也，曰：“虐戾滅秦，自項氏。”⑮項氏“起隴畝之中，三年，遂將王諸侯滅秦，分裂天下，而封王侯，政由羽出，號爲霸王。”⑯楚霸王分封諸侯，政由己出，是變秦之敝矣，事卒不終何也？遷以項王自矜功伐，奮私智，不師古，“欲以力征經營天下”⑰。遷斥項氏天亡我之謬，實甚惜之。「項羽本紀」讀之令人迴腸盪氣，節歎者三，卽因其作者，具有“最善之同情”（the finest sympathy）也。項王應得而失之，遂令劉氏踐帝祚，成於漢家。遷曰：“此乃傳之所謂大聖乎？豈非天哉，豈非天哉！”⑱王者之跡，劉氏倖得之耳！斯乃太史公言外之意歟？太史公論變也，承敝通變一語盡之矣。曰：“夏之政忠，忠之敝，小人以野，故殷人承之以敬。敬之敝，小人以鬼，故周人承之以文，文之敝，小人以僿，故救僿莫若以忠。三王之道若循環，終而復始。周秦之間，可謂文敝矣。秦政不改，反酷刑法，豈不繆乎？故漢興，承敝易變，使人不倦，得天統矣。”⑲論者或以此乃遷信循環論之證⑭。凱恩女士（Grace E. Cairns）論中西循環論哲學，謂〔史記〕

⑬ 同書，卷48，册 6，頁1961。
⑮ 同書，卷16，册 3，頁759。
⑯ 同書，卷 7，册 1，頁338-39。
⑰ 同書，頁339。
⑱ 同書，卷16，册 3，頁760。
⑲ 同書，卷 8，册 2，頁393-94。
⑭ 如翦伯贊，「論司馬遷的歷史學」，〔史料與史學〕，頁73。

"以黃帝始，以漢武終，乃盛世之循環"(The Golden Age thus begins again with the new Yellow Emperor, Wu), 並據之謂談遷父子開中國循環論史觀之先河云⑭。其謬甚矣! 夫史觀約而有三，一曰"循環觀"(the cyclical patterning of history), 二曰"進步觀"(the idea of progress)，三曰"懷疑觀"(the skeptical view of history)。循環以史周而復始，進步以史前進不息，懷疑以史無軌跡可尋。馬遷顯非懷疑論者，亦不足以言進步史觀，殆無庸議。其所謂"三王之道若循環"，若也，非果也；所欲言者，乃承敝而求變通耳。敬可救忠之敝，文可救敬之敝，忠可救文之敝，故若循環然，非一一復始如儀也。秦不知承敝而亡，漢因承敝易變而興，道興亡之由也。當馬遷之世，武帝在位，漢興約已百年，國家無事，府庫充實，家給人足，然"京師之錢累巨萬，貫朽而不可校；太倉之粟陳陳相因，充溢露積於外，至腐敗不可食"。又"網疏而民富，役財驕溢，或至兼并豪黨之徒，以武斷於鄉曲。宗室有土，公卿大夫以下，爭於奢侈，室廬輿服僭於上，無限度"⑭。則"物盛而衰"，敝又見之矣。見盛觀衰，所以承其敝而變之也。「高祖功臣侯者年表」曰："居今之世，志古之道，所以自鏡也，未必盡同。"⑭志古所以自鏡，非必返古。是以太史公通古今之變，願古爲今用，以承敝變通耳。豈陰陽

⑭ 凱恩氏(Grace E. Cairns), 〔歷史哲學〕(*Philosophies of History*), p. 70.

⑭ 見〔史記〕，卷30，册4，頁1420。

⑭ 同書，卷18，册3，頁878。

五行生剋之論所能盡之哉！司馬氏之史觀，似有循環之意，實非循環論可含括者也。

或謂子長乃道家者流，亦非盡屬實。叔皮者，班彪也，嘗撰「史記論」有云："其論術學，則崇黃老而薄五經"⑭，劉勰遂有"愛奇反經"之語。班氏或本揚雄所云："司馬子長有言曰：五經不如〔老子〕之約也。當年不能極其變，終身不能究其業。曰：若是則周公惑孔子，賊古者之學，耕且養，三年通一。"⑮汪榮寶疏之曰："司馬子長有言云云者，此〔史記〕自序述司馬談論六家要旨之語也。"⑯〔管錐編〕曰："遷錄談之「論」入「自序」，別具首尾，界畫井然，初非如水乳之難分而有待於鵝王也。乃歷年無幾，論者已混父子而等同之，嫁談之言於遷，且從而督過焉。"⑰豈不然歟！豈不然歟！或謂司馬談尚道，子遷不免受其激盪。然"談主道家，而不嗜甘忌辛，好丹擯素"，雖"有偏重，而無偏廢"。"各派相爭亦復相輔，如樂之和乃生於音之不同"⑱。談既非一意嗜道而忌儒，好黃老而擯六藝，況子遷乎？西士顧理雅 (H. G. Creel) 拾叔皮牙慧，謂「孔子世家」"終篇皆戲謔之詞，似尊孔而實貶損之" (The whole chapter is a satire, intended to

⑭ 班彪，「史記論」，〔全上古三代秦漢三國六朝文〕，册 1，頁600。

⑮ 見汪榮寶，〔法言義疏〕，上册，頁335-36。

⑯ 同書，頁336。

⑰ 錢鍾書，〔管錐編〕，册 1，頁392。

⑱ 同書，頁390-91。

damn Confucius while it appears to praise him)⑭⑨。然觀「孔子世家」太史公曰: "〔詩〕有之，高山仰止，景行行止。雖不能至，然心鄉往之。余讀孔氏書，想見其爲人。適魯，觀仲尼廟堂車服禮器，諸生以時習禮其家，余祇迴留之不能去云。天下君王至于賢人衆矣，當時則榮，沒則已焉。孔子布衣，傳十餘世，學者宗之。自天子王侯，中國言〔六藝〕者折中於夫子，可謂至聖矣! " ⑮⓪ 子長禮讚仲尼學術，景慕其爲人，言之至矣，戲謔云乎哉! 貶損云乎哉!

近人翦伯贊、李長之俱謂馬遷嗜道好儒⑮①。長之謂遷少時，學術漸變，儒漸盛而道漸衰，故談雖尚道，而欲以儒勉其子，乃時代使然。唯遷雖浸潤儒學，因性情故，不能忘情於道⑮②。此說不謀而略似李文孫 (Joseph Levenson) 之論近世中國士人: 旣覩西潮之雄偉，心嚮往之，引爲"哲理"(philosophical principle)，然猶依戀傳統，聊備 "心理之依託" (psychological device)。"思想上雖欲擺脫，而情感上終仍依附，遂呈相互緊張之勢" (Intellectual alienation from a tradition and emotional tie to it reciprocally intensify each other)

---

⑭⑨ 見顧理雅(H. G. Creel), 〔孔子傳〕(*Confucius, the Man and the Myth*), p. 245.

⑮⓪ 〔史記〕，卷47，册 6，頁1947。

⑮① 參閱翦伯贊，「論司馬遷的歷史學」；李長之，〔司馬遷之人格與風格〕，第七章。

⑮② 李長之，〔司馬遷之人格與風格〕，頁44。

⑬。司馬遷出入儒道之間，了無緊張之跡，因其超然無羈，自有主意。不能忘情於道，故無須擺脫之；雖景慕儒家哲理，未嘗以爲儒道不能相容。觀乎遷曰："世之學老子者則絀儒學，儒學亦絀老子。道不同不相爲謀，豈謂是邪？"⑭遷未以爲是也。太史公嘗曰："先人有言，自周公卒五百歲而有孔子。孔子卒後至於今五百歲，有能紹明世，正〔易傳〕，繼〔春秋〕，本〔詩〕、〔書〕、〔禮〕、〔樂〕之際，意在斯乎？意在斯乎？小子何敢讓焉！"⑮似有繼孔之意。錢辛眉即謂："太史公修〔史記〕以繼〔春秋〕，成一家言"；蓋史公著作，"意在尊漢，近黜暴秦，遠承三代"⑯。果尊漢乎？後漢司徒王允曾謂太尉馬日磾曰："昔武帝不殺司馬遷，使作謗書，流於後世。"⑰班固亦言："司馬遷著書，成一家之言，揚名後世，至以身陷刑之故，反微文刺譏，貶損當世。"⑱則似謗漢矣！竊謂王允

---

⑬ 李文孫（Joseph Levenson），「歷史與價值：近代中國思想抉擇之緊張」（"History" and "Value": The Tensions of Intellectual Choice in Modern China），載賴特（Arthur Wright）編，〔中國思想研究〕（*Studies in Chinese Thought*），p. 150.

⑭ 見〔史記〕，卷63，册7，頁2143。

⑮ 見「太史公自序」，〔史記〕，卷130，册10，頁3296。

⑯ 錢大昕，「史記志疑序」，〔潛研堂文集〕，卷24，頁352-53。

⑰ 見〔後漢書〕，「蔡邕傳」，卷60下，册7，頁2006。

⑱ 見班固，「典引一首」，〔文選李善注〕，頁695。〔新唐書〕「鄭覃傳」曰："帝（唐穆宗）每言：順宗事不詳實，史臣韓愈豈當時屈人耶？昔漢司馬遷與任安書辭多怨懟，故「武帝本紀」多失實。覃曰：武帝中年大發兵事邊，生人耗瘁，府庫殫竭，遷所述非過言。"見册16，頁5067。鄭覃可謂有識矣。

欲殺蔡邕，不令作史，故借太史遷言之耳。班氏以遷書貶損當世，亦未稱公允。「河渠書」中固盛道武帝治河之功也。道治河之功，述封禪之愚，即“實錄無隱之旨”也。馬遷身陷囹圄，牢愁孤憤，誠難自抑於著書之際，微文刺譏，容亦難免。設以謗書視之，則小太史公作史之宏願也歟!?謗漢尊漢，皆係一偏之詞；所謂抑秦，亦非盡是，史公褒貶誠有異於〔春秋〕也。揚雄之言曰："仲尼多愛，愛義也；子長多愛，愛奇也。"⑲義者，春秋大義之謂也；奇者，"遷之學不專純於聖人之道，至於滑稽、日者、貨殖、游俠、九流之技，皆多愛而不忍棄之"⑯。義奇之異，正經史之別爾。太史公曰："余所謂述故事，整齊其世傳，非所謂作也，而君比之於〔春秋〕，謬矣！"⑯司馬遷以史傳自任，豈欲繼孔子述經之業哉？

司馬遷自闢蹊徑，創為傳體，原不受囿於人。其行文亦自由，無所約束，譬如天馬之行空。蓋自彼作古，無所謂範疇也。其所述論，偶有疏誤；議論亦未必盡當，王應麟「史記正誤」備言之矣⑯。然質而言之，誠"良史之才也"⑯。梁任公雖詆舊史，謂自馬班以來二千年於茲，"陳陳相因，一邱之貉，未聞有能為史界闢一新天地"⑯，然猶謂"〔史記〕千古之絕作

---

⑲ 汪榮寶，〔法言義疏〕，下册，頁747。
⑯ 見汪氏疏，同書，頁748-49。
⑯ 見〔史記〕，「太史公自序」，卷130，册10，頁3299-3300。
⑯ 參閱王應麟，〔困學紀聞〕，卷11。高似孫父文虎，有〔史記注〕130卷，見〔史略〕，頁19-20。惜今已失傳。
⑯ 班彪語，見氏作「史記論」，〔全上古三代秦漢三國六朝文〕，册1，頁600。
⑯ 梁啓超，「新史學」，〔飲冰室文集〕，卷34，頁26。

也。不徒爲我國開歷史之先聲而已，其寄意深遠，其託義皆有所獨見，而不徇於流俗。”⑯⑤是則司馬氏爲上古史界闢一新天地之功，固不可沒也。

---

⑯⑤ 梁啓超，「論中國學術思想變遷之大勢」，〔飲氷室文集〕，卷5，頁39。龔自珍亦盛稱司馬遷，如謂："古之學聖人者（而）著書中律令，吾子所謂代不數人，數代一人，敢問誰氏也，曰漢司馬子長也，劉子政也。"（見「江子屏所著書敍」，〔定盦續集〕，卷3，頁14）又謂："漢大儒司馬氏爲貨殖傳，所以配〔禹貢〕，續〔周禮〕，與天官書同功；不學小夫，乃僅指爲詼嘲遊戲，憤怒之文章，傎乎！"（「陸彥若所著書敍」，〔定盦續集〕，卷3，頁28。）又曰："取舜典入「舜本紀」，汩作九共入「夏本紀」，取典寶入「殷本紀」，瓌怪之物，蒐羅完具，則遷之功不在伏生下，而〔史記〕一書，眞卿雲之在九霄矣。"（「論太史公古文之學」，〔定盦文拾遺〕，頁49。）

傳記第八

觀乎〔左氏〕綴事，附經間出，於文爲約，而氏族難明。及史遷各傳，人始區詳而易覽，述者宗焉。

愆公理辨之究矣觀夫左氏綴事附經間出
於文為約而氏族難明及史遷各傳人始區
詳而易覽述者宗焉及孝惠委機呂后攝政

傳之義多矣。左氏傳述經旨，賢人之書也，無與一人之終始。紀一人終始，肇自史遷。太史公草創本紀、世家、列傳，載一人一世之事跡，以傳於後世。班固繼之，後之史家卒莫能易。實齋曰："蓋包舉一生而爲之傳，史漢列傳體也。"①紀傳體者即今之所謂"傳記"(biography) 者也。

史傳合一，既爲定體，吾華史學傳統，遂以人爲史之重心矣。曾文正公有言："司馬氏創立紀傳，以爲天地之所以不敝者，獨賴有偉人焉，以經緯之，故備載聖君賢相，瑰智瑋才。"②偉人之事蹟，謂之史事可也。梁任公曰："二十四史非史也，二十四姓之家譜而已"③，蓋指帝國史乘猶帝王家傳也。泰西舊史固亦重偉人，若希臘破雷別氏 (Polybius) 嘗云"個人乃行動之主腦"(Individual as the originator of an important action) ④，然行動仍是史事之主體，一人之終始未嘗等同一朝一代之終始也。且千百年來，西方史家輒以傳記資料瑣碎塡

① 章學誠，「傳記」，〔文史通義〕，內篇，頁154。
② 見曾國藩，「曹潁生侍御之繼母七十壽序」，〔曾文正公全集〕，卷2，頁23。
③ 梁啓超，「新史學」，〔飲冰室文集〕，卷34，頁26。
④ 引自歐雪 (Stephen Usher)，〔希臘羅馬史家〕(*The Historians of Greece and Rome*), p. 113.

塞，無關宏旨；作史者應見其大，盱衡全局，記政教分合、和戰因果，與夫帝國之興亡；一人一生之事，雖詳之矣，猶如臨細流而欲窺江海之浩瀚，其可得乎？迄乎近世，"藉傳窺史"(A biographical approach to human experience) 者始多，卡萊爾不云乎，"史者乃衆傳之結晶"(History is the essence of innumerable biographies)⑤。然今之論師，仍不"以傳屬史"(Biography is not a branch of history)，蓋史非衆生相，不得視爲傳記之滙聚，而係軍國大事、典章制度之綜述⑥。中西史傳異同，略見之矣。

西人史傳若即若離、和而不合，傳可以輔史，而不必即史，傳卒能脫穎而出，自闢蹊徑，蔚爲巨觀矣。包斯威爾 (J. Boswell) 傳乃師約翰生 (Samuel Johnson) 之生平，巨細靡遺，栩栩如生，煌煌長篇，儼然傳記之冠冕也⑦。反觀吾華，史漢而後，絕少創新，殊乏長篇巨製，類不過千百字爲一傳。西哲培根 (Francis Bacon) 嘗云：史有三事，述一定之時，

---

⑤ 見卡萊爾 (Thomas Carlyle)，〔評論雜著〕(*Critical and Miscellaneous Essays*), Vol. 2, p. 50.

⑥ 見肯達爾 (Paul Murray Kendall)，〔傳記技藝〕(*The Art of Biography*), p. 14.

⑦ 可參閱包斯威爾 (James Boswell)，〔約翰生之生平〕(*The Life of Samuel Johnson*)。傳記名家吉丁士 (Robert Gittings) 謂"包斯威爾精確如律，眞心仰慕，高潮起伏，坦誠無怍，樂而不虐，審愼不忽，卒成巨篇"(Boswell's legal accuracy, real affection, drama, utter frankness, and for all the fun, genuine seriousness, produced a masterpiece)，見氏著，〔傳記之性質〕(*The Nature of Biography*), p. 33.

記可憶之人，釋輝煌之事⑧。國史編年紀，述時之作也，叠有宏篇；記事本末，釋事之作也，亦有巨匠。雖以紀傳爲正體，獨乏包斯威爾傳人之大作，抑傳爲史體所囿歟？明人有"傳乃史職，身非史官，豈可爲人作傳"⑨之說，包斯威爾固非史官也，宜乎明人之無包斯威爾也。況史官作傳，體例所限，宜短不宜長也。是以有所謂"搭天橋"之法，如〔史記〕「管晏列傳」："管仲卒，齊國遵其政，常彊於諸侯，後百餘年而有晏子焉。"⑩管、晏之間百有餘年，一筆橫跨，其省也可知。復有省世所周知之事者⑪。此與近代西方傳體之"細密親切"(intimacy)與夫"分秒必記"(minute details)，誠有工筆與寫意之別矣。

傳記無文不傳 (All good biography is of necessity literary)⑫，是固然矣。「項羽本紀」之所以膾炙人口，傳誦不絕者，因其文采高妙，不僅引人入勝，且令同情其人；不僅文傳，且人以文傳。項王之性情行事，幾呼之欲出，誠不朽矣。然而寫鴻門之宴，繪聲傳神；寫籍曰彼可取而代之也，口角親切，雖讀之忘倦，果可信足徵乎？若作傳者但憑想像臆

⑧ 見培根 (Bacon)，〔科學論集〕(*De Augmentis Scientiarum*, 1623), bk. II, chap. 7.

⑨ 引自章學誠，「傳記」，〔文史通義〕，內篇，頁 153。章氏固謂："辨職之言，尤爲不明事理；如通行傳記，盡人可爲，自無論經師與史官矣。"見同頁。顧炎武卽謂："宋以後乃有爲人立傳者，侵史官之職矣。"見〔日知錄〕，册 1，頁457。

⑩ 見〔史記〕，卷62，册 7，頁2134。

⑪ 例見錢鍾書，〔管錐編〕，册 1，頁309。

⑫ 語見歐朗 (Daniel Aaron) 編，〔傳記研究〕(*Studies in Biography*), p. viii.

造，生花妙筆何異於傳奇之橫與波瀾耶？夫"傳奇"(fiction)與"傳記"(biography)之分際固不可不辨。或曰傳記記"實"(fact)，傳奇言"虛"(fancy)。惟傳奇未嘗不可據實有之經驗，益之以想像，創爲"虛有之實境"(the illusion of reality)；而傳記亦能據恍忽之經驗、殘闕之文獻，付之想像，可成"實有之虛境"(the reality of illusion)。吾人唯求傳奇能"忠於人生"(true to life)，傳記能"忠於其人"(true to a life)。忠於人生，不必眞有其事；忠於其人，必眞人實事。是則兩者之異，眞(authenticity)而已矣⑬。史遷增飾辭藻，亦欲顯其人、申其人之精神耳。故雖似傳奇之代作喉舌，非欲虛構故事，但求"偉其事，詳其跡"⑭，而不失其眞也。班固刪削，雖較翔實，而馬傳之奇遂失。辭可顯意，亦能害意，取去之際，可不愼乎？

傳記既貴眞實——"唯眞無它"(nothing but the truth)，"赤裸無隱之眞"(the naked and plain truth)⑮。然眞傳之蠹，何止虛文奪質之虞；質有未逮，雖文辭潮湧，猶無象可捕。蓋囿於見聞，必無眞傳可言。戴名世嘗謂一家之人"耳聞其言，然而婦子之詬誶，其釁之所由生，或不得其情也。主伯

⑬ 參閱肯達爾，〔傳記技藝〕，頁8。參閱本書頁65-66。

⑭ 語見劉勰，「史傳」，〔文心雕龍〕，卷4，頁3。今人施丁謂史公擅寫古人神態、顯其風貌、傳其心聲，見氏撰「史漢寫人物細節的比較研究」，〔中國歷史文獻研究集刊〕，第二集，頁145-52。

⑮ 語見奧柏鋭(John Aubrey)致伍德(Anthony à Wood)函，引自〔傳記評論選〕(*Biography As an Art: Selected Criticism, 1560-1960*), p. 15.

亞旅之勤惰，或未悉其狀也”⑯，何況爲他人立傳，理其紛爭乎？而史傳尤難，異代遙想，史有闕文，譬之霧裏看花可也。且作傳者每具先入之見，雖云傳主，實同傭僕，供其好惡驅馳耳。古代傳記旨在褒揚，意在勸善 (didactic praise)，中西一是。故〔拉丁紀傳〕(*The Latin Chronicle*)，類多“美辭”(laudatory remarks)，是即〔史通〕所謂：“其書名竹帛者，蓋唯記善而已。”⑰偶而記惡，輒渲染其惡，亦存懲勸之意。然則善同聖賢，惡比修羅，俱非眞人，蓋眞人善惡兼具，短長相間。求傳主之眞相，不亦難乎？

復有徵賄鬻筆之事。時貴諛碑之屬，大都類此。亭林曰：“文人受賕，豈獨韓退之諛墓金哉！”⑱西人亦有“賄贈作傳者以諛揚傳主”(subsidizes or favors a biographer to insure a properly flattering record of his deeds) 之說。豹死留皮、人死留名，名之誘人大矣哉！亭林曰：“疾名之不稱，則必求其實矣。君子豈有務名之心哉？”⑲君子有實可求，不必有務名之心；達宦俗賈求實無從，其名唯務之耳。然則諛墓之碑傳，乃達宦俗賈欲示之虛象，非其眞相亦明矣。賄鬻之筆，固失眞傳，誣枉曲筆，亦失其眞。誣曲之由，一因私怨，二因成見，

---

⑯ 戴名世，「史論」，〔南山集〕，册 1，頁97。

⑰ 劉知幾，「人物」，〔史通通釋〕，卷 8，頁 114。彌爾頓 (John Milton) 傳之闕名作者亦謂，傳記之作，乃有益於世道，故“無庸耗時費墨，爲惡人立傳”也(He who has that in aim, will not employ his time or pen, to record the history of bad men)，見註⑮〔傳記評論選〕，頁20。

⑱ 顧炎武，〔日知錄〕，册 1，頁458。

⑲ 同書，頁158-59。

三因宣傳——若"描黑前朝以顯今朝之光輝"(the blackening a past regime so as to glorify the present order)⑳。而偉人尤易誣曲，因其牽涉旣廣，爭議叉多，難衷一是。白香山詩云："周公恐懼流言日，王莽謙恭下士時；若使當年身便死，兩人眞僞有誰知？"㉑眞僞難辨，固不必故意枉曲之也。故郭大有以評隲人物，"當觀其時之難易，勢之順逆，天命人心之去留向背何如"㉒。誠如西士所謂"作傳者才學淺、偏見深，輒令偉人遞遭誣曲"(great figures more often than not are the victims of their biographers' ineptitudes and biases)也㉓。作傳之難，似有過於作史，蓋好惡人更勝於事，而人性之複雜，尤勝於具體之事實。信而可徵之傳，果得求乎？

信傳之作有賴近代實證精神，庶幾勤搜細考，亦有賴輔助之科藝，以洞察機先。欲表其人，必先稔知其人。崑山顧氏有言："不讀其人一生所著之文，不可以作；其人生而在公卿大臣之位者，不悉一朝之大事，不可以作；其人生而在曹署之位者，不悉一司之掌故，不可以作；其人生而在監司守令之位者，不悉一方之地形土俗、因革利病，不可以作。"㉔欲悉其人其事，多有賴於文證。包斯威爾之撰約翰生傳也，相識廿一年，聚首二百七十餘日，觀察起居，辨析顏色㉕，猶須文證相佐。不

⑳ 見吉丁士，〔傳記之性質〕，頁22。參閱註⑦。
㉑ 引自袁枚，〔隨園詩話〕，頁73。
㉒ 郭大有，〔評史心見〕，卷4，頁28。
㉓ 見歐朗編，〔傳記研究〕，序言，頁v。參閱註⑫。
㉔ 顧炎武，〔日知錄〕，册1，頁457。
㉕ 見包斯威爾，〔約翰生之生平〕，頁 xiii。參閱註⑦。

與吾並時而生者，幾全賴文證矣。史遷各傳，雖區詳易覽，時感文證之匱乏難信。雖稱筆削謹愼，於"怪事、軼聞，固未能芟除淨盡"㉖，傳事寓意更時而語焉不詳。蓋司馬氏雖居史官，去古愈遠，文證愈闕，徒嘆奈何。及至近代，庫藏日夥，文證益富，作傳者則有望洋興嘆之感。文證既富而夥矣，傳記既徵而可信矣，則有堆砌之失，譬如珍食乏味、美人垢首，令人卻步者也。是故爲人立傳，豈止羅列事實，必須立其精神面貌也歟？

戴名世曰："虛其心以求之，平其情而論之。"㉗蓋謂立傳之必求"精確"(accuracy)、"公允"(objectivity)也。然猶有未逮，尙須"設其身以處其地，揣其情以度其變"㉘，傳主之精神面貌始能彰而顯也。史遷欲設其身以處孔子之地，故"適魯，觀仲尼廟堂車服禮器"㉙；吉朋欲設其身以處凱撒之地，故訪羅馬廢墟，摩沙古人遺跡，"流連徘徊者數日"(several days of intoxication)㉚；崔弗琰(G. M. Trevelyan)欲設其身以處加里勃第(Caribaldi)之地，冒南義烈日，親履行軍舊踪，寸尺靡遺㉛。雖身處其地矣，若不揣其情、度其變，則亦枉然(To live over people's lives is nothing unless we

㉖ 錢鍾書，〔管錐編〕，册 1，頁252。
㉗ 戴名世，「史論」，〔南山集〕，册 1，頁100。
㉘ 同書，頁99。
㉙ 〔史記〕，「孔子世家」，册 6，頁1947。
㉚ 〔吉朋自傳〕，頁152。
㉛ 參閱崔弗琰(George Macaulay Trevelyan)，〔加里勃第傳記〕(*Caribaldi*)。

live over their perceptions, live over the growth, the change, the varying intensity of the same-since it was by these things they themselves lived)㉜。揣情度變要能神交古人、將心比心。柯林烏謂：欲致有效之歷史知識，唯"重演史事於史家之胸"(re-enactment of past experiences)；爲古人立傳，亦復如是。若化作古人，思古人之所思，想古人之所經歷，決古人之所以決，而後可以知古矣㉝。吉丁士(Robert Gittings)以詩可通傳，蓋因詩言志、抒情、意象，可以想見其人，探索其事，忖度其意㉞。亦揣情度變之謂也。

近世"心解"(psychoanalysis)之術，大有利於揣情度變。蓋心解之燭，可照心靈之幽，超越"詩之想像"(poetic imagination)也。運醫學利斧，剖魂魄深處，可令傳主無所遁形矣。傳記豈是掩飾人性之"遮羞布"(the art of concealment)耶？心靈之幽，乃"未覺之心態"(unconscious mental procss)，主使人而人不自知，心解祖師佛洛伊德(Sigmund Freud)發之，"如劃人性闇處之閃光"(to light up the dark places of individual character)㉟。夫人性自覺之表

㉜ 此詹姆士(Henry James)之言也。

㉝ 參閱柯林烏(R.G. Collingwood)，〔歷史之理念〕(*The Idea of History*)，頁 282, 283。近人馬士丁(Rex Mastin)謂，人心可通，然今古有異，故今人欲得古人情思，宜"通史變而爲言"(transhistorical generalization)，詳閱氏著〔史釋〕(Historical Explanation)，pp. 249-50. 可補柯林烏之未逮。

㉞ 吉丁士，〔傳記之性質〕，頁 10, 68。

㉟ 語見巴紳(Jaques Barzun)，〔歷史女神及其大夫〕(*Clio and the Doctors*)，p. 33.

白，常由偏執所擇選，未見人性之眞之要㊱，所露者，冰山之巓耳。殊不知自覺之慾望情意與夫信念，皆受制於無覺之性根。心解之學，卽欲"發見無覺性根之質量也"(to discover the nature and the extent of the unconscious process)㊲。以醫署診斷之法，解人性之迷，若祛痼疾，便無隱患，豈不善乎？然心解與史傳，各有專精，非兼擅兩者，不易爲功㊳。誤用心解，其謬反多；武斷曲解，可令傳主面目盡非。卽佛洛伊德與傅列德合撰之〔威爾遜傳〕，奇思怪想，欲以"戀母情結"(Oedipus complex)，以解析威氏與其父之愛恨關係，以及生平參與之天下大事。如以凡爾賽和會之失敗，歸罪於威氏心理之隱痛，赴會之前昂然大丈夫也，誓與強悍盟邦相周旋，隱然認同乃父之陽剛。然旣與會矣，不能斷然相折衷，反受陽剛挑戰之制，形同陰柔之順服。蓋威氏一生難逃其父之巨影，身影相隨，時而順服如兎之畏虎，時而欲武松之打虎。此無覺之隱衷，在在表現於威氏與政治外交強者之關係，無意之間，以強者"代父"(as father representative)，隨情緒之低昂，作政策之取

㊱ 參閱華眞 (Goodwin Watson)，「史神與心結：史學與心解之若干解釋」(Clio and Psyche: Some Interpretations of Psychology and History)，載〔歷史之文化研究〕(*The Cultural Approach to History*), p. 35.

㊲ 參閱曼尼基爾 (R. E. Money-Kyrle)，〔心解與政治〕(*Psychoanalysis and Politics*), p. 23.

㊳ 參閱韋爾德 (Robert Waelder)，「心解與歷史：論心解之應用於史學」(Psychoanalysis and History: Application of Psychoanalysis to Historiography)，載沃爾曼 (Benjamin B. Wolman) 編，〔歷史之心解〕(*The Psychoanalytic Interpretation of History*), 頁3。

捨。歐戰之後,威氏寄天下之重,不免"以舉世之命運,繫於其一人之性格"(the fate of the world hung on his personal character) 矣㊴。如此心解,雖聳人聽聞,不免強詞奪理,"欲以一單純之說理,概括天下之大事"(addicted to the over-simplified single explanation of great cvcnts)㊵。非謂心解之學理不可用,所非難者,用之太疏太偏耳。如固執性說,過分渲染男女大欲,卽屬一偏。如衣銳克森 (Eric Erickson) 用"認同危機"(identity crisis) 之說,解析路德成長時期之心理困擾,從中發現自我,排解結鬱,遂勇往直前,開創新教㊶,舉證縝密,識見新穎,景然可從。又如艾斯勒 (K. R. Eissler) 以歌德人格之重組,得自情人之影響。並以歌德爲例,闡釋天才之形成㊷。讀之如探驪珠,欣喜不已。凡此皆能借心解之助,發微起覆,別出心裁者。舉凡學理,但爲文證之用,不能削文證之足以適學理之履,固不僅心解學理爲然也。今人以心解釋傳主,佳作雖鮮,猶不能偏廢歟?

㊴ 見佛洛伊德、俾列德 (William C. Bullitt),〔威爾遜傳〕(*Thomas Woodrow Wilson: A Psychological Study*), p. 236。另參閱有關凡爾賽和約與條約部分。

㊵ 此塔克曼女士評語,見塔克曼 (Barbara W. Tuchman),「佛洛伊德可用之於史乎?——以威爾遜爲例」(Can History Use Freud? The Case of Woodrow Wilson),載〔大西洋月刊〕(*The Atlantic*), Vol. 219, No. 2 (Feb. 1967), p. 44.

㊶ 參閱衣銳克森 (E. Erickson),〔青年路德〕(*Young Man Luter*)。

㊷ 參閱艾斯勒 (K. R. Eissler),〔哥德傳〕(*Goethe, A Psychological Study, 1775-1786*),二册。

吾謂學理源自事實，巨目慧眼，觀察人事，未嘗不能洞觸先機。史遷述項王之雙重性格也，如暗噁叱咤與婦人之仁，“皆若相反相違；而既俱在羽一人之身，有似兩手分書，一喉異曲，則又莫不同條共貫，科以心學性理，犁然有當”㊸。惜二千年來，作傳者雖宗述史遷，未能揚其靈光。中華傳記淵源雖長，而卒不出司馬氏藩籬，卽此之故歟？現代傳記之作，始於海通之後，略有三體。曰：敍述之體 (the narrative form)、專題之體 (the topical form)、散文之體(the essay form)。敍體縱述生卒，含蓋全局，靡有少遺；既事多且詳，戒之煩瑣，務求“流暢”(moves forward implacably)，而後可誦。專體專精一端，述其特長，深鑽細考，宜平實公允。散體隨興之所至，或時潮點滴，或幾片鱗爪，大都人像心影，淡墨輕描，“雖讀之爽然，難以爲功” (more delightful to read and more difficult to achieve)㊹。自傳可敍、可專、可散，固無庸贅言者也。

附說　傳記之信與雅

傳記之風行，因其可讀；其所以可讀，因其雅也。哲人羅素 (Bertrand Russell) 因反戰而入獄；某日，閱施爪奇 (Lytton Strachey) 之〔維多利亞名人傳〕(*Eminent Victori-*

㊸ 錢鍾書，〔管錐編〕，册 1，頁275。

㊹ 包溫 (Catherine Drinker Bowen)，〔傳記之技藝與使命〕(*Biography: the Craft and the Calling*), p. 14.

ans)，暢懷大笑，驚動獄卒，卒告誡曰此行罰之地，非所以行樂也㊺。哲人渾忘身在囹圄，傳記之引人入勝可知。施著〔名人傳〕之所以引人入勝，因其作者風雅多趣，縱文思之馳騁，每不受文獻之羈縻也。〔羅素自傳〕亦有云，嘗示趙元任一文曰：「今日動亂之故」(Causes of the Present Chaos)，趙氏曰："今日動亂之故，或因昔日之趙氏乎？"(Well, I suppose, the present causes of Chaos are the previous Chaos)㊻。趙氏晚年得閱羅氏自傳，謂絕無此事。蓋因哲人機智，一時興會而著此虛無之筆。是知風雅可誦，未必可信。甚者，流於"傳奇式之傳記"(fictional biography)矣。然若一意求信，定為條例㊼，不免失之於刻板，讀未盡而思睡矣。故作傳者，不可臆造故事，捕風捉影，必有賴於可資徵信之實，而集實事成篇，猶待匠心以操斧伐柯，求其悅目。庶得信雅折衷之理。又西人嘗曰："說我如我，毋須善意假借，亦不應惡意詈啐。"(Speaking of me as I am; nothing extenuate, nor set down aught in malice.)㊽說我如我，是猶實齋所謂："記言之文，則非作者之言也，以文為質，期於適如其人之言，非作者所能自主也。"㊾不應假借詈啐，則猶不虛美、不隱惡之謂也。

㊺ 見〔羅素自傳〕(*The Autobiography of Bertrand Russell*), Vol. 1, p. 30.

㊻ 同書，Vol. 2, p. 176.

㊼ 奧樸特(Gordon W. Allport)定為十三例，例雖善而難依樣畫符。詳見高銳忒(John A. Garraty)，〔傳記性質〕(*The Nature of Biography*), pp. 254-56.

㊽ 羅多維可(Lodovico)語，引自上書，頁258。

㊾ 章學誠，「古文十弊」，見〔文史通義〕，內篇2，頁71。

班固第九

及班固述漢，因循前業。觀司馬遷之辭，思實過半。其十志該富，讚序弘麗，儒雅彬彬，信有遺味。至於宗經矩聖之典，端緒豐贍之功，遺親攘美之罪，徵賄鬻筆之愆，公理辨之究矣。

失叔皮論之詳矣及班固述漢因循前業觀
司馬遷之辭思實過半其十志該富讚序弘
麗儒雅彬彬信有遺味至於宗經矩聖之典
端緒豐贍之功遺親攘美之罪徵賄鬻筆之
愆公理辨之究矣觀夫左氏綴事附經間出

班固字孟堅，東漢扶風安陵（今陝西咸陽之東）人，生於光武建武八年（A. D. 32），卒於和帝永元四年（A. D. 92），享年六十一歲①。父彪，字叔皮，好史籍，以好事者不足以繼子長之記，"乃繼採前史遺事，傍貫異聞，作後傳數十篇"②。王充嘗遊彪門，有云："班叔皮續〔太史公書〕百篇以上，紀事詳悉，義洽理備，觀讀之者以為甲，而太史公乙。"③彪作後傳百篇以上，僅數十篇傳世歟？建武三十年（A. D. 54）彪卒，年五十一歲。明帝永平元年(A. D. 58)，固續父業，有人告固私作國史，欲入其罪，幸弟超馳闕釋之，乃召固為蘭臺令史，典校秘書垂廿年，"探纂前記，綴輯所聞，以述〔漢書〕，起元高祖，終于孝平王莽之誅，十有二世，二百三十年，綜其行事，旁貫五經，上下洽通，為春秋考紀、表、志、傳，凡百篇"④。卒因竇憲之獄，洛陽令种兢挾銜私報，"捕繫固，遂死獄中"⑤。八表、天文志未竟，妹班昭續成。〔漢書〕者，乃

① 班固生卒年大致可信，然亦非絕對可靠，詳閱盧南喬，「從史學和史料來論述〔漢書〕編纂特點」，載吳澤主編，〔中國史學史論集〕，册 1，頁297-98。

② 閱〔後漢書〕，卷40上，「班彪列傳」，册 5，頁1324。

③ 王充，〔論衡〕，「超奇篇」，册 1，頁285。

④ 〔漢書〕，卷100下，「敍傳」，册12，頁4235。

⑤ 〔後漢書〕，卷40下，「班彪列傳」，册 5，頁1386。

班氏二代三人之業也。

劉知幾曰:"班固〔漢書〕,則全同太史。自太初已後,又雜引劉氏〔新序〕、〔說苑〕、〔七略〕之解。此並當代雅言,事無邪僻,故能取信一時,擅名千載。"⑥班史太初之前,雖多用史公原文,未必全同;不僅"移換之法,別見剪裁"⑦,而且頗有增飾⑧。古人著史,習用前人原文,故論〔史〕、〔漢〕異同,誠不必計量文字之增删,視其制作可也。班固述漢,雖因循史遷傳體,宗旨實異。史遷通古,言上下千餘年變通弛張之故,而班史斷代,"究西都之首末,窮劉氏之廢興,包舉一代,撰成一書"⑨。夫包舉劉漢一代,非出班氏一時之興會,實別有其故。蓋固以史遷編漢紀於"百王之末,厠於秦項之列",有違眞諦⑩。大漢帝國,興盛既久,國富兵強,非獨立一史,何以彰其聲威?故包舉一代以顯之耳。自此以往,歷朝相繼,作者相仍,莫不以斷代爲史,幾無變革,卽實齋所謂:"固書以遷之體而爲一成之義例,遂爲後世不祧之宗焉。"⑪故馬、班雖皆爲紀傳之祖,其體似同而實異,似親而實疏也。

班史作於光武中興之後,漢祚之終不可移,益爲顯明。錢辛眉謂史公著述,意在尊漢⑫,然較之班史之尊漢,則又不可

⑥ 〔史通通釋〕,卷 5,內篇,「採撰」,頁55。
⑦ 趙翼,〔廿二史劄記〕,卷 2,「漢書移置史記文」,頁25。
⑧ 見同書,頁29-31。
⑨ 〔史通通釋〕,卷 1,「六家」,頁11。
⑩ 見〔漢書〕,卷 100 下,「敍傳」,册12,頁4235。另參閱〔太平御覽〕,卷603,「史傳」條。
⑪ 章學誠,〔文史通義〕,「書教下」,頁13。
⑫ 錢大昕,〔潛研堂文集〕,卷24,頁352。

以道里計也。班彪作「王命論」有曰："劉氏承堯之祚，氏族之世，著乎〔春秋〕，唐據火德而漢紹之，始起沛澤，測神母夜號，以章赤帝之符。"⑬又曰："不知神器有命，不可以智力求也！"⑭班固則曰："方今大漢洒掃羣穢，夷險芟荒，廓帝紘，恢皇綱，基隆於羲、農，規廣於黃、唐；其君天下也，炎之如日，威之如神，函之如海，養之如春。"⑮是則非漢莫王，天位不可闇奸矣！豈止尊漢，直非漢莫尊矣！故其論天命，緯六經，綴道綱，一意維護劉漢之帝業也。捨世家，匡游俠，入項王於列傳，以示天無二日也。此豈史遷所優為哉?!遷不優為，彪、固譏之。彪曰："遷之所記，從漢元至武，則已絕其功也……其論術學，則崇黃老而薄五經；序貨殖，則輕仁義而羞貧窮；道游俠，則賤守節而貴俗功；此其大敝傷道，所以遇極刑之咎也！"⑯固曰；"是非頗繆於聖人，論大道則先黃老而後六經，序遊俠，則退處士而進姦雄，述貨殖則崇勢利而羞賤貧，此其所蔽也。"⑰彪固父子雖以遷文質相稱，良史之才，然其譏評史遷，正見〔史〕〔漢〕之異。著書立說之精神，見諸簡册，思而自得。所可歎者，馬班道路雖異，命途略似，皆不免身繫囹圄，瘐死黑牢也。

鄭鶴聲謂班之譏馬，"不知史公感當世之所失，書其身之

---

⑬ 〔漢書〕，卷100下，「敍傳」，册12，頁4208。
⑭ 同書，頁4211。
⑮ 同書，頁4228。
⑯ 班彪，「史記論」，見〔全上古三代秦漢三國六朝文〕，册1，頁600。
⑰ 〔漢書〕，卷62，「司馬遷傳」，册9，頁2737-38。

所遇，有激而爲此也”⑱。史公誠多身世之感，故特具同情之心。於曲有難忍之事，尤表切膚之痛。其尊漢也，實欲規之。孟堅述漢則意在溢美，作「幽通」、「兩都」之賦，深懷高山仰慕之情，於漢紹堯運，守分不貳，持之彌堅，故其尊漢也，實欲頌之。班氏譏評子長，適自暴其短耳。子長嘗言：“今拘學或抱咫尺之義，久孤於世，豈若卑論儕俗，與世沈浮而取榮名哉！”⑲可應“俗功傷道”之譏矣。宜乎范蔚宗之言曰：“彪固譏遷，以爲是非頗謬於聖人，然其論議常排死節、否正直，而不敍殺身成仁之爲美，則輕仁義、賤守節愈矣。固傷遷博物洽聞，不能以智免極刑，然亦身陷大戮，智及之而不能守之。嗚呼！古人所以致論於目睫也！”⑳

然蔚宗以馬班各具良史之才，“遷文直而事覈，固文贍而事詳”㉑。言簡意賅，論斷明確，非深於史法者，焉能道此？事覈尚省，事詳必煩。晉人張輔以馬省班煩，遂謂遷爲良史而固不如㉒，不免一偏。辭約事舉，誠然可喜；事詳可稽，亦謂有功。章實齋以撰述、記注概古今載籍，撰述知來，記注藏往，藏往欲其賅備無遺，求事之不忘，故藏往似智；知來欲其抉擇去取，求來者之興，故其德爲圓，圓而神，方以智，斯其宜矣。實齋遂謂：“遷書體圓而神，多得〔尚書〕之意；班氏體方用

⑱ 鄭鶴聲，〔史漢研究〕，頁134。
⑲ 〔史記〕，卷124，「游俠列傳」，册10，頁3182。
⑳ 〔後漢書〕，卷40下，「班彪列傳」，册5，頁1386。
㉑ 同書，同頁。
㉒ 見〔晉書〕，「張輔傳」，册6，頁1640。

智，多得〔官禮〕之意也。”㉓體圓而神，止於意會，不屑支漫，情見乎辭，飄飄意遠；體方用智，則整齊嚴肅，周密詳贍，意藏不露，亹亹不猒。王鳴盛曰：“馬意主行文，不主載事，故簡；班主紀事詳贍，何必以此爲劣！”㉔豈不然乎？

就史而論，寧詳毋略，寧煩毋省。劉子玄以敍事簡要爲貴，若“文約而事豐”則“述作之尤美者也”㉕。唯文約事輒不豐耳，況史事之眞重於其美，費辭求眞，史者之任。錢牧齋謂班氏“愼覈其事，整齊其文者，乃其所以不逮太史公者”㉖。此就美文言之也，於史何云不逮？故凡好史者，多甲班而乙馬。劉子玄謂班史“有典誥之風”，“言皆精練，事甚該密，故學者尋討，易爲其功”㉗。錢辛眉曰：“班孟堅之於〔史記〕，事增而文亦增，增其所當增也。”譽爲“青出於藍”㉘。李慈銘校閱〔史〕、〔漢〕，許孟堅“頗持平情”，“無所軒輊”，“眞不愧良史也”㉙。近人金毓黻亦謂：“〔漢書〕之優於〔史記〕，其勢然也。”㉚斯即彥和所謂“端緒豐贍之功”歟？皆就史而言之也。

論豐贍之功，十志尤稱該富。十志者，律歷、禮樂、刑法、食貨、郊祀、天文、五行、地理、溝洫、藝文之謂也。其

㉓ 章學誠，〔文史通義〕，內篇，「書教」，頁12-13。
㉔ 王鳴盛，〔十七史商榷〕，卷7，「史漢煩簡」條，頁88。
㉕ 〔史通通釋〕，卷6，頁80。
㉖ 錢謙益，〔初學集〕，卷83，頁9。
㉗ 〔史通通釋〕，卷1，「六家」，頁11。
㉘ 錢大昕，〔潛研堂文集〕，卷28，「跋南北史」，頁426。「跋漢書」，頁423。
㉙ 李慈銘，〔越縵堂讀書記〕，頁166。
㉚ 金毓黻，〔中國史學史〕，頁42。

體雖承〔史記〕八書，然頗多新裁，精審實過之。顧頡剛曰："十志以「食貨」、「藝文」、「地理」三志，尤具貢獻。"㉛自是的論。叔皮譏遷"序貨殖，則輕仁義而羞貧窮"，然班史「食貨」實師承史遷「貨殖」、「平準」。〔漢書〕「食貨志」曰："食謂農殖嘉穀可食之物，貨謂布帛可衣、及金刀龜貝，所以分財布利通有無者也。二者生民之本，興自神農之世。"㉜知民生日用之不可忽也。況漢興盛世，農政工商、錢法田制，皆有關帝國之維繫，貨殖安得不序？近代史家尤重食貨，名之曰"社會經濟史"(socio-economic history)，按社經"兩者之涇渭誠難分者也"(the line between the economic and the social can not be strickly drawn)㉝。「食貨志」所敍"經濟"亦多與"社會"相繫者，蓋穀粟盡，人必相食；衣食足，而後知榮辱。其間因果關係，殊爲密切。而食貨之豐歉，與夫社會之寧擾，又至關繫國家之治亂、全體之禍福也。西哲亞里斯多德(Aristotle)有"人乃社會動物"(Man is social animal)之說，而食貨乃"社會動物"之要務，"自大有益於史事之會解"(The economic historian can best assist the cause of general historical understanding)㉞。當今大師布賀岱(Fernand Braudel)著近世文明史，取材民生日用，諸如飲食衣住、戶口分布、氏族結構、科技能源、貨幣錢政，以及城鎮

㉛ 顧頡剛，〔史學入門〕，頁11。

㉜ 〔漢書〕，卷24上，頁1117。

㉝ 語見雷德福(A. Redford)，〔英國經濟史〕(*Economic History of England, 1760-1860*), p. v.

㉞ 引自郭特，「經濟史」，載〔治史殊途〕，頁49。參閱本書頁78，註㊻。

之成長，窺見社會經濟之發展，實際生活之內涵。布氏"引日常生活於史學領域"(introducing daily life, no more no less, into the domain of history)也㉟，不啻手闢新境，可稱史學之功臣。食貨志之昌明，今見之矣。「藝文志」者，雖本劉歆〔七略〕，孟堅嘗剪裁取捨，並記佚辨僞，愼核其事，斷非謄錄而已。所記略及學術源流，實爲"傳書"之作，凡著錄萬三千二百六十九卷，實即"書目解題"(annotated bibliography)，使古代要籍，目存無遺，犂然秩然，可稱學術史之濫觴矣。清儒金榜語王鳴盛曰："不通〔漢〕「藝文志」，不可以讀天下書；「藝文志」者，學問之眉目，著述之門戶也。"鳴盛歎服㊱。近人顧實則謂："不通「藝文志」誠不可以讀天下書，而不讀天下書，亦不可以通〔漢書〕「藝文志」。"㊲讀書不多，難免曲高和寡，顧此失彼。夫上古史乘，有賴徵信；證跡顯然，始無穿鑿，是知「藝文志」考輯圖書，固有功於史也。地理誌地，猶如紀傳誌人。子長創爲人志，孟堅首作地志，開啓之功，俱不可沒也。夫地學之要，在定"位置"(location)，列"分布"(distribution)，決"形態"(geographical pattern)，舉凡山川河流、城鎮郡縣、戶口宅居、物產豐歉、氣候土壤，莫不包攬矣！〔漢書〕「地理」一志，蓋可名之爲"歷史地理"(historical geography)。孟堅曰："先王之迹既遠，地名又數改易，是以采獲舊聞，考迹〔詩〕、〔書〕，推表山川，以綴〔禹

㉟ 布賀岱 (Fernand Braudel)，〔日常生活之結構〕(*The Structures of Everyday Life*), p. 29.

㊱ 王鳴盛，〔十七史商榷〕，卷22，頁167。

㊲ 顧實，〔漢書藝文志講疏〕，頁1。

貢〕、〔周官〕、〔春秋〕，下及戰國，秦漢焉。”㊳然歷史地理之學，不僅記錄郡縣沿革、戶口數目，尙應“檢驗史事與地理景觀之依存關係”(to examine historical events in relation to their geographical setting)㊴。甚者，以人事“盡決之於地理”(geographical determinism)。論者或然或否，莫衷一是。唯“人”(man)“境”(environment)之間，人受制於境，固無異辭，若氣溫之升降，可易人文之景觀，其事可稽。然境因人而改觀，亦史不絕書。讀史而曉地理，始具遼濶之眼光，覽事物之變化於綿長區域之中㊵。孟堅謂秦地曰：“始皇之初，鄭國穿渠，引涇水漑田，沃野千里，民以富饒。”㊶穿渠而致沃野，沃野以致富饒，此“人”與“饒”相涉之例也。惜班氏言之未詳耳。然其創「地理志」於二千年前，可謂窺得先機矣。鄭樵曰：“司馬遷無地理書，班固爲之則始致此一家，俱成謬舉。”㊷眞視瑾爲石，而自詡識貨者也。

至於宗經矩聖之典，蓋因彪固父子，非孔聖之旨莫尊焉。固曰：“仲尼抗浮雲之志，孟軻養浩然之氣，彼豈樂爲迂濶哉？道不可以貳也。”㊸道旣不可以貳，則尊經而卑子，非聖之言，

㊳ 〔漢書〕，卷28上，「地理志」，册6，頁1543。

㊴ 引自米契爾（J. B. Mitchell），〔歷史地理〕（*Historical Geography*），p. 11.

㊵ 參閱布賀岱（Fernand Braudel），「歷史與社會科學長時觀」(Histoire et sciences sociales, la longue duree)，〔安娜學報〕(*Annales E. S. C.*), Oct.-Dec., 1958, pp. 725-53.

㊶ 見〔漢書〕，卷28下，「地理志」，册6，頁1642。

㊷ 鄭樵，〔通志〕，「總序」，頁1。

㊸ 見〔漢書〕，「敍傳」，册12，頁4227。

屏爲異端，而後大漢宇內，"莫不同源共流，沐浴玄德"㊹。幾如大秦域內，"奉祀大秦神明乃臣民之公職"(the worship of the Roman gods was a civic duty)㊺，莫可辭矣。此孟堅〔漢書〕所以爲崇儒尊王之書也。然班史爲高后立紀，劉彥和謂之"違經失實"，以爲"牝雞無晨"，"婦無與國"，"政事難假"㊻。政事旣假矣，婦旣與其國矣，而曰無與，豈僅失實，直同"虛矯"(make-belief)。蓋執於儒家倫理故也。名師謝耐(Paul Janet)嘗言："藉玄理言政，勢必失實。"(La politique ne doit pas s'enivrer d'un tel idéal, autrement elle perdrait le sentiment des nécessities reeles.)㊼可資鍼砭。彥和所謂，"庖犧以來，未聞女帝者也"㊽，因其未見"武曌以女身而爲帝王，開中國政治上未有之創局。"㊾後晉劉昫纂〔唐書〕，爲曌立紀，曰不隱曌惡，不掩曌善，可謂有旨矣㊿。歐公純儒，故謂："自司馬遷、班固皆作「高后紀」，呂氏雖非篡漢，而盜執其國政，遂不敢沒其實，豈其得聖人之意歟？抑亦偶合於〔春秋〕之法也。"㊿¹雖不得聖人之意，卻偶合〔春秋〕之法，不得不因唐舊史，列武后於本紀，蓋知不

㊹ 同上，頁4228。

㊺ 裘孟(F. V. M. Cumont)，〔羅馬異教中之東方宗教〕(*Oriental Religions in Roman Paganism*), p. 44.

㊻ 見劉勰，〔文心雕龍〕，「史傳」。

㊼ 謝耐(Paul Janet)，〔政治思想史〕(*Histoire de la Sciene Politique*), p. ci.

㊽ 劉勰，〔文心雕龍〕，「史傳」，卷4，頁2。

㊾ 陳寅恪語，見「武曌與佛教」，〔金明館叢稿二編〕，頁147。

㊿ 見〔舊唐書〕，本紀第六，則天皇后，册1，頁133。

(51) 見〔新唐書〕，卷4，頁113。

可據玄理以失實也。清季孝欽垂簾，實同攝政，裁制朝政四十餘年，〔清史〕不爲立紀，僅與衆妃合傳，其事不彰，謂之失實可也。孝欽雖權勢等同武后，而不敢自稱女帝，其名教之懼甚於武氏耶？泰西鮮見"牝雞無晨"之教，俄后凱薩琳二世（Catherine II）簒夫彼得三世（Peter III）之位，戎裝督師，史稱"六月革命"（The Revolution of June 28, 1762），與諸皇（Tsar）並立，謂之繼統㊾。中西之異，其在宗經矩聖乎？

班固「敍傳」，未及父業，遂致遺親攘美之譏。顏之推直謂："班固盜竊父史。"㊿鄭樵詆固最甚！謂上竊馬遷，下竊賈逵、陸賈。雖未曰竊父，然曰："司馬談有其書，而司馬遷能成其父志；班彪有其業，而班固不能讀父之書。固爲彪之子，既不能保其身，又不能傳其業。"[54]果父書不能讀，父業不能傳，則無攘美之嫌矣。既無攘美之嫌，便無遺親之憾。觀班固紀贊傳贊，例曰父作，未嘗盡遺親澤。竊謂孟堅"以父所撰未盡一家"[55]而作，自成一書。其取父書也，如取馬、賈、劉氏諸書，統一剪裁，別爲津梁。王充與班氏有誼，師事叔皮，嘗曰："子男孟堅爲尚書郎，文比叔皮非徒五百里也。"[56]是知雛聲實勝老鳳聲也。唐顏師古曰："〔漢書〕諸贊，皆固所爲。其有叔

---

[52] 參閱福勞林斯基（Michael Florinsky），〔俄國史乘〕（*Russia*），册1，p. 500-02。

[53] 見顏之推，〔顏氏家訓〕，「文章」，册2，頁19。

[54] 見鄭樵，〔通志〕，「總序」，頁1。

[55] 劉知幾語，引自〔史通通釋〕，卷12，「古今正史」，頁162。

[56] 見王充，〔論衡〕，「超奇篇」，册1，頁285。

皮先論述者，固亦具顯以示後人，而或者謂固竊盜父名，觀此可以免矣。”⑰然孟堅不言秉承先志，終不解於衞道之士也。至於徵賄鬻筆之愆，雖云公理辨之究矣，事已難詳。公理者，後漢仲長統字也，“博涉書記，贍於文辭”⑱，嘗著論〔昌言〕十餘萬言，今已亡佚，而范書節錄未及班固事。蔚宗謂王充、王符、仲長統“數子之言當世失得皆究矣，然多謬通方之訓，好申一隅之說”⑲。殆公理所究固事，乃一隅之說，而范氏不錄耶？彥和沿公理之說，既未置可否，後人遂以爲直。北周史官柳虯上疏有云：“班固致受金之名，陳壽有求米之論。”⑳劉知幾言曲筆，復有“班固受金而始書，陳壽借米而方傳”㉑之語。唐左史劉允濟又曰：“史官善惡必書，使驕主賊臣懼，此權顧輕哉？而班生受金，陳壽求米，僕乃視如浮雲耳。”㉒皆以徵賄鬻筆爲實事。宋王應麟考史，注曰：“受金事未詳。”㉓可謂愼矣。事未詳而言之鑿鑿，辨誣其難也。范蔚宗「班彪列傳」不言其事，非諱之也，殆傳聞不可信耳。范氏觀“固之序事，不激詭，不抑抗；贍而不穢，詳而有體”㉔。洵非泛泛之言。然則鬻筆之愆，固無實可據者也。

---

⑰ 顏注司徒掾班彪曰，見〔漢書〕，卷73，「韋賢傳」，册10，頁3131。
⑱ 見〔後漢書〕，卷49，册6，頁1643，「仲長統傳」見1643-1660。
⑲ 同上，頁1660。
⑳ 〔周書〕，卷38，「柳虯傳」，册 3，頁681。
㉑ 見〔史通通釋〕，卷 7，頁94。
㉒ 見〔新唐書〕，卷202，「文藝中·劉允濟傳」，册18，頁5749。
㉓ 王應麟，〔困學紀聞〕，卷14，頁12。
㉔ 見〔後漢書〕，卷40下，册 5，頁1386。

風流倜儻之士,輒喜馬文疏蕩有奇,然班文亦自有其奇。方苞謂班之〔王莽〕傳,"鉤挾幽隱,雕繪衆形,信可肩隨子長"㊀。唯班文之奇,不在肩隨,而能自立。錢辛眉曰:"大抵〔史記〕之文,其襲〔左氏〕者,必不如〔左氏〕;〔漢書〕之文,其襲〔史記〕者,必不如〔史記〕。古人所以詞必己出,未有剿說雷同,而能成一家言者也。"㊁此〔漢書〕之文所以"整而齊"㊂者。鄭鶴聲有云:"楊萬里嘗比馬為太白,班為少陵,蓋一則如僊翁劍客,一則雅士騷人也。"㊃雅士者,良史也;班文者,良史之文也。故〔史〕〔漢〕,各有春秋,夾漈曰:"遷之於固,如龍之於猪"㊄,其言過矣!

附說　班馬異同說

晉人張輔首撰「班馬優劣論」,開比較研究之先河。迄乎趙宋,倪思作〔班馬異同〕一書,規模大成。倪氏以字體之大小,以及細筆墨線,區別班馬原文,與夫刪易之處,並列評語於書眉,極為醒目。倪氏之比觀班馬也,不執一偏,而以實例表其優劣,各見短長,若謂馬氏筆力雄渾,班氏體例嚴正,可

㊀ 方苞,〔方望溪集〕,卷2,頁3。參閱李慈銘,〔越縵堂讀書記〕,上册,頁159。
㊁ 錢大昕,〔潛研堂文集〕,卷28,「跋漢書」,册4,頁423-24。
㊂ 引王維楨,〔漢書評林〕語。
㊃ 鄭鶴聲,〔史漢研究〕,頁168。
㊄ 見鄭樵,〔通志〕,「總序」,頁1。

謂甚得“平心”(dispassionate)之旨矣。倪思字正甫，湖州歸安人也。曾中進士，官至寶文閣學士，謚文節。〔班馬異同〕計三十五卷，今有明嘉靖十年福建李元陽刻本、明天啓四年閩氏刻本等。倪氏復撰有〔史漢異同補評〕三十三卷、〔補訂班馬異同〕十二卷。此後論者接踵，元人王惲撰「遷固紀傳不同說」，載四部叢刊〔秋澗先生大全集〕，卷四五；陳仁子，「正史漢得失論」，載卜大有〔史學要義〕，卷二，頁六十。陳埴，「論馬班二史」，同書卷五，頁三六～三七。清人徐乾學撰，「班馬異同辨」，載〔憺園文集〕，卷十五；蔣中和撰，「班馬異同議」，載〔半農齋集〕，卷二；浦起龍撰，「班馬異同」，載〔釀蜜集〕，卷二；周中孚撰，〔補班馬異同〕六卷（抄本）；沈德潛撰，「史漢異同得失辨」，載〔歸愚全集〕，卷三；熊士鵬撰，「班馬異同論」，載〔鵠山小隱文集〕，卷二；汪之昌撰，「馬班異同得失考」，載〔青學齋集〕，卷十六。錢牧齋〈再答蒼略書〉曰：“宋人班、馬異同之書，尋扯字句，此兒童學究之見耳。讀班、馬之書，辨論其同異，當知其大段落、大關鍵”（見《有學集》），可謂有識。民國之後，姚尹忠撰，「史漢論略」，載〔民鐘季刊〕，一卷一期（1935年 3 月）；陳柱尊撰，「馬班異同論」，載〔學藝〕，三卷七期（1934年 9 月）；黃子亭撰，「史漢異同」，載〔史地學報〕，四卷一期（1926年10月）；鄭鶴聲撰，〔史漢研究〕；陳衍撰，「史漢研究法」，載〔國學專刊〕，一卷一期（1926年 3 月）；白壽彝撰，「司馬遷與班固」，載〔司馬遷與史記論集〕；施丁撰，「馬班異同三論」，載〔司馬遷研究新論〕。可參閱焉。

後漢諸史第十

後漢紀傳，發源東觀。袁張所製，偏駁不倫；薛謝之作，疎謬少信。若司馬彪之詳實、華嶠之準當，則其冠也。

帝之體二子可紀何有於三后𢦏至于後漢紀傳發源東觀袁張所制偏駁不倫薛謝之作疎謬少信司馬彪之詳實華嶠之準當則其冠也及魏代三雄記傳互出陽秋魏畧之

後漢紀傳甚多，惜大都亡佚，稽考無從，而彥和猶見之矣。東觀者，乃章和二帝圖書聚藏之所，修史者必取資焉。〔東觀漢紀〕今佚，僅存有清四庫輯本二十四卷。〔晉書〕「經籍志」曰："〔東觀漢紀〕一百四十三卷，起光武記注至靈帝，長水校尉劉珍等撰。"①〔四庫提要〕則謂:"珍未嘗爲長水校尉，且此書創始在明帝時，不可題珍等居首。"余嘉錫按曰："考〔隋書〕「經籍志」著錄之例，其所注撰人，大率沿用舊本，題其著書時之官，故有一人所著書，而前後署銜不同者。此書既題長水校尉劉珍等撰，必其在東觀作〔漢紀〕之時，正居是官耳。"②劉珍，〔後漢〕「文苑」有傳，字秋孫，南陽蔡暢人，"鄧太后詔使與校書劉騊駼、馬融、及五經博士，校定東觀五經、諸子傳記、百家藝術，整齊脫誤，是正文字"③。是卽〔東觀漢紀〕之成歟?

晉袁山松撰〔後漢書〕，張瑩撰〔後漢南紀〕，俱佚。謂其偏頗，則無從而知矣。晉司馬彪撰〔續漢書〕，"討論衆書，綴其所聞，起於世祖，終于孝獻，編年二百，錄世十二，通綜

① 見〔隋書〕，册 4，頁954。
② 余嘉錫，〔四庫提要辨證〕，頁235。
③ 見〔後漢書〕，册 9，頁2617。

上下，旁貫庶事，爲紀、志、傳，凡八十篇”④。其書亦亡，唯志三十卷幸存，附范曄〔後漢書〕以行。錢大昕曰，彪志併於范史，“實始宋乾興元年（1022），蓋因孫奭之請。今北宋槧本，前載乾興元年十一月十四日牒，具列奭奏”⑤。彪糾譙周〔古史考〕謬誤，“凡百二十二事”⑥，亦不復可見。華嶠亦晉人，博聞多識，有“良史之志”⑦。改作〔漢紀〕，“起于光武，終于孝獻，一百九十五年，爲帝紀十二卷，皇后紀二卷，十典十卷，傳七十卷及三譜、序傳、目錄，凡九十七卷”⑧，名之曰〔漢後書〕。時人多以“嶠文質事核，有遷、固之規，實錄之風”⑨。彥和亦謂之準當，子玄復謂“後漢諸紀，華氏居最”⑩。嶠史之佳，可謂衆口同聲矣。惜永嘉亂後，僅存三十餘卷，今盡亡佚。

後漢紀傳雖多，亡亦殆盡。“至宋宣城太守范曄，乃廣集學徒，窮覽舊籍，刪煩補略，作〔後漢書〕”⑪。“簡而且周，疎而不漏，蓋云備矣”⑫。其文辭復美，彬然有姿。范史一家獨存，誠然有故。唯劉勰未及范曄，難以索解。金毓黻曰：“愚考其故，不外兩端：一因〔後漢書〕多採華嶠，兼及于司馬彪，

④ 見〔晉書〕，「司馬彪傳」，册7，頁2141。
⑤ 錢大昕，〔十駕齋養新錄〕，卷6，册1，頁127。
⑥ 見〔晉書〕，册7，頁2142。
⑦ 見同書，册4，頁1264。
⑧ 同上。
⑨ 同上。
⑩ 〔史通通釋〕，卷12，頁164。
⑪ 同上。
⑫ 〔史通通釋〕，卷5，頁62。

今日所見范書，淵雅可誦之處，大抵出自嶠書。其疏密可徵之典，又必出于司馬。既舉彪嶠，已籠括蔚宗之長在內，所謂舉重略輕是也。二因蔚宗身被誅夷，名實俱殞，後世目爲兇人，遂鄙視而不屑道。”⑬唯金氏斯言，不無可疑。嶠彪之書既不復見，所謂范書出自嶠彪，想當然耳，豈能遽作定論？以嶠彪籠括蔚宗之長，彥和即無一語齒及，亦難置信。若范書博雅可誦之處，疏密可徵之典，盡取之他人，則猶入府盜珠，彥和見之，豈能視若無覩耶？至於身被誅夷，鄙不屑道，亦非彥和之旨。蓋彥和雖云“尊賢隱諱”，然謂：“奸慝懲戒，實良史之直筆；農夫見莠，其必鋤也。”⑭若彥和果以蔚宗爲兇人，勢必直筆鋤奸。既不隱諱孟堅遺親之罪，霧筆之愆，又何愛於名實俱殞之蔚宗乎？實與事理難通者。竊思范曄之書，雖成於劉勰之世，勰或因故而未得見之。以范書之美，見之必有一言。范書之美也，卒令先出之後漢紀傳，幾盡湮滅，而一枝獨秀。西俗有劣幣逐良幣之諺，吾謂良書有汰劣書之效。范曄之〔後漢書〕，良書也。

范曄（398-445），〔宋書〕有傳，字蔚宗，祖籍順陽（今河南淅川），家居山陰（今浙江紹興）⑮。范氏饒有才藝，“博涉經史，善爲文章，能隸書，曉音律”⑯。其性情亦縱放不羈，自謂“稱情狂言”⑰。又“常謂死者神滅，欲著「無鬼論」，

---

⑬ 金毓黻遺稿，「文心雕龍史傳篇疏證」，頁244-45。
⑭ 見劉勰，〔文心雕龍〕，「史傳」，卷4，頁3。
⑮ 或稱順陽山陰人，蓋以兩地爲一。
⑯ 〔宋書〕，「范曄傳」，卷69，册6，頁1819。
⑰ 見曄獄中與諸甥姪書，同上，頁1831。

至是與徐湛之書，云當相訟地下”，〔宋書〕謂之“謬亂”⑱，實則蔚宗超世慧識，固非等閒。所謂“夜中酣飲，開北牖聽挽歌爲樂”⑲，亦中曄性情。“其是非頗與聖人異論”，蘇洵早已言之⑳。卒以劉義康事，宋文帝指爲謀反而伏誅，年四十七。後人惜蔚宗良史之才，以其獄爲誣枉，王西莊有辨寃之文，陳東塾有申范之篇㉑。惟千載而後，案情安得徹究？西莊曰：“想平日恃才傲物，憎疾者多，其相傾陷。”㉒想之耳，非必也。夫專制之世，謀反大罪，稍有牽連，罪不容誅，即王陳二氏申辨之作，亦疑其有知情不舉之事實㉓。觀乎范泰謂司徒王弘曰：“彭城王，帝之次弟，宜徵還入朝，共參朝政。”㉔知彭城王義康賢。豈蔚宗果欲以賢弟代之耶？然其四子同戮，固不分首從，俱遭“連坐之罪”（guilt by association）。王、陳或欲袪蔚宗名教之罪，然以今人視之，乃“政治之罪人”（political prisoner），何損蔚宗令名？噫！蔚宗尊孔崇經，竟爲禮教所殺；滅門之禍，慘烈過於班氏。然其臨刑從容，知無佛鬼故也㉕。

⑱ 同書，頁1828–29。

⑲ 同註⑯，頁1820。

⑳ 蘇洵，「史論下」，頁6。

㉑ 見王鳴盛，「范蔚宗以謀反誅」，〔十七史商榷〕，卷61，下册，頁395–96。陳澧，「申范」，收入〔東塾集〕。該文附於卷6之後，全文長達二十餘頁，序文有云：“嗚呼！千古之至寃，未有如范蔚宗者也。”

㉒ 王鳴盛，「范蔚宗以謀反誅」，頁395。

㉓ 王氏曰：“特知情不舉，乃竟以爲首亂之人。”同上。陳氏曰：“其甥謝綜與孔熙先謀反，蔚宗知之，輕其小兒，不以上聞。”見「申范」序文頁1。

㉔ 〔宋書〕，「范泰傳」，卷60，册6，頁1622。

㉕ 〔宋書〕，「范曄傳」，卷69，册6，頁1828–29。

蔚宗之史，自視甚高，嘗曰："既造〔後漢〕，轉得統緒。詳觀古今著述及評論，殆少可意者。"㉖李蒓客謂："自詡非過"㉗，殆學者之公評也。范書有帝紀十，列傳八十八，合司馬彪之志，計一百三十卷。上承馬班，以紀傳爲體，嘗云："〔春秋〕者，文既總略，好失事形，今之擬作，所以爲短。紀傳者，史、班之所變也，網羅一代，事義周悉，適之後學，此焉爲優，故繼而述之。"㉘是知蔚宗著述之前，嘗衡量體裁，覺紀傳勝於編年而後爲之。雖踵武前人，未爲牢籠，比方不媿。別立后紀，雖借自華嶠，嶠書既失，實肇其端。蓋"東京皇統屢絕，權歸女主，外立者四帝，臨朝者六后，莫不定策帷帟"㉙，不得不同居正號，並列於篇，乃良史之責。彥和曰："牝鷄無晨"，"婦無與國"㉚；子玄曰："范曄〔漢書〕，記后妃六宮，其實傳也，而謂之爲紀。"㉛而蔚宗則曰："后正位宮闈，同體天王。"㉜更別立「列女傳」，曰："〔詩〕〔書〕之言女德尚矣！若夫賢妃助國君之政，哲婦隆家人之道，高士弘清淳之風，貞女亮明白之節，則其徽美未殊也，而世典咸漏焉。"㉝范氏之明通，固視二劉多矣。

蔚宗復於「儒林」以外，別立「文苑」；「循吏」以外，

㉖ 范曄，「獄中與諸甥姪書」，見〔後漢書〕，册12，附錄。
㉗ 李慈銘，〔越縵堂讀書記〕，册 1，頁187。
㉘ 隋魏澹論史引范曄語，見〔隋書〕，「魏澹傳」，卷 58，册 5，頁1419。
㉙ 范曄，〔後漢書〕，「皇后紀序」，卷10上，册 2，頁401。
㉚ 語見「史傳」。〔文心雕龍〕，卷 4，頁 2。
㉛ 〔史通通釋〕，卷 2，「列傳」，頁22。
㉜ 同註㉘，頁397。
㉝ 見〔後漢書〕，「列女傳」，卷84，册10，頁2781。

別立「獨行」；「酷吏」以外，別立「逸民」。又創「方術」、「黨錮」、「宦者」諸類傳。非欲徒增名目，實因世變情異，新人雜出，不得不爾。蓋紀傳既以人彰事，不述其人，事何以彰？自光武以來，文風鼎盛，是知「文苑列傳」之必作。黨錮、宦者尤關係東漢一代政治之升降，能不書之？故曄所立傳，"撰諸當代史實，最得體要"㉞。而其所立諸傳，尤重一代風教，重文顯俗，顧及"文化之史"(cultural history)，可補馬班之不逮，是卽王西莊所謂："宰相無多述，而特表逸民；公卿不見采，而特尊獨行。"㉟固別具識見，不遺畎畝江海之節，可謂"能達隱人之習性矣"(depict the habits and emotions of the most obscure individual)㊱。而其列傳序論，綜述一類，通其特性，明其因果，堪稱精當。如「黨錮列傳序」有云："自武帝以後，崇尚儒學，懷經協術，所在霧會，至有石渠分爭之論，黨同伐異之說，守文之徒，盛於時矣。"㊲此其遠因也。"逮桓靈之閒，主荒政繆，國命委於閹寺，士子羞與爲伍，故匹夫抗憤，處士橫議，遂乃激揚名聲，互相題拂，品覈公卿，裁量執政，婞直之風，於斯行矣。"㊳此其近因也。然後述黨獄經過。及黃巾蜂起，天子畏懼，遂赦黨人，然已"朝野崩離，綱紀文章蕩然矣"㊴。此黨錮之後果也。井然秩然，述論

㉞ 藍文徵語，見氏撰，「范蔚宗的史學」，頁307。

㉟ 王鳴盛，〔十七史商榷〕，卷61，下册，頁396。

㊱ 美國史家魯賓遜(James Harvey Robinson)語，見氏著〔新史學〕(*The New History*), p. 1.

㊲ 〔後漢書〕，「黨錮列傳」，卷67，册8，頁2184-85。

㊳ 同書，頁2185。

㊴ 同書，頁2189。

兼備，若稍加賡揚，實已開記事本末一體之先河矣！蔚宗自謂："至於循吏以下及六夷諸序論，筆勢縱放，實天下之奇作。"㊵良有以也。

蔚宗文辭之美，異口同聲。蓋如子玄所謂："逮漢魏已降，周隋而往，世皆尚文。"㊶子玄正欲箴浮詞之弊，潤色之濫，故有"言媸史拙"之說㊷，遂謂："國史之美者，以敍事爲工，而敍事之工者，以簡要爲主。"㊸又曰："爲史者，不選事而書，故言無美惡，盡傳於後。若事皆不謬，言必近眞，庶幾可與古人同居。"㊹復云："凡今之爲史而載文也，苟能撥浮華，採眞實，亦可使夫雕蟲小技者，聞義而知徙矣。"㊺因"眞非盡美，而美非常眞"(Truth is not always beautiful; beauty is not always true)㊻故也。然范書雖不免"落宋齊綺靡之習"㊼，亦不免"捶句皆雙"，"奇偶相配"㊽，卒能美而不失爲眞，亭林所舉，乃"無心之失"(honest mistake)，殊非浮詞害意也㊾。劉子玄不取"悠悠飾詞"㊿，猶謂范書"簡而

㊵ 范曄，「獄中與諸甥姪書」，同書，册12，附錄，頁2。偶見明鈔本〔史糾〕，作者朱明鎬亦謂："吾於承祚三志，而識蔚宗之思精"（頁3）。

㊶ 〔史通通釋〕，卷6，「言語」，頁71。

㊷ 劉知幾曰："故言媸者其史亦拙，事美者其書亦工。"見同書，「敍事」，頁79。

㊸ 同書，頁80。

㊹ 同書，「言語」，頁71。

㊺ 同書，卷5，「載文」，頁60。

㊻ 法儒之言，引自乃夫 (Emery Neff)，〔如詩之史〕(*The Poetry of History*), p. 4.

㊼ 何良俊，〔四友齋叢說〕，卷5，頁47。

㊽ 同註㊹，卷6，「敍事」，頁83。

㊾ 見顧炎武，〔日知錄〕，「後漢書」條，下册，頁596-97。

㊿ 語見〔史通通釋〕，卷5，「載文」，頁60。

且周，疎而不漏，蓋云備矣”(51)，是曄固有異於六朝文士也。竊思蔚宗記事之美，端能牢籠綱紀，要言不煩。如「宗室劉焉傳」中，以寥寥百餘字，道出以州牧代刺史之經緯，不僅因“四方兵寇”，“刺史威輕”，且因益州刺史“在政煩擾，謠言遠聞”，而幷涼二州刺史又適爲寇所害，議遂行。不僅此也，劉焉尙有其私意存焉，欲“陰求爲交阯，以避時難”。議既行，“州任之重，自此而始”(52)。亦天下三分之淵源也。又如「李膺傳」記黨錮事，亦“簡而且周”，明其原故。尤標出黨人以“聲名自高”，激怒天子，所謂“天下士大夫皆高尙其道，而汙穢朝廷”(53)，卽知禍之不免矣。辭達爲美，辭達而後“可讀”(readable)，可讀而後可傳世。文質俱勝之史著，千古罕見。有質無文，傳世者寡；文勝於質，傳世者多。吉朋之〔羅馬衰亡史〕，至今猶是名典，因其文也。司谷脫（Walter Scott, 1771-1832）之中世歷史傳奇，風靡一時，歷久不衰，因其卓越之文才，而其嚴肅之史著〔拿破崙本紀〕(*Life of Napoleon*)，影響殊微(54)。“眞”不如“美”之易傳也。後漢諸史皆廢，而范書獨存，且與〔史記〕、〔前漢〕、〔三國〕並立爲大唐弘文、崇文之選(55)，以文章勝也。蔚宗刑前謂，“此書行，故應有賞音者”(56)，亦自恃文才故也。

---

(51) 同書，卷5，「補註」，頁63。
(52) 見〔後漢書〕，卷75，「劉焉傳」，册9，頁2431。
(53) 同書，卷67，「李膺傳」，册8，頁2195。
(54) 參閱巴耐士，〔史學史〕，頁183。
(55) 參閱〔新唐書〕，卷44，「選擧志上」，册4，頁1162。
(56) 見范曄，「獄中與諸甥姪書」，頁2。

范書文章固佳，史論尤勝。斯亦蔚宗所自許者，嘗語甥姪曰："吾雜傳論，皆有精意深旨，旣有裁味，故約其詞句。至於「循吏」以下及六夷諸序論，筆勢縱放，實天下之奇作。"[57]「循吏」以上之論贊，不出史公之曰、班氏之贊，類多"主觀之品評"(subjective interpretation)，不足以稱"史論"(historical analysis)；而「循吏」以下，夾敍夾議，尋其緣由，可稱"審思之論"(intelligent appraisal)，遠開船山史論之先導[58]。且蔚宗所留意者，亦有異於〔史〕、〔漢〕。子長欲窺天人、窮古今；孟堅欲窮人理、該萬方。而范氏則"欲因事就卷內發論，以正一代得失"[59]。更具以史爲諫之深旨矣。

范書序論，實爲著述精神之所在，「循吏」以下列傳，尤似例則。李蒓客曰："大抵蔚宗所著論，在崇經學、扶名教、處進士、振清議。"[60]一語破的，精確莫易。子長著論，徘徊於儒道之間；孟堅獨崇仲尼，見乎字裏行間；蔚宗則以儒教爲精神血脈，融合於著論之間，以史事彰儒義，以儒義貫史事。其論東漢一代得失，幾與儒學之盛衰、儒士之榮辱，息息相關矣。光武以愛經崇儒而得天下，儒士從風，(明)帝(更)正坐自講，諸儒執經問難於前，冠帶搢紳之人，圜橋門而觀聽者，蓋億萬計。其後復爲功臣子孫、四姓末屬別立校舍，搜選

---

[57] 同上。

[58] 參閱王夫之，〔宋論〕與〔讀通鑑論〕。

[59] 同註[56]。東世徵謂遷固所欲者，乃虛渺之哲理，而范曄"最先明白提出歷史編纂爲政治服務，比他的前輩，前進了一步"，見「范曄與後漢書」，頁308。東說甚是。

[60] 李慈銘，〔越縵堂讀書記〕，上册，頁187。

高能以受其業，自期門羽林之士，悉令通〔孝經〕章句，匈奴亦遣子入學。濟濟乎，洋洋乎，盛於永平矣”⑥①。本初以後，遊學仍增，然浮華相尚，儒風遂衰，黨禍之餘，其況愈下。及董卓移都，典藏剖散；長安之亂，焚蕩殆盡，漢祚亦名存實亡矣。以曄之見，桓靈之世亂而不亡者，蓋因儒行之士如陳蕃之徒，“咸能樹立風聲，抗論惛俗。而驅馳嶮阨之中，與刑人腐夫同朝爭衡”；“功雖不終，然其信義足以攜持民心”⑥②。儒教維繫之功大矣哉！是則蔚宗儼然以儒學、儒行爲東漢一代之精神。「儒林列傳」述儒學師承淵流，一覽無遺。「列女」、「循吏」、「獨行」、「逸民」、「文苑」，其途雖殊，皆歸於儒行。曹娥沿江號哭，投江而死，孝行也⑥③。李業寧死不屈，操行也⑥④。王覇隱居守志，連徵不至，節行也⑥⑤。陳蕃知其不可爲而爲之，仁義之行也⑥⑥。類此儒行非蔚宗之寓言，乃眞人之實事，示聖道行於東漢之範例。蓋儒行之典型，卽范書所崇之英雄也。卡萊爾有英雄崇拜之說。何崇之有？曰崇“其爲維繫盛世之士”(He is the missionary of Order)⑥⑦。維繫東漢盛世者，儒行之義士也。斯卽蔚宗之“精意深旨”歟？

蔚宗復欲道後漢衰亡之故。一曰羌戎之患。所謂“中興以

---

⑥① 〔後漢書〕，卷79上，「儒林列傳序」，册 9，頁2545-46。
⑥② 同書，卷66，「陳王列傳論」，册 8，頁2171。
⑥③ 見同書，卷84，册10，頁2794。
⑥④ 見同書，卷81，册 9，頁2670。
⑥⑤ 見同書，卷83，册10，頁2762。
⑥⑥ 參閱同書，卷66，「陳王列傳」，册 8，頁2159-71。
⑥⑦ 語見卡萊爾，〔論英雄、英雄崇拜，以及歷史上之英雄事蹟〕(*On Heroes, Hero-worship, and the Heroic in History*), p. 277.

後，邊難漸大”(68)。其所以如此，端因御和未當，“其內屬者，或倥偬於豪右之手，或屈折於奴僕之勤。塞候時清，則憤怒而思禍”(69)。以致陵斥上國。及女主執政，“情存苟安”，“遂徙西河四郡之人，雜寓關右之縣”(70)。然“得不酬失，功不半勞”(71)。竇固“明習邊事”，竇憲“飲馬比鞮之曲”(72)，而患終不祛者，乃“攻之不根”(73)。故蔚宗以爲“羌雖外患，實深內疾”(74)。非患之不可除，除之不得其法耳。俟寇敵略定，“而漢祚亦衰焉”(75)，然則“漢氏征伐戎狄，有事邊遠，蓋亦與王業而終始矣”(76)。二曰宦官之禍。其禍之來，蓋由帝祚幼弱，女主干政，“稱制下令，不出房闈之閒，不得不委用刑人，寄之國命”(77)。及外戚攬權，幼帝唯閹宦可親，遂令專謀禁中，以致登宮卿之位。黨類既成，“更相援引，希附權彊者，皆腐身熏子，以自衒達，同敝相濟”(78)。忠良見戮，善士披離。何進雖引董卓入都，閹宦“芟夷無餘”，然漢鼎亦遷矣(79)。故蔚宗曰：“東都緣閹尹傾國。”(80)

---

(68) 語見〔後漢書〕，卷87，「西羌傳論」，册10，頁2899。
(69) 同上。
(70) 同書，頁2900。
(71) 同上。
(72) 參閱同書，卷23，「憲融列傳」，册 3，頁810，820-21。
(73) 同書，卷81，「西羌傳論」，册10，頁2901。
(74) 同上。
(75) 同上。
(76) 同書，卷86，「南蠻西南夷列傳」，册10，頁2860。
(77) 同書，卷78，「宦者列傳」，册 8，頁2509。
(78) 同書，頁2510。
(79) 參閱同書，頁 2510-11。
(80) 同書，頁2537。

法儒艾宏(Raymond Aron)有"倒果溯因"(regressive)之說，蓋史家具"後見之明"(retrospective meditation)，可就既知之"果"，推見未明之"因"(81)。然因非一端，卡爾氏(Edward H. Carr)謂"因有階層"(hierarchy of causes)，有其主次(82)。欲求主因、眞因，不免趨繁求簡，冀獲"明確完整"(unity and simplicity)之知識(83)。蔚宗固知"倒果溯因"者也，曰："自古喪大業絕宗禋者（果），其所漸有由矣（因）。"(84)其因"繁多"(multiplicity)，蔚宗以羌戎之患、宦者之禍爲東漢一代衰亡之眞因(true cause)，誠得"趨繁求簡"之微旨，明後漢喪大業之所由，所謂"其中合者，不減過秦篇"(85)者，卽此之謂歟？范書深明"歷史因果之理"(historical causation)，豈〔史〕、〔漢〕可及哉！

子長通古今之變，蔚宗究一代興亡，皆能觀"史事之演變"(historical change)。柯林烏謂史家李維(Titus Livius, 59 B.C.-17 A.D.)之撰羅馬史也，視"羅馬爲一永恆不變之實體"(Rome is a substance, changeless and eternal)(86)。豈僅李維，"凡希羅史乘類不示史事所漸之由"(Greco-Roman

(81) 見艾宏著，〔歷史哲學導論〕(*Introduction to Philosophy of History*), p. 162.

(82) 見卡爾著，〔何謂歷史？〕(*What is History*?), p. 117.

(83) 參閱法國數學家波昂卡(Jules H. Poincare, 1854-1912)，〔科學及其假設〕(*La Science el l'hypothese*), pp. 202-203.

(84) 見〔後漢書〕，卷78，「宦者列傳」，冊9，頁2537。

(85) 范曄，「獄中與諸甥姪書」，頁2。

(86) 閱柯林烏，〔歷史之理念〕，頁 43-44。

historiography can therefore never show how anything comes into existence) ⑧⑦。近人陸士 (T. J. Luce) 雖謂柯氏過甚其辭，終難駁柯氏大旨。蓋 "李維誠鮮知古今之變也" (Livy was largely oblivious to historical development)⑧⑧。吾國上古史乘，〔史記〕、〔前漢〕、〔後漢〕，若求全責備，其疵誠多，然與希羅相較，則猶勝一籌，殆無可疑者也。

---

⑧⑦ 同書，頁 44-45。

⑧⑧ 見陸士 (T. J. Luce)，〔李維及其史著〕(*Livy: The Composition of His History*), p. xxi. 參閱 p. xx. 陸士爲普林斯頓大學古典系教授。

陳壽第十一

及魏代三雄，記傳互出。〔陽秋〕、〔魏略〕之屬，〔江表〕、〔吳錄〕之類，或激抗難徵，或疏潤寡要。唯陳壽三志，文質辨洽，荀、張比之於遷、固，非妄譽也。

其冠也及魏代三雄記傳互出陽秋魏畧之
蜀江表吳錄之類或激抗難徵疏潤寡要唯
陳壽三志文質辨洽荀張比之於遷固非妄
至譽也於晉代之書繫乎著作陸機肇始而

靈、獻浩劫，史官失守；永嘉喪亂，皇綱解紐，斯乃野史驟興、記傳互出之由也。「經籍志」所載史家、史目，以晉爲多，兩漢次之，梁又次之。晉承三國之後，記傳三雄者獨多，「隋志」著錄不下二十餘種。陽秋者，蓋指孫盛〔魏氏春秋〕二十卷。〔晉書〕本傳曰："盛篤學不倦，自少至老，手不釋卷。著〔魏氏春秋〕、〔晉陽秋〕。"① 晉人諱春，故改春秋爲陽秋，孫盛陽秋遂以名世。子玄〔史通〕謂孫盛〔魏氏春秋〕，"好奇猒俗，習舊捐新，雖得稽古之宜，未達從時之義"②。蓋"孫盛魏、晉二陽秋，每書年首，必云某年春帝正月，夫年既編帝紀，而月又列帝名，以此而擬〔春秋〕，(又）所謂貌同而心異也"③。子玄曰："貌異而心同者，摸擬之上也；貌同而心異者，摸擬之下也。然人皆好貌同而心異，不尙貌異而心同者何哉？蓋鑑識不明，嗜愛多僻，悅夫似史，而憎夫眞史！"④ 孫盛"憎夫眞史"，裴松之屢言之，以爲孫史潤色失實，曰："檢盛言，諸所改易，皆非別有異聞，率更自以意制，多不如

① 〔晉書〕，册 7，卷82，頁2148。
② 〔史通通釋〕，卷 4，「題目」，頁43-44。
③ 同上，卷 8，「模擬」，頁105。
④ 同上，頁107。

舊。凡記言之體,當使若出其口。辭勝而違實,固君子所不取,況復不勝而徒長虛妄哉!”⑤裴氏又謂:“凡孫盛製書,多用〔左氏〕以易舊文”⑥,然則孫氏〔陽秋〕,難稱信史,卽“激抗難徵”之謂乎?桓溫之怒,或非“〔陽秋〕詞直而理正”歟!?〔魏略〕,魏郎中魚豢撰,子玄謂之“巨細畢載,蕪累甚多”⑦;〔江表傳〕晉鄱陽內史虞溥撰⑧,裴註謂之“粗有條貫”⑨;〔吳錄〕晉張勃撰,今皆不存,諒屬“疏濶寡要”之類。彥和舉此四者,以概其餘。

彥和獨稱陳壽,以爲“文質辨洽”,匹敵遷、固。果外似而中實耶?壽字承祚,巴西郡安漢縣(今四川南充)人,生於蜀漢後主建興十一年(233),卒於晉惠帝元康七年(297),享年六十五歲。嘗從學於同郡譙周(201-270),周字允南,述儒好古,著作大都亡佚。其〔古史考〕廿五卷,殘存一二,乃考訂〔史記〕,糾繆正誤之篇。〔史通〕曰:“晉散騎常侍巴西譙周,以遷書周、秦以上,或采家人諸子,不專據正經,於是作〔古史考〕二十五篇,皆憑舊典,以糾其繆,今則與〔史記〕並行於代焉!”⑩司馬彪雖據〔汲冢紀年〕之義,復條周〔古史考〕未盡善者百二十二事⑪,然周“考史”(historical

⑤ 〔三國志〕,册3,卷22,頁642。
⑥ 見裴註,同書,册1,卷1,頁19。
⑦ 〔史通通釋〕,卷4,「題目」,頁44。
⑧ 傳見〔晉書〕,册7,卷82,頁2139-41。
⑨ 〔三國志〕,册1,卷4,頁133。
⑩ 〔史通通釋〕,卷12,「正史」,頁161。
⑪ 見〔晉書〕,册7,卷82,「司馬彪傳」,頁2142。

criticism）志趣，識者崇之。近人古區（G. P. Gooch）曾言，十九世紀之前，史學合有四短，其一乃“於權威之證言及其價值，殊乏批評之胸懷”（lack of the critical faculty in dealing with the value and testimony of authorities）⑫。〔太史公書〕，固“權威之證言也”，周糾評不遺餘力，其批評之精神，殆可與近人齊美矣；承祚從學，不亦宜乎？

陳壽著作，相傳有〔古國志〕五十篇，〔益部耆舊傳〕十篇，另輯有〔蜀相諸葛亮集〕，唯〔魏吳蜀三國志〕六十五篇，有名於時，流傳於世，交相稱譽，認爲“善敍事，有良史之才”⑬。然自北周柳虯、唐劉知幾、劉元濟皆言陳壽求米鬻筆之事，〔晉書〕本傳亦曰：“或云丁儀、丁廙有盛名於魏，壽謂其子曰，可覓千斛米見與，當爲尊公作佳傳。丁不與之，竟不爲立傳！”⑭果如所言，何云“良史”？淸人已爲辨誣，若王鳴盛曰：“索米之說，特史家好采稗野，隨手掇拾，聊助談資耳！”⑮或云之詞，自難取信，殆與班固受金之誣等爾。受誣之故，抑壽未隨時俗，屢遭貶議之故歟？

〔三國志〕雖繼〔史〕、〔漢〕而作，體裁有別；三國並書，壽實創之。三國既並書矣，正統之爭遂熾。承祚帝魏抑漢，所以續魏晉之緒。而習鑿齒以晉承漢統，蓋因魏德不足以

⑫　古區，〔十九世紀史學與史家〕（*History and Historians in the Nineteenth Century*），p. 11.

⑬　〔晉書〕，册 7，卷82，「陳壽傳」，頁2137。近人或以〔三國志〕原爲三書，宋之後始合一，非是。繆鉞已有辨正，見〔冰繭盦叢稿〕，頁72-73。

⑭　〔晉書〕，「陳壽傳」，頁2137。

⑮　王鳴盛，〔十七史商榷〕，上册，頁246。

制當年，孫劉鼎立，功不足以靖亂，"當年（旣）不制於魏，則魏未曾爲天下之主；王道不足於曹，則曹未始爲一日之王矣"⑯！若習說可通，則漢晉之間若亡若存也乎？若以蜀承漢，則蜀漢之功德又比魏若何？可以"爲天下之主"乎？然後世學者多右習而左陳，乃儒家倫理之裁判，道其"應然"(ought to be)，未必"實然"(the way it was)。儒者以蜀漢劉姓，故以正閏屬之，此"應然"也。實則"昭烈之於漢，雖云中山靖王之後，而族屬疏遠，不能紀其世數名位"⑰，故溫公不敢使蜀漢"紹漢氏之遺統"，而以"漢傳於魏而晉受之"⑱，與承祚相呼應，此史家"實然"之見也。淸代學者輒以陳壽仕於晉，不得不以晉之承魏爲正統⑲，是謂壽應然而未然乃逼於時勢之故，則又未審作史者實然之卓見也。承祚旣帝魏矣，復以三雄並列分署，益見其重實然之旨。錢大昕謂承祚"引魏以匹二國，其秉筆之公，視南董何多讓焉"⑳！此史家之慧識也。而王士禎以"稱名三國，名義乖舛"，"近世歙人謝陛少連〔季漢書〕出，不惟名正言順，抑且文詞斐然"㉑，則爲俗儒之見矣。司馬光作〔通鑑〕，"止欲敍國家之興衰，著生民之休戚，使觀者自擇其善惡得失，以爲勸戒，非若〔春秋〕立褒貶之法，撥亂世反諸正也。正閏之際，非所敢知，但據其功業之

⑯ 習鑿齒，「晉承漢統論」，收入饒宗頤，〔中國史學上之正統論〕，頁61。
⑰ 司馬光，〔資治通鑑〕，卷69，「魏紀一」，頁2188。
⑱ 同上，另參閱頁2186-87。
⑲ 如趙翼，〔廿二史劄記〕，頁118-19。
⑳ 錢大昕，〔潛研堂文集〕，卷24，頁355-56。
㉑ 王士禎，〔池北偶談〕，下册，頁388。

實而言之”㉒，誠可爲陳壽帝魏作證！彥和不以此而貶壽，良有以也。

正統之論旣不足爲壽病，論者復以〔三國志〕書法，於魏晉革易之處，多所迴護。蔚宗〔後漢〕書法，以曹操自領、自立、自進，而壽修〔魏紀〕則書天子以公領牧，以公爲丞相，以公爲魏王，以迴護曹氏之攘奪㉓。類此隱諱，殆亦一時風尚；彥和即謂“尊賢隱諱固尼父之聖旨”，何況“避諱至晉，漸臻嚴密”㉔。然究有違歷史求實之旨，不免曲筆之譏，以攘奪爲酬庸，殊非“無意之偏見”(unconcious bias)，實屬“故意之竄改”(deliberate distortion)。壽書原非官修，壽卒後，晉惠帝始詔下河南尹、洛陽令就壽家寫其書，而猶自曲意爲之迴護，豈南董之儔哉?!

然謂“壽父爲馬謖參軍，謖爲諸葛亮所誅，壽父亦坐被髡，諸葛瞻又輕壽，壽爲亮立傳，謂亮將略非長，無應敵之才，言瞻惟工書，名過其實，議者以此少之”㉕，以爲曲筆之證，邵公濟「謁武侯廟文」猶云：“史臣壽，姦言非公。”㉖則加誣於承祚矣。淸代史學三家錢竹汀、王西莊、趙甌北，皆爲之辨誣。或謂壽於武侯“傳末載其文錄篇第幷書所進表於後，其稱

㉒ 司馬光，〔資治通鑑〕，卷69，「魏記一」，頁2187。陳師道亦云：“漢中邦之舊也，劉、葛之所造也，而地則四隅也，德遠而功邇，君子不得而私焉。”見陳師道，〔後山居士文集〕，下册，卷7，「正統論」，頁4。

㉓ 詳見趙翼，〔廿二史劄記〕，卷6，頁116-23。

㉔ 陳垣，〔史諱擧例〕，頁135。

㉕ 〔晉書〕，册7，「陳壽傳」，頁2138。

㉖ 見王應麟，〔困學紀聞〕，卷13，頁5。

頌蓋不能遺力矣”！或謂咎亮之說，“眞無識之論”，或謂壽盛稱亮刑罰之當，“必不以父坐罪爲嫌”㉗！予讀亮傳亦有同感：旣謂亮“有逸羣之才”，復謂“管、蕭之亞匹”；旣謂亮報殊遇之忠誠，復謂“悉仰於官，不別治生”。至於定三分之計於新野，激孫權抗曹於柴桑，實深譽其智之無雙。復論評“諸葛亮之爲相國也，撫百姓，示儀軌，約官職，從權制，開誠心，布公道”㉘，推崇可謂至矣。街亭之敗，壽書：“謖違亮節度，舉動失宜，大爲郃所破；亮拔西縣千餘家，還於漢中，戮謖以謝衆”㉙，未嘗以爲不當，豈以此故而謂亮將略非長乎？將略非長，王西莊有云：“亮六出祁山，終無一勝，則可見爲節制之師于進取稍鈍，自是實錄。”㉚竊思壽謂亮將略非長，實指其攻略之少功，實與其謹愼之性格有關，故壽猶許其“治戎爲長”㉛。亮不用魏延之計，卽謹愼之故也，而王應麟曰不用魏計，非短於將略，乃本“小人勿用”之義㉜，殊不知將略之短長，固未嘗決之於人品之高下也。亮未嘗不悉己短，故與步隲書曰：“僕前軍在五丈原，原在武功西十里，馬冢在武功東十餘里，有高勢，攻之不便，是以留耳！”㉝亮雖六出無功，

㉗ 錢大昕，〔潛研堂文集〕，卷 28，頁 425。趙翼，〔廿二史劄記〕，頁 130-13，「陳壽論諸葛亮」條。王鳴盛，〔十七史商榷〕，上册，頁245-46。
㉘ 見陳壽，〔三國志〕，册 4，「蜀書・諸葛亮傳」，頁934。
㉙ 同上，頁922。
㉚ 王鳴盛，〔十七史商榷〕，卷39，上册，頁246。
㉛ 同注㉘，頁930。
㉜ 同注㉖，頁6。
㉝ 見〔諸葛亮集〕，頁24。

壽仍未嘗盡歸罪於亮之將略，蓋"所與對敵，或值人傑，加衆寡不侔，攻守異體，故雖連年動衆，未能有克"㉞。壽撰亮傳，力讚亮德智兼備，至於"無所革諱"㉟，但謂"理民之幹，優於將略"，便指壽挾怨謗亮，其誣壽亦厚矣！

陳壽〔三國〕素以簡要名世，號稱良史。王鳴盛有四史之議，曰："宋以來，學者恒言，乃皆曰五經三史，則專指馬、班、范矣。愚竊以爲，宜更益以陳壽，稱四史以配五經，良可無愧！"㊱蓋亦如彥和所許荀勖、張華之譽非妄。竊謂馬遷行文，辨麗奇偉，固非陳壽可逮，或亦非壽所欲踵事，蓋"辨麗奇偉必出於小道異端"㊲，非壽優爲；班、范宗經矩聖，亦非壽可及，或亦非壽所欲遵行歟？壽史既無志表，故端緒豐贍，亦非三史之儔。惟壽史精嚴，取擇較愼，頗能去僞存眞。壽於魏晉，格於時勢，頗多迴護，有礙眞相，誠不足取。然於諛詞避咎之際，猶具晦婉存眞之匠心。如記魏武身世謂："漢相國參之後。桓帝世，曹騰爲中常侍大長秋，封費亭侯，養子嵩嗣，官至太尉，莫能審其生出本末，嵩生太祖。"㊳生出本末莫審，乃魏武身世之眞相，相國之後，其事渺遠，特飾之耳，識者自識，故西莊謂似相矛盾之解，"正陳壽立文之妙"㊴。西莊復謂壽"寓其意於諸賢出處之間，示進退於列傳先後之際，

㉞ 同注㉘，頁930。

㉟ 同上，頁931。

㊱ 王鳴盛，〔十七史商榷〕，卷42，上册，頁268。

㊲ 葉水心語，見〔葉適集〕，册3，頁721。

㊳ 〔三國志〕，卷1，「武帝紀」，頁1。

㊴ 同注㊱，頁247。參閱晁公武，〔郡齋讀書志〕，卷5，頁4-5。

其用心良苦矣”㊵。又如評先主劉備“機權幹略，不逮魏武，是亦基宇亦狹”，然猶不失“弘毅寬厚，知人待士”，“有高祖之風，英雄之器”㊶。於抑揚之際，得窺“適中之論”(balanced view)，斯皆承祚於微婉之間，隱約而現之書法，西莊所謂“用心良苦”者也。

至於無所迴護之處，承祚頗能評擇史料，以“達其情”(to achieve exactness)，凡“乖詞奇說”(mythical and legendary lore)幾盡摒棄。若「諸葛亮傳」，不採七擒七縱孟獲之傳說，但言南疆悉平；不錄「後出師表」，疑爲僞作；據「前出師表」，以定先主三顧屬實。亮傳獎而不飾，敍事平實，而亮公忠體國、機智謹愼之性格，亦呼之欲出矣。壽傳人近眞，不入怪誕，復可見之於「關羽傳」，羽“割炙引酒，言笑自若”，道其英勇灑脫也；羽辱罵孫權之使，不許婚配，道其傲慢無禮也。通彼“人性”(human nature)，識其成敗，知羽“威震華夏”，誠然有自；授首臨沮，亦非無故㊷。作傳者輒以“傳主無瑕可擊，凡有瑕疵，莫不掩而飾之”(The biographer's heroes and heroines could do no wrong; any that they did were swept under the carpet)㊸。甚者，傳記幾成“掩飾之學”(The art of concealment)矣㊹。承祚可免此譏，蓋能求眞也。葉適(水心)謂“陳壽筆高處，逼司馬遷，方之班固”，

㊵ 同注㊱，頁254。
㊶ 同注㊳，卷32，册4，頁892。
㊷ 參閱〔三國志〕，「關羽傳」，卷36，册4，頁941。
㊸ 見吉丁士，〔傳記之性質〕，頁34。
㊹ 同上，頁35。

終嫌其"少文義緣飾"㊺。李慈銘則曰:"承祚固稱良史，然其意務簡潔，故裁制有餘，文采不足。當時人物，不減秦漢之際，乃子長作〔史記〕，聲色百倍，承祚此書，闇然無華!"㊻承祚"文少緣飾"，"文采不足"，正其務實之證歟? 若言"聲色"，則羅氏〔三國演義〕勝之何啻百倍? 陳壽裁制，未忘史也，斯乃其高簡有法之處，卽彥和"文質辨洽"之謂乎?

陳壽〔三國〕旣成百有餘年，裴松之作注，篇幅三倍於陳志，徵引繁富，可稱觀止。裴字世期，祖籍河東聞喜（今山西聞喜）。永嘉南渡，裴氏隨之。松之生於東晉簡文咸安二年（372)，卒於宋文元嘉廿八年（451)，享年八十。元嘉初，松之承詔作注，以"壽書銓敍可觀，事多審正，誠遊覽之苑囿，近世之嘉史。然失之於略，時有所脫漏"，遂"奉旨尋詳，務在周悉。上搜舊聞，傍摭遺逸"㊼。六年（429）注成上奏，文帝覽之曰:"裴世期爲不朽矣!"㊽裴注終與陳書同傳，相得益彰矣。

夫吾華史注，其來有自。劉氏〔史通〕曰:"〔詩〕〔書〕旣成，毛孔立傳"，"降及中古，始名傳曰注，蓋傳者轉也，轉授於無窮；注者流也，流通而靡絕。進此二名，其歸一揆"㊾。六朝傳注尤繁，包攬甚廣，不僅以訓詁爲主，松之承此餘緒，能集大成。訓音詁義雖仍爲松之所垂注，然其旨在救陳書之失，故

㊺ 葉適語，見馬端臨，〔文獻通考〕，下册，卷191，頁1623。
㊻ 李慈銘，〔越縵堂讀書記〕，上册，頁195。
㊼ 見裴松之，「上三國志注表」，載〔三國志〕，册 5，頁1471。
㊽ 見〔南史〕，卷33，「裴松之傳」，册 3，頁863。
㊾ 見〔史通通釋〕，卷 5，頁62。

力求補闕，凡“壽所不載，事宜存錄者，則罔不畢取以補其闕”，所謂“繢事以衆色成文，蜜蠭以兼采爲味”㊿，是故徵引必趨繁富。錢大昕“案松之所引書”，“凡百四十餘種，其與史家無涉者，不在數內”(51)。今人更謂：“裴注引用魏晉人著作，多至二百十種。”(52)裴注多明出處，故知其披覽之博。唯唐宋以來，學者頗病裴注冗蕪，葉水心竟謂：“注之所載，皆壽書之棄餘也。”(53)范曄與松之同時，所撰〔後漢〕，較壽書繁而不穢，取材豐如松之，蓋南渡之後，文獻漸出，故裴、范得見者，壽未必得見，棄餘云乎哉！況松之所引錄，歷代亡佚不輟，至甌北之世，“各書間有流傳，已不及十之一”(54)。幸裴注“網羅繁富，凡六朝舊籍今所不傳者，尚一一見其厓略，又多首尾完具”，不似“竄裁割裂之文，故考證之家，取材不竭，轉相引據者，反多於陳壽本書焉”(55)。〔江表〕、〔吳錄〕之類，亦賴裴注得存一二耳。設無裴注，雖知魏武屯田，安知魏武因屯田而“無運糧之勞，遂兼滅羣賊，克平天下乎”(56)？使

㊿ 同注㊼。

(51) 錢大昕，〔廿二史考異〕，卷15，上册，頁565，568。

(52) 見〔三國志〕，「出版說明」，册1，頁3。

(53) 見〔文獻通考〕，卷191，册2，頁1623。陳寅恪曰：“裴世期之注〔三國志〕，深受當時內典合本子注之薰習。此蓋吾國學術史之一大事，而後代評史者局於所見，不知古今學術系統之有別流，著述體裁之有變例，以喜聚異同，坐長煩蕪爲言，其實非也。”見〔金明館叢稿二編〕，頁234。陳氏之說可祛葉氏之譏。

(54) 趙翼，〔廿二史劄記〕，頁132–33。

(55) 見〔四庫全書總目提要〕，册2，頁17。另見〔三國志〕，册5，頁1474。

(56) 見裴注引王沈，〔魏書〕，載〔三國志〕，卷1，册1，頁14。

無裴注，虞溥之〔江表傳〕既亡，則赤壁戰前曹公欲與孫將軍"會獵於吳"之書(57)，必不存於天壤，又安得遙想曹公"旄麾南指"之雄風？東吳議者"望風畏懼"之緣由乎？類此可稱"傳所有之事，詳其委曲"(58)者也。尚有"傳所無之事，補其闕佚"(59)者，如孔桂、賈洪、馬鈞、王嗣諸人姓名，不見於承祚書，裴注附錄，以博異聞，始存於世。至於注錄詔令典章、名人歌詩，皆原手之資料，尤足珍貴。質言之，裴注或非盡當，雜蕪之弊或亦難免，然其補闕存異之功，固難磨滅。章實齋曰史者記事者也，記事賴載籍以存，籍之不存，事將安寄？裴注幸留指爪，故猶悉鴻飛冥冥也。

裴注豈僅補闕存異而已！尚欲矯正紕繆，"以懲妄"也；衡時事當否，"有所論辯"(60)。如考定官渡曹兵不足萬之妄，三國人口不及文景一大郡之過實，魏明帝年歲之誤。赤壁拒曹之議，實始魯肅；劉表未與臧洪盟誓；蔡邕必不黨董卓。所謂"參諸書之說，以核譌異"(61)者也。至於引人之說，時作案語，或作"松之以爲"，發爲評論。所謂"引諸家之論，以辨是非"(62)者也。頗能"校讐攻辨"，"洞析幽渺，摧陷廓清"(63)。若疑礙難決，則曰未詳孰是以存疑，以待來者，可稱實事求

(57) 書見〔三國志〕，卷47，册5，頁1118。
(58) 語見〔四庫全書總目提要〕，册2，頁16。
(59) 同上。
(60) 見裴松之，「上三國志注表」，頁1471。
(61) 同注(58)。
(62) 同上。
(63) 實齋語，見章學誠，「唐書糾繆書後」，〔文史通義〕，頁247。

是矣。類此皆頗具"批判之手法，以理董史料"(a critical handling of historical documents)㊹。泰西"中世"(Medieval Age)以後，既脫神權桎梏，"人文"(Humanism)代興，古學復蘇，而後能比勘羣籍，生"批判"之風㊺。松之生當泰西中世之初，已能詳勘古籍，而當時私碑之風甚熾，有乖事實，松之疾之㊻，益增其"批判"之心歟？今人猶謂"史證之批判約得二事焉：一曰樹其眞實，二曰衡其主次"(Criticizing evidence means two things: establishing its genuineness, and assessing its proper significance)㊼。松之所謂"懲妄"、"論辯"，雖語殊而義壹。

裴注復於三國史事，偶有評論。所謂借古人之肝腸，澆心中之塊壘也。如謂董卓之暴，松之曰："桀紂無道，秦莽縱虐，皆多歷年所，然後衆惡乃著。董卓自竊權柄，至于隕斃，計其日月，未盈三周，而禍崇山岳，毒流四海，其殘賊之性，實豺狼不若！"㊽董卓既誅，賈詡說李傕、郭汜攻長安，松之甚疾詡以片言而致"黎民嬰周餘之酷"，"詡之罪也，一何大哉！自古兆亂，未有如此之甚"㊾！建安五年(200)，曹操擒關羽，知無久留之意，遂令之去，松之曰："知羽不留而心嘉其志，去不遣追以成其義，自非有王霸之度，孰能至於此乎？斯實曹

㊹ 巴耐士語，見氏著〔史學史〕，頁99。
㊺ 參閱同書，頁99-102。
㊻ 見〔宋書〕，卷64，「裴松之傳」，册6，頁1699。
㊼ 艾爾頓(G.R. Elton)，〔歷史之實踐〕(*The Practice of History*)，p. 74。
㊽ 見〔三國志〕，卷6，册1，頁217裴注。
㊾ 見同書，卷10，册2，頁328，裴注。

公之休美！”⑳ 建安十八年（208）曹公麾旌南指，張昭勸孫權迎降，後權即尊位因之慚昭，而松之辯曰：“若使昭議獲從，六合爲一，豈有兵連禍結，遂爲戰國之弊哉！”㉑ 餘如于禁殺昌豨，松之斥曰：“不爲舊交希冀萬一，而肆其好殺之心，以戾衆人之議！”㉒ 孫權誤中公孫淵之計，松之以爲權“愎諫違衆”，“是何不愛其民，昏虐之甚乎”㉓？高貴鄉公曹髦，於甘露三年（258）詔降將孫壹爲車騎將軍，開府辟召，依八命之禮，松之黜之爲“畏逼歸命，事無可嘉”，或可“量才受賞”，以醻來情，“至乃光錫八命”，“不亦過乎”！“於招攜致遠，又無取焉”㉔。類此皆屬借題發揮，作“道德之裁判”(moral judgment)，以達作者之心聲。吾人細嚼松之議論，亦可略見其宗旨信仰，與夫其所處時代之觀點矣。然其所論，與近人所謂“史解”(historical interpretation) 有異。史解者，就史論史，探究史事之因果及其流變者也。三國大事如官渡、赤壁之戰，皆有關大局，松之未嘗議論其前因後果，蓋其所欲議者在彼，不在此也。宋明學者，尤好史論，大抵亦藉史論議，發揮己見，而非就史論史，觀時變化，亦裴氏之餘緒爾。

是故裴氏之注，非尋常之訓詁、注疏可比。李慈銘曰：“裴松之注，博採異聞，而多所折衷，在諸史注中爲最善，注家亦絕少此體。”㉕ 是固然矣，而更可言者，裴氏能評隲史料，

⑳ 見同書，卷36，册4，頁940，裴注。
㉑ 見同書，卷52，册5，頁1222。
㉒ 見同書，卷17，册2，頁524，裴注。
㉓ 見同書，卷47，册5，頁1139，裴注。
㉔ 見同書，卷4，册1，頁140，裴注。
㉕ 見李慈銘，〔越縵堂讀書記〕，上册，頁195。

定其眞僞，辯論是非，實揚考據、評史之波瀾。豈如劉知幾所云，"好事之子，思廣異聞，而才短力微，不能自達，庶憑驥尾，千里絕羣"⑯。蓋松之雖附冀於〔三國〕，於陳書精當之處亦時加表揚；於陳氏之述事、纂編、議論亦有所批評⑰，則裴注復包函書評之旨矣。豈實齋所謂裴氏"依光於陳壽"⑱耶？予謂松之雖未撰〔三國〕，其功力不下於陳壽。附驥掠美云云，豈其然哉？豈其然哉!

⑯ 〔史通通釋〕，卷5，「補注」，頁62。
⑰ 如裴氏以爲陳氏評論東吳孫氏未達，見〔三國志〕，册5，頁1113，1147。
⑱ 見章學誠，〔文史通義〕，「言公中」，頁109。

晉代之書第十二

至於晉代之書，繁乎著作。陸機肇始而未備，王韶續末而不終，干寶述紀，以審正得序，孫盛〈陽秋〉，以約舉爲能。按〈春秋〉經傳，舉例發凡。自〈史〉、〈漢〉以下莫有準的。至鄧璨〈晉紀〉，始立條例。又擺落漢、魏，憲章殷、周。雖湘川曲學，亦有心典謨。及安國立例，乃鄧氏之規焉。

至於晉代之書繁乎著作陸機肇始而
未備王韶續末而不終干寶述紀以審正得
序孫盛陽秋以約舉為能按春秋經傳舉例
發凡自史漢以下莫有準的至鄧璨晉紀始
立條例又擺落漢魏憲章殷周雖湘川曲學
亦有心典謨及安國立例乃鄧氏之規焉原

劉氏〔史通〕曰：“皇家貞觀中，有詔以前後晉史，十有八家，制作雖多，未能盡善，乃勅史官更加纂錄。”① 制作既多，即“繁乎著作”之謂乎？惟金毓黻案曰：“明刊本繁字作繫。校勘諸家，多以繁爲誤字。”② 今見元至正本，亦作繫③。蓋謂晉代之書，繫乎著作者，固與下文相連。又魏晉之際，始置著作，自此太史兼掌論著與天官之職，始分而爲二。彥和所論兩晉作者，一曰陸機、二曰王韶、三曰干寶、四曰孫盛、五曰鄧粲。斯乃一代製作之“取樣”(sampling)，非必謂僅此五家可議也。今五家之書俱佚，亦可知歷代書刼之浩矣！

陸機字士衡，三國時吳郡人，"年二十而吳滅"④，又十年偕弟雲入洛，"以文字爲秘書監虞濬所請爲著作郎"⑤，撰〔晉紀〕四卷⑥。劉知幾謂機"始撰三祖記"⑦，李詳註曰：

---

① 〔史通通釋〕，卷12，「古今正史」，頁 167。今人考得晉書約26種，見劉節，〔中國史學史稿〕，頁85-86。
② 金毓黻，「文心雕龍史傳篇疏證」，頁 248。
③ 上海古籍出版社，1984年影印元至正15年(1355)本，見卷 4，頁2。
④ 〔晉書〕，卷54，本傳，册 5，頁1467。
⑤ 王隱，〔晉書〕，輯自〔北堂書鈔〕，卷57，轉引自〔陸機集〕，頁181。
⑥ 〔隋書〕，卷33，「經籍志」，册 4，頁958。
⑦ 〔史通通釋〕，卷12，「古今正史」，頁167。

"陸機止記宣、景、文三帝。"⑧是知三祖乃晉前三帝。今所見陸氏〔晉紀〕，唯王濬夢四刀一條⑨。另有〔晉書〕限斷議一則曰："三祖實終爲臣，故書爲臣之事，不可不如傳，此實錄之謂也。而名同帝王，故自帝王之籍，不可以不稱紀，則追王之義。"⑩餘如湖上之風，旣逝也，遂渺不可尋矣。士衡文藻華美，一代詞宗。嵇君道曰："每讀二陸之文，未嘗不廢書而歎，恐其卷盡。"⑪若陸紀尙存，豈非讀者之樂事乎？今唯自機遺文想見其著史之意云爾。觀乎其弔魏武帝文，"覽遺籍以慷慨，獻兹文而悽傷"⑫，頗能興哀移情，抒思古之幽懷。故知陸機有吉朋神遊廢壘，難以自禁其述古之濃情矣⑬！觀乎其撰周處碑傳，不錄處刺虎殺蛟除三害事，但謂："君乃早孤，不弘禮制，年未弱冠，膂力絕於天下，妙氣挺於人間，騎獵無疇，時英式慕，縱情寡偶，俗弊不忻，鄉曲誣其害名，改節播其聲譽。"⑭詞合而理致。故知機能辨僞存眞。入水擊蛟，沉浮十里，三日後生還⑮，雖"有人信以爲眞"（What men

---

⑧ 見李詳補註，載楊明照，〔文心雕龍校註〕，頁114。

⑨ 見〔北堂書鈔〕，卷123；〔藝文類聚〕，卷60，79；〔太平御覽〕，卷345，398；〔陸機集〕，頁182。

⑩ 〔初學記〕，卷21，轉引自〔陸機集〕，頁181。

⑪ 見〔北堂書鈔〕，卷100，轉引自〔陸機集〕，頁190。

⑫ 陸機「弔魏武帝文並序」，〔陸機集〕，頁118，115-118。

⑬ 參閱〔吉朋回憶錄〕（*Edward Gibbon: Memoirs of My Life*），p. 136，注有云："時在羅馬，當一七六四年之十月十五，正徘徊於故都之廢墟，忽聞教堂唱詩，寫此都衰亡之念，遂油然生於吾心。"

⑭ 見陸機，「晉平西將軍孝侯周處碑」，〔陸機集〕，頁142。

⑮ 事見劉義慶，〔世說新語〕。見余嘉錫箋疏本，頁627。

believed to be true)，並非"眞眞"(What was true)⑯，士衡辨之稔矣。觀乎其論故國之興亡，含情而不失諸理，興哀而不訴諸命，以爲吳之興也，蓋因"江東多士"，"謀無遺謂，舉不失策。故遂割據山川，跨制荆吳，而與天下爭衡矣"⑰。及其亡也，"四州之萌非無衆也，大江之南非乏俊也，山川之險易守也，勁利之器易用也，先政之策易循也，功不興而禍遘者，何哉？所以用之者失也"⑱。故知陸氏頗諳史事乃人事之理。其敍東吳之英傑，大似義人卜魯尼（Leonardo Bruni, 1369-1444）之述"翡冷翠"（Florentine）偉人，言行並舉，而俱"歸政事之臧否於人和"(attribute political events to personal causes)⑲。士衡固有良史之才，窺深索廣，惜其盛年枉死，所著〔晉紀〕，"肇始而未備"。卽其"肇始"之殘篇，已成絕響，吾輩亦有"不聞華亭鶴唳"之憾也歟?!

王韶之字休泰，劉宋時琅邪臨沂人。父偉之，喜書寫"當世詔命表奏，太元、隆安時事，小大悉撰錄之"。韶之少"好史籍，博涉多聞"，因父所錄，"私撰〔晉安帝陽秋〕"。"旣成，時人謂宜居史職，卽除著作佐郎，使續後事，訖義熙九年"⑳。東晉安帝起隆安元年（397），訖義熙十四年（418），去西晉

⑯ 參閱鄧寧（William Dunning），〔史中之眞〕（*Truth in History*），p. 6.

⑰ 陸機，「辨亡論上」，〔陸機集〕，頁 126-27。

⑱ 陸機，「辨亡論下」，同書，頁132。

⑲ 見巴耐土，〔史學史〕，頁102，卜魯尼撰有〔翡冷翠十二書〕（*The Twelve Books of Florentine History*）。

⑳ 見〔宋書〕，卷60，本傳，册6，頁1625。

三祖已百有餘年，難稱陸紀之續。韶之雖續後事，僅訖義熙九年，少五年，謂之“不終”宜也。〔隋書〕「經籍志」曰：“〔晉紀〕十卷，宋吳興太守王韶之撰。”㉑韶之〔晉紀〕爲晉一代之書歟？抑卽〔安帝陽秋〕歟？今不得而知矣。劉孝標注〔世說新語〕，頗引〔晉安帝紀〕，卽韶之佚書，余嘉錫已疏證之矣㉒。韶之述桓溫廢帝爲海西公事曰：“桓溫於枋頭奔敗，知民望之去也，乃屠袁眞於壽陽。旣而謂郗超曰：足以雪枋頭之恥乎？超曰：未厭有識之情也。公六十之年，敗於大舉，不建高世之勳，未足以鎭民望。因說溫以廢立事。時溫夙有此謀，深納超言，遂廢海西。”㉓於廢立事由，前因後果，交代甚明，可謂“善敍事”㉔矣。〔晉陽秋〕僅書：“泰和六年閏十月，熒惑守太微端門。十一月，大司馬桓溫廢帝爲海西公。”㉕事旣未明，且似以天象爲廢立之因，意法〔春秋〕，其謬實甚。比而觀之，益信韶之辭論之勝也。

干寶字令升，孫盛字安國，俱爲晉南渡時人，皆自少博覽，各爲著作郎。寶撰〔晉紀〕，述西晉一代八十三年間事，計二十卷。盛撰〔晉陽秋〕，迄東晉哀帝，約百餘年事，計三十二卷㉖。劉知幾謂干氏之紀、孫氏陽秋，“雖名各異，大抵皆依

㉑〔隋書〕，卷33，「經籍志」，册4，頁958。
㉒見余嘉錫，〔世說新語箋疏〕，頁 119-20。
㉓〔世說新語〕，「言語第二」引文，見同書，頁118。
㉔〔宋書〕，卷60，本傳，册6，頁1625。
㉕同註㉓。
㉖參閱〔晉書〕，本傳，册7，頁2148，2149，周濟，〔晉略〕，「彙傳六」，頁7-9，9-11。

〔左傳〕以爲的準焉”㉗。干氏述事尤準丘明，以爲“良模”，如“敍愍帝歿於平陽，而云晉人見者多哭，賊懼帝崩”㉘之類；「晉紀總論」評議，亦多借擬〔左氏〕㉙。知幾又謂干、孫模擬〔春秋〕：“干寶撰〔晉紀〕，至天子之葬，必云葬我某皇帝”；“孫盛魏晉二陽秋，每書年首，必云某年春帝正月”㉚。是倣〔春秋〕筆法，如今殘存〔晉紀〕有謂王經助魏爲“不忠於我”㉛，〔晉陽秋〕謂“諸葛亮寇于郿”㉜，謂庾亮敗于蘇峻爲“王師敗績”㉝。彥和有云：“孫盛、干寶，文勝爲史，準的所擬，志乎典訓；戶牖雖異，而筆彩略同。”㉞明乎“所擬”與“典訓”之所指矣。惟有晉之世，書法誠可擬之，而正統固難定也。“當漢氏云亡，天下鼎峙，論王道則曹逆而劉順，語國祚則魏促而吳長”㉟。干寶議晉書限斷，“用荀勖議，起魏正始”㊱，則以“逆曹”爲正統，所以由晉繼魏，然晉之一統，畢竟“始當非常之禮，終受備物之錫”㊲。卽王應麟所

㉗ 〔史通通釋〕，卷 1，「六家」，頁 6；卷 2，「載言」，頁 16。
㉘ 同上，卷 8，「模擬」，頁106，另閱「煩省」，頁126。
㉙ 見干令升，「晉紀總論一首」，〔文選李善註〕，頁700-07，例如干氏頗“套用”（paraphrase）〔左傳〕語句與論議。
㉚ 〔史通通釋〕，卷 8，「模擬」，頁105。
㉛ 見〔世說新語〕註引。余嘉錫，〔世說新語箋疏〕，「賢媛」，頁678。
㉜ 同書，「方正」，頁284引。
㉝ 同書，「雅量」，頁365引。
㉞ 劉勰，「才略」篇，見楊明照，〔文心雕龍校註〕，頁300。
㉟ 語見劉氏〔史通〕，見〔史通通釋〕，卷 4，「稱謂」，頁51。
㊱ 周濟，〔晉略〕，「彙傳六」，頁7。
㊲ 干令升，「晉紀總論一首」，頁701。

謂："干寶論晉之創業立本，固異於先代，後之作史者，不能爲此言也，可謂直也。"㊳直則直矣，奈天時正朔之說難言之爾。劉知幾亦謂孫盛"輒欲與五經方駕，三志競爽。斯亦難矣"㊴。然則盛擬〔春秋〕、寶擬〔左傳〕，卒難免"貌同心異"之譏歟？唐代史臣謂"令升、安國有良史之才，而所著之書惜非正典"㊵，亦此之謂乎？唯令升總論能道民情風教與夫國家安危之本，安國別本〔陽秋〕足見〔春秋〕直筆之不墜，亦晉代之書可傳世之美談歟？

鄧粲字不詳，長沙人，著元明紀十篇㊶。〔隋書〕「經籍志」謂："〔晉紀〕十一卷，訖明帝，晉荊州別駕鄧粲撰。"㊷鄧氏〔晉紀〕殆即東晉元明二帝之紀歟？彥和謂粲之〔晉紀〕，乃〔史〕、〔漢〕而後，始立經傳條例。按經傳凡例，杜預已有所釋㊸。劉氏〔史通〕曰："夫史之有例，猶國之有法，國無法則上下靡定，史無例則是非莫準。昔夫子修經，始發凡例；左氏立傳，顯其區域，科條一辨，彪炳可觀。"㊹是即金毓黻所謂經傳凡例，乃"爲吾國所創之史例"㊺也。而〔史〕、〔漢〕以後諸作，皆無凡例；晉人撰史，始又起例。唯"鄧氏始立"一語，則不無可疑。劉知幾謂"令升先覺，遠述丘明，重

㊳ 王應麟，〔困學紀聞〕，卷13，頁14。
㊴ 見〔史通通釋〕，卷5，「採撰」，頁56。
㊵ 見〔晉書〕，卷82，册7，頁2159。
㊶ 同上書，卷82，本傳，册7，頁2151。
㊷ 〔隋書〕，卷33，册4，頁958。
㊸ 關於經傳凡例，可參閱范文瀾，〔羣經概論〕，頁 324-32。
㊹ 〔史通通釋〕，卷4，「序例」，頁42。
㊺ 金毓黻，「文心雕龍史傳篇疏證」，頁249。

立凡例，勒成〔晉紀〕。鄧孫以下，遂躡其蹤，史例中興，於斯爲盛”㊻！知幾繼謂以例定臧否，徵善惡者，“干寶、范曄，理切而多功；鄧粲、道鸞，詞煩而寡要”㊼。然則“擺落漢魏，憲章殷周”者，干寶也。湘川鄧氏、太原孫氏，雖各“有心典謨”，乃循干氏之規也。

晉代史氏風尚凡例，殆亦其所處時代之反響歟？蓋魏晉以來，外夷猾夏，王道式微，同於春秋季世。有心之士，能無整肅綱紀，倡導六義，以救時艱之思乎？然魏晉相篡，君臣名分所繫，王霸之辨，何其難也。杜預序〔左傳〕，明周孔之志，有“〔左傳〕癖”㊽。然締婚於晉室，遂拜尚書郎，事父讎新主矣。陳壽雖尊蜀而帝魏，殆因身爲晉臣，亦審時勢之難也歟？習鑿齒以蜀爲正統，殆因東晉之偏安有如蜀漢乎？或謂習著〔漢晉春秋〕以裁正桓溫覬覦非望㊾，然既以晉繼漢而黜魏矣，“使溫黜晉而代之曰：亡漢者晉，我復其讎，習氏又何以說焉”㊿？況習於襄陽陷後，悅見苻堅，“跡淪寇壤，逡巡於僞國”㊿，益知晉人欲秉〔春秋〕書法之難，豈僅令升、安國輩難擬之耶？

〔春秋〕之筆難秉，蓋因漢魏亂後，思想丕變。周孔禮教，名存而實亡，〔周易〕、〔莊〕、〔老〕應時而代興，即

㊻　同註㊹。
㊼　同上。
㊽　見〔晉書〕，卷34，本傳，册 4，頁1032。
㊾　見同書，卷82，本傳，册 7，頁2154。
㊿　周濟語，見氏著〔晉略〕，「彙傳六」，頁11。
51　〔晉書〕，卷82，史臣曰，册 7，頁2159。

彥和所謂："魏之初霸，術兼名法。傅嘏、王粲，校練名理，迄至正始，務欲守文，何晏之徒，始盛元論。於是聃周當路，與尼父爭塗矣。"㊾所爭者何？亦云名教與自然之爭，終致名教託自然而苟全。所謂名教自然合一之說，實與現實出處有關。陳寅恪曰："出仕司馬氏，所以成其名教之分義，即當日何曾之流所謂名教也。自然既有變易，則人亦宜仿傚其變易，改節易操，出仕父讎矣。"㊿史家鄧粲初不應州郡辟命，終亦失節爲桓冲別駕，且自解之曰："夫隱之爲道，朝亦可隱，市亦可隱，隱初在我，不在於物！"㊹斯即名教與自然不異之妙諦，湘川鄧氏安生立命之秘訣歟？彥和所謂"湘川曲學"，殆此之謂乎？

自然與名教之辨興，而後有魏晉玄學之彌漫，翕然蔚成時代思潮；流風所趨，被及史氏，亦勢所必然者也。世期註表，欲"智周則萬里自賓，鑒遠則物無遺照"㊺，實演〔易〕辭"智周乎萬物，而道濟天下"之義；伯彥作紀，以爲"名教之本，帝王高義"，前史"韞而未敍"㊻，未敍者，自然之體也；士衡演連珠，謂"是以至道之行，萬類取足於世；大化既洽，百姓無匱於心"㊼，何異道家之玄言？束晳釋玄居，曰："物從性之

㊾ 見劉勰，〔文心雕龍〕，卷4，「論說」，頁10。

㊿ 陳寅恪，「陶淵明之思想與清談之關係」，〔金明館叢稿初編〕，頁193。

㊹ 見〔晉書〕，本傳，冊7，頁2151。

㊺ 見裴松之，「上三國志註表」。收入〔三國志〕，冊5，頁1471。

㊻ 見袁宏，〔後漢紀〕，序文。

㊼ 〔陸機集〕，頁92。

所安，士樂志之所執，或背豐榮以巖栖，或排蘭闥而求入，在野者龍逸，在朝者鳳集。”㊽實亦名教自然合一之說：虞預奏議，以“昔殷宗修德以消桑穀之異，宋景善言以退熒惑之變”㊾，說異於陰陽五行，而近乎玄遠之道。類此可見兩晉玄風既扇，莫之能禦矣。令升曰：“學者以〔莊〕、〔老〕爲宗，而黜六經；談者以虛薄爲辯，而賤名儉。”㊿是固然矣。然干氏好搜神，豈無莊老之影響乎？而玄風所及，史氏遣辭華麗，俳偶相配，寄意玄珠；史賴文存，未必“史道陵夷”(61)也夫?!

㊽ 見〔晉書〕，卷51，本傳，册5，頁1429。
㊾ 見〔晉書〕，卷82，本傳，册7，頁2147。
㊿ 干寶，「晉紀總論一首」，〔文選李善註〕，頁705。
(61) 劉知幾語，見〔史通通釋〕，「敍事」，卷6，頁83。

百氏千載第十三

原夫載籍之作也，必貫乎百氏，被之千載。

亦有心典謨及安國立例乃鄧氏之規焉原
失載籍之作也必貫乎百姓被之千載表徵

載籍者，紀事者也；事由人爲，所謂史因人傳者也。馬班而後，紀傳一體，遂不可易，即章實齋所謂"遷史以下，皆自以紀傳爲經緯矣"①。惟實齋仍以史遷本紀隱法〔春秋〕。按經傳之例，不以"紀傳不過分別君臣尊卑"爲然，未免失之於泥②。吾人視紀傳，直可等同實齋所謂之傳記。大略而言，"錄人物者區爲之傳，敍事蹟者區爲之記"，然"敍人何嘗不稱記"，"述事何嘗不稱傳"③，蓋人事之難以遽分也，是則傳記者，謂之"敍人述事"可也。泰西傳統，豈能異是？麥考雷之撰〔英國史〕也，不以述攻戰禦守、政權興亡、宮廷秘辛、議院雄辯爲稱職，曰："吾之著史也，勤於敍人，一如述政。"(It will be my endeavour to relate the history of the people as well as the history of the government.) ④善哉斯言！

敍人，宜也。唯歷代所敍之人，類多巨族名士，所謂百氏者，偉人之合稱也。卡萊爾不云乎，"通史之根本乃偉人之史爾"(Universal history...is at bottom the history of the

① 章學誠，〔文史通義〕，「史篇別錄例議」，頁235。
② 見「史學議例上」，同上書，頁231-32。
③ 見「傳記」，同上書，頁152。
④ 麥考雷，〔英國史〕，Vol. 1, pp. 14-15.

Great Men)⑤！梁任公亦謂："歷史者，英雄之舞臺也；舍英雄，幾無歷史。"然任公既得新學啓迪，故知"夫所貴乎史者，貴其能敍一羣人相交涉、相競爭、相團結之道"⑥。一羣人非必偉人，則百氏謂之衆人可也，是猶法國史家布洛克（Marc Bloch）所嘗言者：先賢米西雷（Michelet）、傅思忞（Fustel de Conlanges）輩曾謂"史所求者，其在人乎"（The object of history is, by nature, man），吾輩則謂"史所求者，其在衆人乎"（Let us say rather, men）⑦。當代名家史勒辛格（Arthur Schlesinger, Jr.）借"敍大小人物"（A composite of short biographies of many men, large and small）之便，以述羅斯福一代之史（The Age of Roosevelt），倪文氏（Allan Nevins）盛稱之，譽爲"精采奪目"（sparkling effect）⑧，即因史氏能因人見事故也。

然史氏之敍人也，猶未及匹夫匹婦。匹夫匹婦者，乃"尋常之百姓"（the popular masses），如秦漢之農夫，帝俄之"拿魯特"（Narod），雖爲其民之多數，其生活行事，鮮能入史，異代而後，邃渺不可尋。是以帝俄之史乘，唯見名臣事蹟與夫國家法制，而其衆民之行跡，一付闕如⑨，是所謂有"國

⑤ 卡萊爾，〔論英雄崇拜〕，頁5-6。

⑥ 梁啓超，「新史學」，見〔飲冰室文集〕，卷34，頁27。

⑦ 布洛克，〔史家匠心〕，頁25。布氏謂歷史者乃"研究人之學科"（Science of Men），見 pp. 26, 27.

⑧ 倪文氏（Allan Nevins），〔史學途徑〕（*The Gateway to History*），p. 351.

⑨ 參閱〔柯斯托馬諾夫自傳〕（*Nikolai I. Kostomarov, 1817-1885, Autobiografia N.T. Kostomarov*），p. 148.

史”，而無“民史”也。任公亦謂：“從來作史者，皆爲朝廷上之若君若臣而作，曾無有一書爲國民而作者也。”⑩蓋舊史氏以匹夫匹婦乏善可記，唯帝王將相事蹟可傳爾，而魏源卻嫌“宋史以來，人人立傳之弊”⑪也。今史氏則擬重建昔時之社會經濟，若昧於農夫之俯仰、商賈之盈虧，卽難窺眞相，重建無從，始恨匹夫匹婦之未留史證焉。拉都銳（Emmanuel Le Roy Ladurie）之撰芒特盧鄉志（Montaillou）也，十四世紀法南一鄉之實況，舉凡農夫、牧童之起居，教士之權威，淫男之荒亂，愛恨之交熾，蜚語之流長，家族之黨伐，暴力之犯禁，與夫鄉人於時空、生死、風俗之所見，莫不敍之栩栩如生，重現於世⑫。拉氏雖得助於富盛之地方檔案，終憾“鄉人直接證言之寂寥”(there is very little material available that can be considered the direct testimony of peasants themselves)⑬。語云：“闕文無史”(pas de documents, pas d'histoire)，故美商福特（Henry Ford），於密州（Michigan）創“綠林之村”(Greenfield Village) 備修鄉史（Grassroot history），俾使匹夫匹婦之事蹟，永存天壤⑭。今人之史觀，異於昔時，故於“百氏”之解，何止求其數之“衆”(numer-

---

⑩ 梁啓超，「新史學」，〔飲冰室文集〕，卷34，頁26。

⑪ 魏源，「書明史藁一」，〔魏源集〕，上册，頁221。

⑫ 詳閱拉都銳（Emmanuel Le Roy Ladurie），〔芒特盧〕（*Montaillou: The Promised Land of Error*, trans. by Barbara Bray）.

⑬ 同上書，導論，頁 vii。

⑭ 參閱柏雷根（Theodore C. Blegen），〔鄉土史〕（*Grass Root History*）。

ous)，更欲求其類之"廣"(diverse)也。龔自珍論修志，謂不宜法古從簡，實"宜繁不宜簡"；"作縣志必應更繁於"府志，"乃中律令"。蓋"不忍重翦除埋沒忠清、文學、幽貞、郁烈之士女"，"是故良史毋吝爲博，多以貽之，以饜足之"，舉凡"上國文籍，至於九州四荒，深海穹峪，僰臣蠻妾，皆代爲搜輯而後已"⑮！定盦襟抱，固不讓今史氏也。

百氏既求其數之衆，復求其類之廣，蓋非如此，不足以徵信。惟數衆類廣，紛雜難理。章實齋曰："紀傳之書，類例易求而大勢難貫。"⑯蓋因"人雜體猥，不可究詰，或一事而數見，或一人而兩傳，人至千名，卷盈數百，不有別錄以總其綱，則手目窮於卷帙之繁，而篇次亦混而難考矣"⑰。究其實，"人雜"何妨？"體猥"是弊，斯乃舊史紀傳之體不得不易弦改轍之故也。其要尤能"貫乎百氏"。貫乎云何？曰貫"己"(samobytnost; individuality)於"羣"(narodnost; nationality)，貫羣於事。"自我之形相"(man's conscious picture of himself)，未必眞相；其眞相或可於其所參與之羣體中見之⑱，若公府官吏之德行，多少取決於公府之結構及其良窳⑲。

⑮ 見龔自珍，「與徽州府志局纂修諸子書」，〔定盦文集〕，卷上，頁25。另見〔龔自珍全集〕，頁334-35。

⑯ 章學誠，「史篇別錄例議」，〔文史通義〕，頁234。

⑰ 同上書，頁236。

⑱ 參閱華眞 (Godwin Watson)，「史神與心結：史學與心解之若干解釋」，〔史學研究之文化途徑〕，頁35。

⑲ 參閱莫尼—克伊李 (R. E. Money-Kyrle)，〔心解與政治〕(*Psychoanalysis and Politics: A Contribution to the Psychology of Politics and Morals*)，p. 136.

是知不可離羣而言己，而人羣不可作於孤立之境，實互動於共住之社會之中。依卡爾之見，"人羣所發之社會動力（及其趨向），常與人羣所擬想者有異，甚或反其道而行焉"(the social forces which produce from the actions of individuals results often at variance with, and sometime opposite to, the results which they themselves intended)⑳。卡氏之人力不足挽天之說，學者雖駁議不輟，仍可與"貫乎百氏"別進一解歟?

百氏之"歷史舞臺"(historical stage)宜廣，以容乎衆氏；"被之千載"則言"歷史時間"(historical time)之綿長，以見"永恒之變遷"(perpetual change)也。布洛克曰："歷史時間者，乃逝而不復返之實體"也(historical time is a concret and living reality with an irreversible onward rush)㉑。既逝而不返矣，過眼之"實體"遂漸去漸遠，至於闇昧。夫一人之"時"(time)、"空"(space)，不逾百年寒暑，不出萬里行旅，殊爲有限。初民欲超時空之限，窺前世遺事，唯賴諸故老傳聞，人間流言；及有文字，乃依載籍，載籍之久被，亦"時限"(time barrier)之拓張也。吾華最具"歷史意識"(history consciousness)，端因時空觀念之早熟。〔淮南子〕曰："往古來今謂之宙，四方上下謂之宇。"㉒宙者，時也；宇者，空也。又曰："世界則事變，時易則俗易。"

---

⑳ 卡爾，〔何謂歷史〕，頁64。

㉑ 布洛克，〔史家匠心〕，頁27。

㉒ 〔淮南子集解〕，「齊俗訓」，頁178。

㉓是知宇宙大化流行，固非"永恒"(timeless)者也。既知宇宙恒變，故知古今相續，新舊相因。李延壽曰："明君盛典，舊非本舊，因新以成舊者也。"㉔高允曰："今之所以觀往，後之所以知今。"㉕杜牧曰："秦人不暇自愛，而後人哀之，後人哀之而不鑑之，亦使後人而復哀後人也。"㉖王充曰："夫知古不知今，謂之陸沉……知今不知古，謂之盲瞽。"㉗斯皆能鑒時光流遷，變易不居者也。近世哲人輒謂唯獨基督文明，掌握時間觀念，最具歷史意識。李約瑟(Joseph Needham)力排衆議曰："歷史之女神亦甚習於唐裝者也!"(Clio was at least as much at home in Chinese dress.)㉘可謂有識矣。

或謂吾華觀變，不出"循環之說"(cycles of recurrence within time)。五行相生相剋，深入中國人心，及戰國鄒衍配以陰陽，演爲五德終始之論，"從所不勝，木德繼之，金德次之，火德次之，水德次之"㉙，明轉移循環之次序。然則興廢遞替，莫不命定。秦興漢繼，呂不韋、劉安、劉歆之徒復推演之，而集大成於董仲舒、班孟堅。後世餘波盪漾，及隋唐之

㉓ 同上。〔心史〕有四言詩曰："今日之今，霍霍栩栩，少焉矚之，已化爲古。"袁枚以此詩殊可愛，或因其甚具歷史意識歟?

㉔ 見〔南史〕，卷77，册6，頁1943。

㉕ 見〔北史〕，卷31，「高允傳」，册4，頁1118。

㉖ 杜牧，「阿房宮賦」，〔古文觀止〕，卷7，頁20。

㉗ 見〔論衡集解〕，卷12，「謝短」，上册，頁257。

㉘ 李約瑟(Joseph Needham)，「時間與東方人」(Time and Eastern Man)，〔大滴定〕(*The Grand Titration*), p. 244.

㉙ 見左太冲，「魏都賦」註引〔七略〕文，〔文選〕，卷6，頁108。

際，猶有〔五行大義〕之作。魏晉六朝釋敎昌盛，而佛徒輪迴之說，復助長循環史觀，至於朝代興亡相繼，治亂承襲，益似循環然。若"隨宇宙之大循環而運轉，運轉之中復有運轉"(man appeared as a living, cyclic portion of a universe which comprised cycles upon cycles)㉚。斯卽西士所謂漢人之"間隔時間觀"(the compartmentalized time)，蓋時光猶如漩渦之流轉，而非一江東流者也㉛。

惟循環之說固非華夏獨有。柏拉圖卽以地上文明之輪迴，繫之於天體之運轉；一"巨年"(the Great Year)猶一萬年，曰："萬年而後魂魄復歸原處。"(ten thousand years must elapse before the soul of each one return to the place from whence he came.)㉜柏氏之"巨年"，猶邵雍之"一元"；惟邵之"一元"，爲十二萬九千六百年㉝。時間雖有短長，生滅還原則一。柏、邵各以人事之變遷與夫天體之運行，同屬"一界"(one-world organism)，於是人文之興盛衰竭，一如自然之周而復始。泰西中古，宗敎鼎盛，耶敎之一元循環，昭然若揭；伊甸(Eden)樂園之起落，而後有"贖罪"(the

㉚ 見傅拉廋(J. T. Fraser)，〔時情知論集〕(*Of Time Passion and Knowledge*), p. 40.

㉛ 參閱葛蘭內(Marcel Granets)，〔中國之思想〕(*La Pensée Chinoise*), pp. 86, 89, 96; 西賓恩 (Nathan Sivin)，「漢人時間觀」(The Chinese Conception of Time)，〔歐漢評論〕(*Earlham Review*) (1966), Vol. 1, pp. 82-91.

㉜ 見〔柏拉圖對話錄〕(*The Dialogues of Plato*)，周維譯本 (trans. B. Jowett), Vol. 1, p. 253.

㉝ 參閱侯外廬，〔中國思想通史〕，册 4 上，頁533-34。

Redemption)。"千年"(the Millennium), "裁判"(the Last Judgment), 而後重返"樂園"(Paradise)。聖奧古斯丁之史觀, 卽以上帝之選民, 由地上俗土經贖罪而重返天上之樂園㉞。聖奧氏之"一元循環"(One-cycle philosophy)於日後西方思想, 影響深遠。近世科學昌明, 遂有一往無前之"進步"史觀矣。然直至晚近, 巨匠如史賓格勒(Oswald Spengler)、湯恩比(Arnold Tonybee)、索羅金(Pitirim A. Sorokin)輩, 猶探索於循環之間, 足見循環觀點亦深入泰西之人心也。

循環觀原具哲學與宗教色彩, 影響史觀, 亦無可疑。然獨立之史氏未必取繭自縛, 〔太史公書〕、溫公〔通鑑〕、杜佑〔通典〕、馬氏〔通考〕, 其制作規模, 皆得會通之旨、相因之義。鄭樵斥班固以"漢紹堯運, 自當繼堯", 爲"無稽之談", 繼謂: "由其斷漢爲書, 是致周秦不相因、古今成間隔。"㉟尤得斯旨。是知吾華觀時察變, 固有"循環不息"(eternal recurrence)之見, 亦有"直往不返"(the linear time-consciousness)之識, 不應以偏蓋全也。劍橋李約瑟, 以袁樞紀事本末, 爲"突破間隔"(thus did the Chinese overcome the compartmentalization of time)之證㊱, 可略窺晚近西士之正論。明淸之際, 王船山之言曰: "離而合之, 合者不繼離也; 亂而治之, 治者不繼亂也。明於治亂合離之各有時,

㉞ 參閱聖奧古斯丁, 〔上帝之城〕。

㉟ 見鄭樵, 〔通志〕「總序」, 收入〔史書大綱〕, 附錄, 頁3。

㊱ 見李約瑟, 〔大滴定〕, 頁238, 參註閱㉘。

則奚有於五德之相禪，而取必於一統之相承哉！”㊲其立“直進”(linear)，破“循環”(cyclical)，益著矣。

當代名師布賀岱㊳謂史氏必具“歷史時間”之觀念，惟傳統史家拘於“史事”(l'histoire événementielle)，其所示之“時間殊短”(courte durée)，如天際流星，稍縱卽逝；既少恒性，又乏準則。經濟社會活動，諸如物價之波動、人口之成長、生產之增減，其所示之“時間較長”(moyenne durée)，非百年難以測量。而地理、生物、氣候、心智之影響於歷史也，其所示之“時間最長”(longue durée)，非千年莫知其變。時間愈長，歷史之價值愈高。布氏醉心之新史，卽在於斯㊴。亦卽歷史致知，宜“被之千載”也。布氏於無意之間爲劉勰別立新解，若聞勰言發之於千載之前，或有空谷足音之歎歟㊵？

㊲ 王夫之，〔讀通鑑論〕，收入〔船山遺書全集〕，册 14，頁 7912。

㊳ 氏於1985年11月逝世。予嘗與其漢名曰白德爾，並撰「白德爾與當代法國史學」一文，載〔食貨〕，復刊號，6卷6期（1976年9月），「論著」，頁1-8。

㊴ 參閱布賀岱 (Fernand Braudel)，〔論史〕(*On History*)，麥修士 (Sarah Matthews) 英譯，頁 25-54。另閱布氏名著〔地中海與腓力普第二時代之地中海世界〕(*La Méditerranée et le Monde Mediterroncen à l'Epoque de Philippe II*) 之結構。另參閱1961年巴黎出版之〔史學及其方法〕(*L'Histoire et ses méthodes*)，pp. 41-44.

㊵ 布氏曾惠我一函(4 novembre 1976)，非有愛於我，實欲轉致意於中國史界。此公雖力主客觀治史，頗具民族情懷，於游美講學時例操法語，渠英語固不弱也。與我之函亦以法文書之。其晚年頗欲窺吾華史事，卒不免難登堂奧之憾。

盛衰第十四

表徵盛衰，殷鑒興廢。使一代之制，共日月而長存；王霸之跡，並天地而久大。

失載籍之作也必貫乎百姓被之千載表徵盛衰殷鑑興廢使一代之制共日月而長存王霸之跡並天地而久大是以在漢之初史

史氏居今察古，表盛衰、鑒興廢，以爲法誡。賈誼鑒秦之過曰："觀之上古，驗之當世，參之人事，察盛衰之理，審權勢之宜，去就有序，變化因事。"① 司馬溫公撰〔通鑑〕也，"專取關國家盛衰，係生民休戚，善可爲法，惡可爲戒者。"② 北魏高允亦曰："夫史籍者，帝王之實錄，將來之炯戒，今之所以觀往，後之所以知今。是以言行舉動，莫不備載，故人君愼焉。"③ 曾鞏則"以是非得失與興壞理亂之故而爲法誡，則必得其所託，而後能傳於久，此史之所以作也。"④ 近人張爾田謂"六藝皆古帝王經世之大法，太史守之，以垂訓後王。"⑤ 史既以殷鑒龜鑑爲用，故輒以鏡喻史。馬遷曰："居今之世，志古之道，所以自鏡也。"⑥ 吳中里語曰："明鏡所以照形，古事所以知今。"⑦ 唐太宗則曰："以古爲鏡，可以知興替。"⑧ 惟鏡者物也，史者事也；鏡正衣冠，古今略同，史事滄桑，

① 見〔賈誼集〕，頁10。
② 司馬光，〔資治通鑑〕，册13，頁9607。參閱〔稽古錄〕，頁1。
③ 見〔魏書〕，卷48，册 3，頁1071。
④ 曾鞏，「南齊書目錄序」，〔曾鞏集〕，卷11，上册，頁187。
⑤ 張爾田，〔史微〕，頁 2。
⑥ 見〔史記〕，卷18，「高祖功臣侯者年表第六」，册 3，頁878。
⑦ 見〔三國志〕，卷59，「吳主五子傳」，册 5，頁1374。
⑧ 見〔舊唐書〕，頁 8，頁2561。

今昔有異，史鏡豈如銅鏡之正確乎？史既不若鏡之可依，則殷鑒何自？黑格爾曾曰，考諸史乘，"無論私人官府皆未嘗能借鏡史事，亦未嘗鑑往以行事"(peoples and governments never have learned anything from history, or acted on principles deduced from it)。蓋各時期境遇有別，所發生之事情，各具"特性"(strickly idiosyncratic)⑨，難能假借，遑論法誡？

是故凡以史可爲鏡者，莫不以爲史可"重演"(recurrence)。因其重演，故前事得復見於後事，前事之得失，遂可爲後事之師，所謂"循環相誡"(cyclical didacticism)者也。惟史事縱可重演，必非若節候之循環有序，即杜蘭氏(William A. Durant)所謂"重演僅及大概爾"(History repeats itself, but only in outline and in the large)⑩。古今人性雖同，然時勢迥異，其行事固不能如法泡製也。借古碱今而不知今，謂之"滑喻"(glib analogy)；議今而不知古，謂之"史盲"(ahistorical cast of mind)。庶幾王充所謂："知古不知今，謂之陸沈"，"知今不知古，謂之盲瞽"⑪者也。然則善觀古者，必驗諸當世，蓋古今"未必盡同"，"豈可緄乎"⑫？故史册非必粲若龜鑑，惟良史鑒之。至若借古諷今，或以今釋古，

⑨ 見黑格爾，〔歷史哲學〕(*The Philosophy of History*), p. 6.
⑩ 見杜蘭(William Ariel Durant)，〔歷史教訓〕(*The Lessons of History*), p. 88.
⑪ 見〔論衡集解〕，卷12，「謝短」，上册，頁257。
⑫ 見〔史記〕，卷18，册3，頁878。近人章炳麟以"漢律論殷民、唐格選秦吏"爲"不知類"，見〔章太炎全集〕，册6，頁16, 76。崔弗琰亦謂，以古論今，或以今議古，皆妄。見氏著〔自傳及其他〕(*An Autobiography and Other Essays*), p. 76.

苟能通察古今，究其變化，知其異同，始其宜矣。

究盛衰之由，或可藉天時、地利、人和言之。古人多以天時不如地利、地利不如人和爲說，蓋事之興廢實取決於人爲之臧否。賈誼謂秦之興，乃因明君固守，能臣相佐，遂"續六世之餘烈"，虛心仰上，厭元元之望，而御宇內，以制六合。及其亡也，乃因庸主無道，"繁刑嚴誅"，"吏治刻深"，地雖居"被山帶河，四塞之國"，而一夫作難則天下響應。故誼謂興亡之機，決於仁義愛民⑬。施仁義由人，牧民之道亦由人也。自此仁義爲興亡之由，幾眾口一詞，經久不衰，若謂："自生民以來，一治一亂，於相消長，未有去仁而興，積仁而亡者⑭。班彪論王命，雖言"神器有命，不可以智力求"，蓋懼亂臣賊子競相逐鹿，故謂受命之王，必"見善如不及，用人如由己，從諫如順流，趣時如響赴"⑮。見善、用人、從諫、趣時在人，非命也。陸機論東吳之興盛，蓋因吳王基之以武、成之以德，求賢卹民，江東多士，所謂"異人輻湊，猛士如林"也⑯。前有周瑜黜魏氏百萬之師於赤壁，後有陸公挫劉備復仇之師於西陵⑰。及其衰亡，乃因"幼主涖朝，姦回肆虐"⑱，雖"東負滄海，西阻險塞，長江制其區宇，峻山帶其封域"⑲，

---

⑬ 閱賈誼，「過秦論」，載〔賈誼集〕，頁 1-10，另見曾國藩編，〔經史百家雜鈔〕，冊 1，頁78-82, 84。

⑭ 見陳師錫，「五代史記序」，載卜大有，〔史學要義〕，卷 2，頁55。另參閱不著撰人，〔古史通略〕，頁14。

⑮ 班彪，「王命論」，見上書，頁86。

⑯ 陸機，「辯亡論」，見上書，頁89, 93。

⑰ 同上，頁89。

⑱ 同上，頁90。

⑲ 同上，頁94。

卒無中才守險。險阻未改而成敗貿理者，“所以用之者失也”⑳。陸機曰：“先王達經國之長規，審存亡之至數，謙己以安百姓，敦惠以致人和，寬沖以誘俊乂之謀，慈和以結士民之愛。”㉑賈誼之餘音，陸機之和聲，俱歸之於人謀也。

西洋中古，耶教鼎盛，輒以基督爲天命所寄，世事之興廢，乃神魔之鬪爭，而終結於“末世”(eschaton; finality)之決算，神國之全勝，豈有人爲置啄之餘地乎？及啓蒙(Enlightenment)而後，吉朋逕以基督爲衰亡之由。蓋羅馬帝國自安東尼(Anthony)王之後，墜於荒淫，耽於安樂，適基督方興，扇迷信之風，寄幸福於渺茫之未來，而忽視現實生活之素質。戴克里先(Diocletine)雖嘗反教，然君士坦丁(Constine)大帝竟皈依基督，草上之風遂偃，奠教會於磐石之上。聖教既興，一家獨尊，精神頹廢，遂不可挽矣；北蠻因而入侵，帝國亦隨之淪亡矣㉒。是則羅馬衰亡之由，乃貪婪奢侈而無知之故，皆人謀之不臧，固無與天命者也。吉朋“風教之旨”(witty but didactic)㉓，欲致人和，殆無可疑者歟？吉朋哀羅馬之亡也，猶異代興感，隔世幽思，而邁涅克傷德意志之敗毀，乃親歷之痛、目睹之慘。溯“德意志巨禍”(Die Deutsche Katastrophe)之由來，乃因歌德之古典自由之風，淪爲希特

⑳ 同上，頁95。

㉑ 同上。

㉒ 參閱吉朋，〔羅馬帝國衰亡史〕(*The Decline and Fall of the Roman Empire*)。

㉓ 蓋彼德(Peter Gay)語，詳閱氏著〔歷史風格〕(*Style in History*), p. 49.

勒之納粹兇橫㉔。亦人和未致，無與天時、地利者也。

曩日言地利限於險阻，四塞之國利於守國，若嬴秦之興固有賴於地利者也。或若孫吳以爲天險可守而怠忽，卒因恃險而亡。今廣而言之，可視地利爲人類生存之"環境"(environment)。環境之相適與否，不僅有關一國之存亡，且涉及文化文明之興廢。神州文化自西北而向東南，千餘年間徘徊於黃河流域，漢亡而後拓殖江南。南方佳壤，墾殖其遲，誠然有故。今人麥克尼爾(William McNeill, 1917-)，演疫病關係人文之說，以爲漢農南移之緩，蓋因"疾病之險途"(a rather steep diesase gradient)難攀㉕。此乃無形之疾病，形成不利之環境，而阻阨文明初興者也。又若今之北美新陸，據兩洋之利，富甲天下，而當朱明之時，猶係蠻荒無垠，非發見其遲，乃征服環境之科技，自哥倫布之後始得之耳。是知環境不利，人文難興者也。

近世名家湯恩比，以環境之"挑戰"(challenge)、人文之"反應"(response)爲說，以表徵文明之盛衰。其謂文明之興盛，多因適量之挑戰，"足而不淫"(enough and not too much)，可引發反應，超脫均衡以騰飛，而不足以扼殺反應，導致"夭折"(nipped in the bud)也。至於文明之衰竭，其故有三。一曰"精英創造力之式微"(a failure of creative power in the minority)，二曰"羣衆仿傚性之退縮"(an answering

㉔ 參閱邁涅克，〔德國巨禍〕。參閱本書頁22。

㉕ 麥克尼爾(William H. McNeill)，〔瘟疫與人〕(*Plagues and Peoples*), pp. 85-86.

withdrawal of mimesis on the party of the majority), 三曰"社會團結之解體"(a consequent loss of social unity in the society as a whole)㉖。或謂湯氏文化衰亡之說，師事史賓格勒，史氏以文化如生物之不免退化而死亡，故西方文明亦必盛極而衰 (Der Untergang des Abendlandes)㉗。其覆滅之可預期而不可挽也。方可耐(André Fauconnet)因譏之爲天文學家㉘。湯氏佈局規模固遠勝史氏，且不以必亡之說爲然，故西方文明仍有復興之可能。惟其希望寄託於宗教，於人類前途與史氏雖有悲樂之異，終不免流於神秘，聊備一說而已。

昔人每以天時與運命相繫，所謂"授之者天也，告之者神也，成之者運也"㉙。"吉兇成敗，各以數至"㉚，則無可追溯，莫知究竟。今者或可視天時爲自然之天，若氣候之干涉人文興廢，論者言之詳矣。夫炎寒相繼，未必有一成不變之規律可循，古人謂天不變者，蓋未悉氣溫之有"異變"(random intervals)與"反常"(extreme deviation)之故也。氣候之異常，非一地之現象，實關繫全球之天時，今人猶難盡知，故

㉖ 見湯恩比 (Arnold J. Toynbee)，〔歷史研究〕(*Study of History*), Vol. 4, p. 6.

㉗ 參閱史賓格勒 (Oswald Spengler)，〔西方之沒落〕(*The Decline of the West*)；休士 (H. Stuart Hughes)，〔史賓格勒評傳〕(*Oswald Spengler: A Critical Estimate*), pp. 51-88.

㉘ 見方可耐 (André Fauconnet)，〔當代德國哲人史賓格勒〕(*un Philosophe Allemand Contemporain; Oswald Spengler*) p. 8.

㉙ 見李康，「運命論」，載曾國藩輯，〔經史百家雜鈔〕，册1，頁96。

㉚ 同上，頁97。

若乾旱之預測，殊難確切，而其影響"人文生態"(human ecology)既深且巨也。近年非洲大旱，慘象現於螢幕，生靈塗炭，人文凋弊，舉世矚目。七十年代歐、俄之旱，農業大創，英倫三島之蔬菜產量銳減百之廿，波及經濟社會至厲；稍後復有美國加州大旱，損失以億計㉛。至於六十年代神州大地之"自然災害"，亦稱浩烈。人力（含科技）或可略救天害，然若持續連年，即盡人事亦莫可奈何也矣。若人謀不善，天災益之以人禍，則更不堪設想矣。回顧舊史，氣候之變化，波及物產、價格、健康、疾病，以至社會之動亂，例證多矣。朱明之亡，或與十六、七世紀之"小冰期"(little ice age)，不無干係歟？以當代名著爲例，布賀岱專攻地中海一域，而以"氣候爲決定域中活動之要素"(it affects all movements into and out of the Mediterranean)㉜。且以該域少雨，而致土壤貧瘠，農耕窮乏，時臨饑餓之邊緣，生長於斯之人，非謹愼勤儉，難以維生，亦因而多進取之心，成侵略性格㉝，是知天時有關地利，地利有關人和。三者可互爲因果，固不能驟分者也。

興廢既然有故，則盛衰事出有因，殊非偶然。范縝曰："人生如樹花同發，隨風而墮，自有拂簾幌墜於茵席之上，自有

㉛ 參閱拿米雅士(Jerome Namias)，「大旱與現代史」(Severe Drought and Recent History)，載〔氣候與歷史〕(*Climate and History*)，羅德鉢(Robert Rotberg)與拉布(Theodore K. Robb)合編，頁131。

㉜ 見氏著〔地中海與腓力普第二時代之地中海世界〕，英譯本，Vol. 1, p. 231.

㉝ 見同書，頁243, 295。

闢籬牆落於糞溷之中。”㉞美國世族大家亨利·亞當氏(Henry Adams) 謂: “歷史如一團亂絲，可任意取捨。” (History is a tangled skein that one may take up at any point, and break when one has unravelled enough.)㉟皆不知歷史因果 “互繫” (zusammenhang) ㊱，史事果若亂絲，非不可董理者也。英人卡爾有 “層因” (hierarchy of causes) 之說，所謂分別層次，定其首從㊲。史者苟能因繁致簡，衡量輕重，自成條理，豈不善乎?

盛衰陳跡，縱非龜鑑，亦是永久之資。夫日月天地，長存久大 (immortality of nature)，而人類有死，凡人爲之事如一代之制，王覇之跡，均可磨滅。人生朝露，終不免消亡; 唯人事猶可藉史 “共日月而常存”，“並天地而久大” (these things(that owe their existence to men)would, to a degree at least, enter and be at home in the world of everlastingness and the mortals themselves would find their place in the cosmos, where everything is immortal except men) ㊳，令後生之人，得與前人魂魄相通，“參與亡者之妙事” (join the emphatic lives of the long dead)㊴，或 “新亭雪

㉞ 見〔南史〕，卷57，册5，頁1421。

㉟ 見亨利·亞當 (Henry Adams)，〔亞當氏自傳〕(*The Education of Henry Adams*), p. 302.

㊱ 見沙夫森 (T. Thalfsen)，〔史思〕(*Historical Thinking*), p. 173.

㊲ 卡爾，〔何謂歷史〕，頁117。

㊳ 阿潤德 (Hannah Arendt)，〔既往與未來之間〕(*Between Past and Future*), p.43.

㊴ 小說家鮑文 (Elizabeth Bowen) 女士語，見其〔巴黎寓所〕(*The House in Paris*)。

涕，前後同情”㊵，無異文化生命之延續，彥和知之稔矣。不然則史亡而人事如雨雪消逝，頓成文化沙漠，其落寞孤寂，唯雪萊（Percy Bysshe Shelley）詩句可傳此神：“廢墟孤壘悲，不盡空茫思；萬里平沙寂，登臨欲何之！”（Nothing besides remains, Round the decay of that colossal wreck, boundless and bare. The lone and level sands stretch far away）㊶。日月若無人情，雖存而孤；天地若無盛衰，雖久如恒。嗟乎！史之爲貴，蓋使人文常存久大也歟!?

㊵ 沈德潛注張昱詩句，見〔明詩別裁〕，卷 1，頁10。韓詩：“古人雖已死，書上有遺辭，開卷讀且想，千載若相期”，可增飾此意。見〔韓昌黎詩繫年集釋〕，頁4-5。

㊶ 詩載〔樂府〕（*The Golden Treasury*），p. 208.

石室金匱第十五

郡國文計，先集太史之府，欲其詳悉於體國也。必閱石室、啓金匱、抽裂帛、檢殘竹，欲其博練於稽古也。

職為盛郡國文計先集太史之府欲其詳悉於體國必閱石室啟金匱抽裂帛檢殘竹欲其博練於稽古也是立義選言宜依經以樹

異代修史，多恃“前代之記錄”(Record of the Past)。設太史之府，所以久藏記錄，以備修史之詢者也。老子爲柱下史，柱下者周守藏室之柱下，即東周太史之府也。秦雖燔滅文書，猶有阿房之藏。漢興開獻書之路，孝武建藏書之策，有祕室之府。以金爲匱，以石爲室，密封重緘，以示愼重。曹魏代漢，重建祕書中外三閣之藏。晉室東渡，遺書稍集江左，南朝各具祕書之藏，梁主尚文，別建文德殿內之藏。楊隋混一宇內，祕書復興，“於東都觀文殿東西廂構屋以貯之，東屋藏甲乙，西屋藏丙丁，又聚魏已來古跡名畫，於殿後起二臺，東曰妙楷臺，藏古跡，西曰寶蹟臺，藏古畫”①。大唐重建祕閣，玄宗“令百官入乾元殿東廊觀之，無不駭其廣”②。宋有天下，太宗建崇文院，“徙三館之書以實之”。徽宗補三館之書，“設官總理，募工繕寫，一置宣和殿，一置太淸樓，一置祕閣”③。朱明永樂四年，“帝御便殿，閱書史，問文淵閣藏書”。宣宗嘗臨視文淵閣，親披閱經史”。祕閣之藏，多宋元之遺，號稱精美④。乾隆尚文，重理舊籍，輯爲四庫全書，分貯紫禁之文淵閣、盛京之文溯閣、御園之文源閣、熱河避暑山

① 〔隋書〕，卷32，册4，頁908。
② 〔舊唐書〕，卷46，册6，頁1962。
③ 〔宋史〕，卷202，册15，頁5033。
④ 〔明史〕，卷96，册8，頁2343。

莊之文津閣，官藏之富，可謂極矣。夫既往之記錄，易於散佚，官家設府祕藏，可謂得計，此中華載籍之所以冠絕一時歟?惜朝代興亡頻繁，祕閣雖祕，然於鼎革之際，干戈相尋，每多燼滅，或靡有孑遺。即升平之世，偶有意外，損失亦復不貲。「經籍志」曰：“大唐武德五年（622），克平僞鄭，盡收其圖書古跡焉。命司農少卿貴載之以船，泝河西上，將致京師，行經底柱，多被漂沒，其所存者，十不一二。”⑤是則前人記錄，終難求全，所得者乃“殘存之記錄耳”(surviving record)。殘存所見“僅往言、往行、往禍之一鱗片爪耳”(but an infinitesimal fraction of the past words, deeds, and suffering of mankind)⑥。雖有太史之府，何補於“文計”之全，“欲其詳悉於體國”，豈不難乎?

西土初無太史之府。希羅多德氏，西塞羅(Cicero)譽爲"史學之父"(Pater historiae)，亦非史官，其作多據旅行見聞，如蜂之採蜜也。四十而後，定居雅典，雖得與伯利克里斯(Pericles)賓客雅士游，仍屬耳食，故敍希臘、波斯史事，固無金匱石室之資，宜乎希氏曰："盡錄所聞乃予之責職，然予固不能盡信之也。"(My duty is to report all that is said, but I am not obliged to believe it all alike.)⑦其後希羅

⑤ 〔隋書〕，卷32，册4，頁908。

⑥ 赫克思特(J. H. Hexter)語，見氏著〔史學初階〕(*The History Primer*), p. 69.

⑦ 見〔希氏史乘〕(*The History*), Book VII, Chap. 152, p. 521.新譯本作："I must tell what is said, but I am not at all bound to believe it, and this comment of mine, holds about my whole History."

史家亦憑親聞目睹者多，而據文獻記錄者少，故敍事之際不乏"敍者之論斷"(personal judgments)。沙流士 (Sallust, 87-34 B. C.)，羅馬之大家也，撰〔卡提林亂事〕(*Bellum Catilinae*)，大發"武論" (res militaris)，謂武功乃衡量人才之準。惟武功生征服，征服生壓制，壓制生貪婪，乃道德衰敗之勢也。羅馬一戰決勝迦太基，滅其國，耀武威揚，而羅馬之國格亦因之淪亡。道德之淪亡也，遂有卡提林之亂國⑧。及至西洋中古，史學式微，既無官修，亦乏私作，唯見基督之神威，近世德意志名宿施貝爾 (H. von Sybel, 1817-1895) 總結之曰："彼時略無歷史之判斷，亦不知歷史之實體，更無批評之省察。"(Jene Zeit hatte keine Vorstellung von geschichtlichem Urteil, keinen Sinn für geschichtliche Realität, keine Spur von kritischer Reflektion.)⑨ 則較希羅時代更等而下之矣。迄乎十九世紀，泰西列國始興"檔案之庫"(national archives)。德人斯坦因 (F. von Stien)，建古史庫藏，分爲五類，一曰"舊紀"(Scripores)，二曰"律書"(Leges)，三曰"文書"(Diplomata)，四曰"翰札"(Epistolae)，五曰"物證"(Antiguilates)。其制可擬太史之府，然作史仍以私撰爲主，故檔案之設，不僅求其庋藏之富，且求"取用之便" (accessibility to the public)。十九世紀末葉，教皇利奧十三 (Leo XIII) 亦首啓梵諦岡庫藏，以便學者，不再以其爲秘閣矣。檔案庫藏之興及其開放，固與近代西方實證史學之昌盛，誠相繫而不可驟

---

⑧ 參閱歐雪，〔希羅史家〕，頁143-47。
⑨ 見伯恩漢，〔史學方法論〕，頁213。

分者也。大師蘭克，越阿爾卑斯峯，入義大利，訪求檔案之藏，旁采勤搜，欲收圖籍於全歐，聚書千萬，私藏至富，檢閱考證，平心析論。古區氏謂蘭克“雖非利用檔案之先驅，然確爲善用檔案之第一人”(He was not the first to use the archives but the first to use them well)⑩。以官府之藏，應私家修史之需；以學院爲傳薪之所，久而成風，蔚成宗派，此近代西方史學之所以盛也。

〔魏書〕載趙郡李謐，棄產營書，自謂：“丈夫擁書萬卷，何假南面百城”。自兩宋而後，印書流行，蘇東坡曰：“近歲市人轉相摹刻諸子百家之書，日傳萬紙。學者之於書，多且易致如此。”⑪私家收藏，自漸繁富。葉夢得“取太史公金匱石室之意，名之曰紬書閣”⑫。明季錢牧齋築絳雲樓，網羅之精博，堪稱江南獨步，黃梨洲得“繙其書籍，凡余之所欲見者，無不在焉”⑬。牧齋聚書，固有志國史，絳雲一炬，心始灰冷，梨洲固亦憾閉關讀書之約不踐。私人藏書之厄，不下於官府祕閣矣，未有久而不散者，豈果“書者造物之所甚忌”⑭耶？

聚書乃作史所必須，史未成而書已散，惆悵可知，且私撰雖成，昔稱野史，有別於官修之正史，其間主次尊鄙，不言可喻。清乾嘉間，章學誠謂六經皆史，然以“六經皆先王之政典”，“先王得位行道，經緯世宙之迹，而非託於空言，故以夫子之聖，猶且述而不作。如其不知妄作，不特有擬聖之嫌，

⑩ 古區，〔十九世紀之史學與史家〕，頁97。
⑪ 蘇軾，「李君山房記」，〔蘇軾選集〕，頁208。
⑫ 葉夢得，「紬書閣記」，〔建康集〕，卷4。
⑬ 黃宗羲，「天一閣藏書記」，〔南雷文定〕，卷2，頁19-20。
⑭ 同上，頁20。

抑且蹈於僭竊王章之罪也，可不愼歟”⑮！實齋逕以私家作史，擬於“僭竊王章”，則野史不僅可鄙，且更罪甚矣。桐城方苞則惡官修之“倉卒而成於衆人，不暇擇其才之宜，與事之習，是猶招市人而與謀室中之事耳”⑯。直至近代，西風東漸，始以野史爲貴。章太炎雖贊同章實齋六經皆史之說，殊不以私作僭擬爲然，曰：“學誠必以公私相格，是九流悉當燔燒，何獨太玄也！”⑰太炎且以頒立學官爲正史之非是！“蓋史具五志三長者，皆得稱爲正史”，“豈得以官修爲準哉”⑱！且官修自唐宋逮明，“監修分纂，汗漫無紀”，“雖有殊識，無繇獨箸”⑲。太炎卽有志私作，題曰中國通史，“旨在獨裁”，“所以審端徑隧，決導神思”⑳。新會任公倡新史學，翻新正史。民國以後，私作蔚蔚，官修反列下品。太史之府遂自官府移諸學院矣。

石室金匱之富藏，以供不絕之“史源”(Quellen)，作史者乃可遂博綀稽古之欲。博者，事無闕漏，定盦所謂：“良史毋吝爲博，多以貽之，以饜足之。”㉑綀者，文不繁複。良史固不能因繁遺事，卻不必繁複遺文。譬如建築，材料固需齊

⑮ 章學誠，〔文史通義〕，「易教上」，頁1-3。
⑯ 方苞，「萬季野墓表」，〔方望溪文集〕，頁164。
⑰ 章太炎，「原經」，〔國粹學報〕，己酉第5年，册2，頁3。
⑱ 章太炎，〔國學略說〕，頁107。
⑲ 章太炎，「中國通史略例」，〔章太炎全集〕，册3，頁331。
⑳ 同上，頁331-32。太炎通史惜未成。
㉑ 龔自珍，「與徽州府志局纂修諸子書」，〔定盦文集〕，卷上，頁25。

備，然"僅聚碎石仍不足以言鋪路，遑論起樓耶"(a mere accumulation of pebbles does not make a building, or even a highway)㉒？惟史料有異於石料，蓋石室金匱所藏，非應有盡有以供史氏需索，往往啞證無對。殘存之史料似不足以應史氏之索求，而其量又非史氏所能駕馭，此赫克思特(J. H. Hexter)所謂"史料之兩歧"(the paradox of the record of the past)也㉓。赫氏繼謂殘存之史料，茫無邊際，有賴"史氏穿針引線，以納諸史事於範疇之中"(It is the work of historians to draw lines connecting records of the past, and thus bringing dimensionless points within the dimension of history)㉔。此言史氏之任，絕不止資料之排比，別有稽古之職責焉。稽古云何？艾爾頓(G. R. Elton)氏約爲兩端，一曰"立其眞"(establishing its genuineness)，二曰"撮其要"(assessing its proper significance)㉕。立眞所以辨僞，蓋史料龐雜，眞贋混跡，非藉史氏功力，何以存眞祛僞？撮要而後能別主次，蓋史實紛紜，巨細參差，非具史識，焉得較其輕重耶？

方望溪引季野之言曰，史事之信最難，"一室之事，言者三人，而其傳各異矣，況數百年之久乎？故言語可曲附而成，事迹可鑿空而構，其傳而播之者，未必皆直道之行也，其聞而書之者，

㉒ 艾爾頓語，見氏著，〔歷史之實踐〕，頁73。
㉓ 同註⑥，頁73。
㉔ 同上書，頁78。
㉕ 同註㉒，頁74。

未必有裁別之識也"㉖。是必考而後信矣。亭林曰："凡引前人之言，必用原文。"㉗蓋因原文之較可採信也。西洋近代史學特重"原手資料"(prime sources)，追踪原文，以免傳異曲附鑿空之弊，庶得"確史"(Gewissheit de Geschichte)，斯卽亭林之微意歟？惟史氏去古遙遠，原文之未可驟得、驟信之耳。吳廷翰有言，秦火之後，〔詩〕〔書〕僞亂者多，"劉向父子，馬鄭之徒，皆不見古文而誤以爲眞"㉘！或因古事"流傳旣久，學者習熟見聞，不復考其所本"㉙，以致以訛傳訛，而不知其訛。此非僅中土若是，泰西"經典皆是可疑之本"(The doubtful readings are marked in every published copy of Aristotle, or Thucydides, or Tacitus)㉚。然則，雖啓金匱之藏，猶待史氏求其眞。裂帛書，殘竹簡，猶言稽古之勤劬。紙書旣行，則云破矣。

求眞(Prüfung der Echtheit)，或曰"辨僞"(To distinguish a hoax)，實一事之兩面。史料之價值，概"取決於其本質之優劣，其作者之品格，其產生之時地也"(Der Wert der Quellenzeugnisse hängt ab von dem Character der betreffenden Quelle, von der individualitat des Autors, von Zeit und Ort der Entstebung der Quelle)㉛。故考覈之際，

㉖ 方苞，「萬季野墓表」，〔方望溪文集〕，頁163。
㉗ 顧炎武，〔日知錄〕，册2，頁480。
㉘ 見〔吳廷翰集〕，頁144。
㉙ 語見崔述，〔考信錄〕，頁4。
㉚ 見喬治氏(Rev. H.B. George)，〔歷史證據〕(*Historical Evidence*)，p. 34.
㉛ 伯恩漢，〔史學方法論〕，頁465。

必徹究其文、其人、其時、其地。其法有二：一曰決眞僞於"外表形式"(ÄuBere Bestimmung der Quellen)，舉凡文體、紙張、墨色、書法、載事，皆具一時一地之特色，若"事不合時"(anachronistic references to events)，則知其爲僞。二曰決眞僞於"內容實質"(Innere Werthestimmung der Quellen)。蓋一史料斷定爲眞，而其內容未必全眞，故必考覈其內容，"建其信用"(establishing credibility)，定爲紀實，斯其宜矣。或更以語意(semantics)之法，糾謬訂誤，以"詮釋"(hermeneutics)之學，現隱發微。此"史考"(Kritik; Rezension)所以異於"史纂"(Edition)者也。章實齋曰："史家(又)有著作之史，與纂輯之史。"㉜纂輯不足以言著述㉝，因纂輯但言故實，唯史考能博稽言史㉞，亦彥和所云稽古之微意也。

石室金匱之藏，既經鑑別眞僞，史家未必一一載諸筆端，若鄰貓產子之類，雖確信無疑，何勞記之？牧齋論文曰："當知其大段落、大關鍵，來龍何處，結局何處，手中有手，眼中有眼，一字一句，龍脈歷然。"㉟亦可供史家撮要之助，斯卽博練之謂乎？然則劉子所謂史氏，既非僅采書之官，亦非守藏之吏，乃能辨僞於前，撮要於後者也。

㉜ 章學誠，「報廣濟黃大尹論修志書」，〔文史通義〕，頁545。
㉝ 章學誠，「博約中」，同上，頁49。
㉞ 章學誠，「上朱大司馬論文」，同上，頁345。
㉟ 見錢謙益，「再答蒼略書」，載〔錢牧齋文鈔〕，卷3，頁6。

銓評第十六

立義選言，宜依經以樹則；勸戒與奪，必附聖以居宗。然後銓評昭整，苛濫不作矣。

其傳練於稽古也，是立義選言，宜依經以樹則，勸戒與奪，必附聖以居宗，然後銓評昭整，苛濫不作矣。然紀傳為式，編年綴事，文非泛

史乘所載，類屬"人事"(hmuan action)，不能不有所"銓評"(explanation; evaluation)，銓評欲有依傍，遂依經以樹則。經者何？彥和曰："經也者，恆久之至道，不刊之鴻敎也。"①其尊重尼父之旨，代異而風同；漢唐以還，作史者莫不有〔春秋〕在胸矣。韓昌黎曰："凡史氏褒貶大法，〔春秋〕已備之矣；後之作者，在據事跡實錄，則善惡自見。"②蓋以〔春秋〕經義，爲史之繩墨，卽蘇老泉所謂“史待經而正”，錢牧齋亦謂："經猶權也，史則衡之有輕重也；經猶度也，史則尺之有長短也。"③然則史之輕重長短，一由經義權衡之。信乎吾華有“儒家史學”(Confucian Historiography)之稱焉。

然臣史於經，非吾華獨有；基督旣興於西土，彼邦"立義選言"，莫不依〔耶經〕(the *Bible*)以樹則；"勸戒與奪"，必附“上帝”(God)以居宗。施貝爾已具言之矣④。況泰西中古之世，史僧不分，記言錄事，皆出僧侶之手，皆在尊敎榮神，較之經之於史，有過之而無不及矣。近世人文復興耶敎寖衰；然持以史附敎之說者，迄今未竭。馬銳譚(Jacques Maritain)

① 見劉勰，〔文心雕龍〕，「宗經」，卷1，頁4。
② 見〔韓昌黎集〕，「答劉秀才論史書」，外集，頁69。
③ 見「史論」，〔三蘇先生文集〕，頁2，另見「汲古閣毛氏新刻十七史序」，載〔錢牧齋文鈔〕，卷2，頁1。
④ 前已述及。見本書頁 186。

不云乎："史者乃依基督而存。"(History owes its existence entirely to the presence of the Christ at its very heart.)⑤蓋言基督其體，史爲其用，史不能或離而獨存，所謂皮之不存，毛將焉附？史旣寄教之皮，"其所示者上帝耳"(the revelation of God in history)。旣以上帝爲依歸，"基督倫理"(Christian moral philosophy)遂爲史家選立與奪之智(the wisdom of history)，進人類於文明之機。故白葉夫(Nicholas Berdyaev)之言曰，耶教之貢獻，要在"救圓顱方趾於低賤邪惡之縛"(liberated man from the power of the baser elemental nature and demons)⑥，而登之衽席之上。是亦〔春秋〕作、詖辭息之微意歟？然則，當是世也，彼哲人作史者，能不附基督以居宗乎？蓋若李贄所謂："史而不經，則爲穢史矣。"⑦儒耶兩經，分制中西史家千有餘年，聖教之尊榮，亦云至矣！

陽明之言曰："以事言，謂之史；以道言，謂之經。事卽道，道卽事。"⑧卽以經史同明善惡，共示訓誡，故兩者無所謂異。實殊途而同歸。因其同歸，殊途輒晦。蓋史者，記存迹者也；經者，言道法者也。"存迹示法，法非卽迹，記事著道，事非卽道"⑨。兩者旣非一物，其界亦異：事有時空之

⑤ 馬銳譯，〔論歷史哲學〕(*On the Philosophy of History*), p. 61.

⑥ 白葉夫(Nicholas Berdyaev)，〔歷史之意義〕(*The Meaning of History*), p. 103.

⑦ 李贄，〔焚書〕，頁263。

⑧ 見〔傳習錄集評〕，卷上，頁9。

⑨ 見錢鍾書，〔談藝錄〕，頁265。

限，道則無之，錢默存嘗謂："道乃百世常新之經，事爲一時已陳之迹。"⑩老莊以聖人之言，並非常道，六經等同存跡之書，遂肇經史爲一之說。言者衆矣⑪。若視經爲史，則所示之法，固非超越時空之常法，乃一時一地之法耳。實齋重演六經皆史之說，尤著於世。而論者不一。竊謂章氏斷言"六經皆先王之政典也"⑫，旨在申說六經非載道之書，乃先王一時一地之事物。一時一地之事物，即史也。易言之，史者不足以示常法，但"存治化之迹"⑬而已。蓋因尊經之故，誤以具實據之史，爲無形之理；以可徵信之學，爲空言相授之道，史學遂淪爲經之奴婢，供人驅馳矣。就是而言，實齋倡史學自立，不以鴻教權衡史事，厥功偉矣。然則章氏六經皆史之說，固有異於陽明。王氏以經史殊途同歸，而章氏則謂途徑固殊，歸宿亦異。故謂六經皆史，雅不欲臣史於經也。

歐洲文藝復興，人文勃興，神道稍寢，開"啓蒙之世"(Enlightenment)。惟啓蒙精神崇奉"理性"(Reason)，而理性以"自然法"(natural law or diritto)爲骨幹，亦超越時空之常法也，以之衡史，與經何異？至十九世紀，歐人始超越啓蒙思想之束縛，擺脫機械自然律之牢籠，遂有"歷史主義"(historism) 之興焉，史觀爲之一新。倡歷史主義者，即不以百世常新之理性系統，可以說明複雜各異之一時陳迹。一時陳

⑩ 同上。
⑪ 錢氏論六經皆史淵源簡而明，詳閱同上書，頁263-66。
⑫ 見〔文史通義〕，「易教上」，頁1。
⑬ 同書，「經解上」，頁28。

迹之史事，具有"特性"(individuality)。特性非可概括，唯求之自身。是知理性而外，尙有個性。個性有其"內心法則"(innate law)，"心理素質"(psychological qualities)，"文化背景"(cultural background)，與夫"民族特色"(national characteristics)，豈可一概而論耶？故史者具一時、一地、一文化、一民族之特性。斯卽邁涅克所謂之"新史觀"(New Historical Outlook)也⑭。自此史學不再稱臣於理性主義，一如經史分途，史不臣經也。

歐人之歷史主義，旣脫理性主義而肇史學之自立，與實齋求史學之反奴爲主，如出一轍。其相異者，乃實齋未能就史學之特性，深入探求，不免淺嚐卽至。實齋以史非徒託聖人之空言，求史學之自立；不以理概事，而就事見理。以心術正識見，以識見求史事之義，議論不凡。苟能由心術而探"內心法則"、"心理素質"；由識見而探"文化背景"、"民族特色"，則章氏史義，何難躋近代"歷史哲學"之林乎？奈〔文史通義〕泛論文史，博而未約，散而難精。雖云："吾於史學，貴其著述成家，不取方圓求備，有同類纂。"⑮心嚮往之，實有未至矣。義人維科(Giambattista Vico, 1668-1744)，距生於實齋前七十年，命途多乖，生不逢時，二人髣髴相似。嘗維

⑭ 邁涅克，〔歷史主義：新史觀之勃興〕(*Historism: The Rise of a New Historical Outlook*)，此書於歷史主義之淵源，析論甚詳。另參閱李氏與貝克(D. E. Lee and R. N. Beck)合撰之「歷史主義之含意」(The Meaning of Historicism)，〔美國史學評論〕(*AHR*)，April, 1954, pp. 568-77.

⑮ 〔文史通義〕，「家書三」，頁334。

科之世，自然科學勃興歐陸。自然律、數理化，君臨天下，不異乾嘉時代之經學，而維科獨能於"自然界"(The World of Nature) 外，別見"人文世界"(The World of Nations, or il mondo delle nazioni)⑯。"人文界"所呈現者，乃"人類社會整體中之人"(l'uomo in tutta la societa del gener umano)，與"自然界"中之物，認知之對象，顯有"內外之別"(the distinction between outer and inner knowledge)焉。此內在之知，卽維科所謂之"新科學"(Scienza nuova) 也⑰。"新科學"中之"人間新眼光，突出新穎之史觀，預見形而上學之革命"(a new vision of the human world underlies a new philosophy of history and anticipates a metaphysical revolution)⑱。此一革命也，擬推翻自然界之獨尊，而令自然、人文兩界並重，卒有"物質科學"(Naturwissenschaft) 與"精神科學"(Geisteswissenschaft) 興隆於日耳曼之壤，維科固預見之矣。其"人文世界"之產生，非經假定預測，而由典章

⑯ 維科之"人文世界"用詞，非盡 "The World of Nations"，或用 "The World of Civility"，或用 "The World of Minds"，或用 "The World of Humanity"，唯基本意義相同。漢譯爲"人文世界"，似較能兼顧四層意義。

⑰ 〔新科學〕前後三版，讀者可參閱三版縮譯本：波井與費虛（Thomas Goddard Bergin and Max Harold Fisch 合譯，〔維科之新科學〕(*The New Science of Giambattista Vico*)，朱光潛有漢譯本，尙未見。

⑱ 語見沙羅門 (A. William Salomone)，「維科新科學中之多元與統一」(Pluralism and Universality in Vico's *Scienza Nuova*)，載〔維科國際討論會論文集〕(*Giambattista Vico: An International Symposium*)，塔格里可座 (Giorgio Tagliacozzo) 主編，頁524。

制度之建立而來，其間乃"歷史之關係"(historical relationship)，凡人之思想與制度，莫不"具體落實於時空"(concretly conditioned in time and space)，而歷史時空之演變，既非決之於神，亦不決之於自然，乃決之於人耳。維科曰："人文社會必創自人，故其理可由人心之發展知之。"⑲探索人之心靈、人之思想、人之感情，遂爲歷史致知所必須。故哲學者，乃"歷史知識之器"(organ of historical knowledge)。歷史爲"眞"(Verum)，因由人"造"(factum)；因由人造，故他人亦可得而知。據此，維科演述人類社會意識之與時俱長，較其異同，爲史學研究闢一新天地焉。柏林氏以爲，維科之言，不啻宣稱"史學之自立"(the autonomy of historical studies)⑳。宜乎維科有"史界培根"(Bacon of the historical sciences)之稱號矣。實齋雖亦欲究天人之際，然於天人兩界，發揮無多，語焉未詳，終未能由人界之新義，突破傳統史學之藩籬。實齋曰："人乃擬吾於劉知幾，不知劉言史法，吾言史意；劉議館局纂修，吾議一家著述，截然兩途，不相入也。"㉑章氏"史意"，固涉直觀，形似維科、柯林烏之"歷史理念"(the idea of history)，然申論無多。縱觀其〔通義〕一書，凡涉及史學者仍以史法爲多。可供館局纂修者多，能成一

---

⑲ 見維科，〔新科學〕，par 359。波井與費虛譯本，頁479，參閱註⑰。

⑳ 柏林，〔維科與赫德〕，頁27。另參閱赫德之〔歷史哲學〕(*Reflections on the Philosophy of the History of Mankind*)，pp. vi, xi, xiv, xv, xx, xxiii.

㉑ 見〔文史通義〕，「家書二」，頁333。

家之說者少。章劉誠有異趣，蓋時代非一，然未必截然二途也。蓋二氏之文化背景畢竟近似。實齋與維科之異，則因中西文化之異也，而其略似之處，已稱難得。及西風東漸，學者回顧，自佩實齋之得先聲也。

歷史主義旣興中歐，流風所被，銓評史事，無所依傍，遂有"歷史相對論"(Historical Relativism)之說焉。所謂"相對"者，卽無絕對之眞相可言。蓋謂古今異時，心思亦異，居今不能識古也。況文獻闕失，採擇難公。絕對之眞相，旣逝難復，故所謂史者，乃"所知之史"(knowledge of history)耳㉒，略識鴻爪，固未見飛鴻也。未見飛鴻，欲求銓評得中，其唯千載難遇乎？克羅齊(Benedetto Croce, 1866-1952)、狄爾泰(Wilhelm Dilthey, 1833-1911)、曼漢(Karl Mannheim, 1893-1947)三哲，欲解相對論者之惑，反揚其燄。克氏拒"實證主義"(Positivism)，而尚"內感"(intuition)，以爲人事無法則定理之可言。內感唯能處今，不能居古，故載筆記古，乃今人之判斷而非重演之往事，哲學亦遂爲供應理論以解決具體歷史問題之方法矣㉓！然則，史書所記，雖歲遠時邈，無不"反映當代"(refers to present needs and present situations)㉔。

㉒ 貝克(Carl Becker)之言，見氏撰"人盡可史"(Everyman His Own Historian)，載〔人盡可史〕(*Everyman His Own Historian: Essays on History and Politics*), p. 234. 此名文爲貝克於1931年就任美國歷史學會會長演說辭。

㉓ 克氏以哲學爲史學之方法一說，見氏著〔史學寫作之歷史與理論〕(*Teoria e Storia della storiografia*), 1920年第二版，頁135。

㉔ 克羅齊，〔史者乃自由之記錄〕(*History as the Story of Liberty*)，施布麗姬(Sylvia Sprigge)譯自義文，頁19。

此乃克氏名言："歷史乃當代史"之所指也。克氏雖欲登史學於藝術之境，未嘗謂二者如一。藝術者，"或然之知"(knowledge of possibility)；歷史者，"既然之知"(knowledge of actuality)。夫歷史者，猶賴文獻可徵者也㉕。惟克氏倡論史由心造之說，終難免鑒無定識之憾。所謂史不窺古，但爲今世之用。用途有異，則銓評不一，然則史事果有絕對之眞相耶？狄爾泰擬以"共識"(a common objective spirit)繩之，然狄氏之貢獻要在建立"人文科學"(Geisteswissenschaften)，以別於自然科學(Naturwissenschaften)，而二學之異，端在絕對與相對耳。蓋人文科學之知，乃"經驗"(Erleben)之知，而史事之評銓，尤賴內感與同情也㉖。然則人文界之共識，受制於經驗，經驗易世有變，銓評所賴之共識，復有何準？曼漢則有"理解之銓評"(understanding judgment)一說，略謂銓評史事，必先理解史事所自之社會；銓評史書，亦必先知作者所處之時代㉗。然時代與社會亦隔世而異。〔尚書〕曰："既歷三紀，世變風移。"又曰："道有升降，政由俗革。"㉘豈能依之樹則？克、狄、曼三氏欲樹則立範，求客觀之知，無奈方拔其足，復入足於泥矣。

㉕ 參閱克氏〔史學寫作之歷史與理論〕一書，詳註㉓。

㉖ 參閱何彭(Hajo Holborn)，「狄爾泰與歷史理性之批判」(Wilhelm Dilthey and the Critique of Historical Reason)，〔理念史期刊〕(*Journal of the History of Ideas*)，XI, 1 (Jan. 1950)，pp. 93-118.

㉗ 參閱曼漢之代表作，〔意識形態與烏托邦〕(*Ideology and Utopia*)，衞斯與希爾士(Louis Wirth and Edward Shils)英譯本。

㉘ 見〔尚書〕，卷6，頁10。

銓評既難昭整，任憑載筆之士驅馳，史其危乎？故法儒有盡屏銓評之說 (Je ne propose rien, je ne suppose rien, je n'impose rien... j'expose)㉙，近乎袁子才所謂："作史者只須據事直書，而其人之善惡自見。"㉚未免因噎廢食。固不論淪太史之簡爲書記簿錄，豈眞斷爛朝報也歟？深思之士遂欲藉"普遍法則"(general laws)，別立準繩，以爲銓評之依據。巴柏 (K. R. Popper, 1902-) 演"求證之理"(Logik der Forschung)，以爲史事之間具必然之因果關係，蓋因果縱非絕對，然"一事爲他事之因，而他事則爲一事之果，固稍稍涉及公理者也"(An event is a cause of another event, which is its effect, relative to some universal law)㉛。是猶〔論語〕所謂："殷因於夏禮，所損益可知也；周因於殷禮，所損益可知也。"㉜因其相因，故知損益。何姆沛 (C. G. Hempel, 1905-) 踵武巴柏，欲立"科學銓評之邏輯結構"(logical structure of scientific explanation)，史事銓評庶幾有"共通之法則範式"(thc covering law model) 可循。載筆之士可先草"繹稿"(explanation sketch)，隱含法則，約指途徑，追踪探源，以作"全面之銓評"(full-fledged explanation)㉝。

㉙ 轉引自柏林〔自由四論〕(*Four Essays on Liberty*), p. 74.

㉚ 見〔隨園隨筆〕，卷4，頁1。

㉛ 見巴柏 (K. R. Popper)，〔開放社會及其敵人〕(*The Open Society and Its Enemies*)，頁262。

㉜ 見〔論語〕，「爲政」，上論卷2，頁9。

㉝ 見何姆沛 (Carl G. Hempel)，「普遍法則在歷史中之作用」(The Function of General Laws in History)，載葛定納 (Patrick Gardiner) 編，〔史學理論選集〕(*Theories of History*), p. 351.

以何姆沛之見，學科固然有別，科學致知原無殊途，史學又安得自外之乎㉞？懷特（Morton White, 1917-　）試論"史學銓評"(Historical Explanation)之特性，曰時間之異也，用詞之異也。然若以時間爲斷，則史乘所載京師地震，往時之地震屬史學之銓評乎?抑科學之銓評乎?凡既往之事一屬歷史，未免失之於泛。若以用詞爲斷，則史學實無其專用之詞，如革命一語，屬史學之詞乎？抑社會學之詞乎？是以無所謂"史學銓評"，凡銓評皆屬合乎邏輯結構之科學銓評㉟。"欲探史事之由，必問施諸此事之一般法則"(to ask for the cause of an event is always to ask for a general law which applies to the particular event)㊱。類此據法則範式銓評史事之說，似又峯迴路轉，重蹈"實證論者"之故轍矣!

反之者，則又重彈"史學自主"(the autonomy of history)之調，以爲銓評特殊之史事，固不與共通之法則者也。柯林烏謂史者乃既往之人事，人事舉止內含思理，故秉筆之士"所欲發見者，非僅史事，更有史中之思想，思理既發，史事自明"(For history, object to be discovered is not the mere event, but the thought expressed in it. To discover thought is already to understand it)㊲。而治物事者，但究純粹之物質，

㉞ 參閱同文結論，頁355-56。

㉟ 參閱懷特（Morton White)，「史學銓釋」(Historical Explanation)，載〔心學〕(*Mind*)，1943，pp. 212-19.

㊱ 布銳士維特（R. B. Braithwaite）語，見氏著〔科學銓評〕(*Scientific Explanation*)，p. 2.

㊲ 見柯林烏，〔歷史之理念〕，頁214。

觀察物物之關係，納諸自然法則之中。其與探索支配人事之思理，截然異趣。蓋"物以貌求，心以理應"㊳也。故"史家誠不必仰慕科學，妄求史事之法則" (the historian need not and cannot emulate the scientist in searching for the causes or laws of events)㊴；但深入史事，求其內涵，"思接千載，視通萬里"可也。華胥 (W. H. Walsh) 覓求折衷，以爲人事物事誠然有異。人事有表裏，而物事無"殼核" (neither shell nor kernel)。惟沈潛探微固然，探微僅賴內心反思則有不然。同情心印之餘，猶需知古人"處世之方" (experience)。其處世之方也，不免涉及法則範式矣㊵。然則史家銓評，果能盡棄通則公理乎？近人高定納 (Patrick Gardiner) 尤致力於範式之商榷，冀適用於史事之銓評，其以史學爲"自成一格" (sui generis)。蓋一時、一地、一人之事，皆特異不羣，不足以舉一而反三。既難演一統之理，故難以一統之理相繩。然而特異之史事自亦有因果相繫，仍不免"借助法則通理" (entails a reference to laws or generalizations)，以"燭史事之幽" (bringing to light connexions between well-established historical facts)。史家所涉之理誠不如聲光化電之邃密。其理似疏，而實難致。蓋與特異史事相涉者，錯綜複雜，主次不一，裁定不易。然其爲理也，固無異辭。即史事涉及人之感情、欲望、意志，亦未嘗無因果之理可抽。公理法則不僅資析

㊳ 語見〔文心雕龍〕，「神思」贊。

㊴ 同註㊲。

㊵ 閱華胥，〔歷史哲學導論〕，頁56-59。

理之助，且可引爲南針，見微知著。是以法則非不可以用諸於史，用之"疏密有別耳"(difference is only one of degree)㊶！以理樹則，欲銓評之昭整，高氏洞鑑深隱矣，然猶有未諦。

試舉例爲說：垓下之圍與夫烏江自刎，其間因果相繫，隱約可窺，所謂因兵敗而自裁也。究自刎之故，醫學、心理、社會學者各有說詞，演爲"可資驗證之知"(empirical knowledge)。若佛洛伊德謂人之生理原具"侵力"(aggressive encrgy)，表之於外，則顯諸言行之兇悍粗暴；藏之於內，則隱爲憂鬱哀傷，至於自盡。就生理而言，鬱哀至極，勢趨自毀；然就人事而言，兵敗未必自裁。苟非兵敗者必自裁，便無"法則"(general law)之可言。蓋物可察類，而情難類推，斯亦自然與人文之別歟？而項王自刎，尤千古無類，法則安施？太史公曰項王初欲東渡烏江，及亭長謂仍可稱王江東，項王遂笑曰："天之亡我，我何渡爲！"㊷此乃"歷史事件之轉折"(the contingency of historical events)，非必然也。是故賴夫(Gordon Leff)謂"何姆沛之尋求法則終徒勞而無功矣"(Hempel's search for regularities unattainable)㊸。至項王謂無臉見江東父老，則因"羞憤"(losing face)而堅死志㊹。遂力戰衆敵，被十餘創，乃不願受縛，自刎而死。夫貪生懼死，

㊶ 見高定納(Patrick Gardiner)，〔歷史詮釋之性質〕(*The Nature of Historical Explanation*), pp. 28, 30, 40, 79, 97-99, 139, 97-99.

㊷ 見〔史記〕，卷7，册1，頁336。

㊸ 賴夫(Gordon Leff)，〔史學與社會學說〕(*History and Social Theory*), p. 85.

㊹ 心理學說中有因失面子而自盡之說。

人之常情；項王亦人，能無常情？其常情昇華爲不畏死，則有其"生平際遇"(life history)、"文化背景"(cultural milieu)，與夫個人之氣質在焉。若僅以兵敗釋自刎，所見者乃兩者"虛浮之相合"(spurious correlation)，未必"因果之相繫"(causal relationship)也。史事錯綜，古今異情，恆法難繩也。或謂法則可疏可密，唯法貴精密，蓋"欲爲定論，法則與銓評需由嚴格邏輯相繫，至爲要也"(If important methodological conclusions are to be drawn from the argument from meaning, the assertion of a tight logical connexion between law and explanation would seem to be essential)㊺。易言之，"疏法"(loose laws)未足爲訓。以崔氏(William Dray)之見，法則範式卒未能爲史事銓評樹則立範也㊻。

崔氏、賴夫輩批評法則範式之無當，固未嘗欲重歸史學於相對之說，實欲別探蹊徑，進銓評於佳境也。賴夫曰："銓評之道在述其然，以知其所以然。"(The logic of historical explanation is to describe how in order to know why.)㊼述其然者，詮釋也；論其所以然者，評估也。釋史事之繁複，抽絲解紛，其因果自顯；評言行之臧否，測心明情，則無涉因果者也。由是觀之，史事銓評自有其特質與步驟。集事成史，合史於時，所謂從俗隨時也。至於評估，非由秉筆者橫施褒貶，否則"就今棄古矣"(abandon the past for the present)；

㊺ 見崔威廉(William Dray)，〔史學中之法則與銓評〕(*Laws and Explanation in History*), pp. 29-30.

㊻ 同書，頁19-21。

㊼ 同註㊸，頁96。

亦非善惡自見，否則"棄古於古矣"(abandon the past to the past)。要能就古論古，評騭切合"時代"(epocal norms)，殊不能以今人之好惡，斷古人之是非㊽。是猶葛里（W.B. Gallie）所謂，寓銓評於述論也："述論苟能無礙，近眞而有據，難出其右，則助成此述論之銓評，誠無以復加者也。"(If the narrative has now been made consistent, plausible, and in accordance with all evidence, if it is the best narrative that we can get, then the explanation that helped us to get it is the best explanation as yet available.）㊾是則史家務實，但求其述論之可從、可信；欲其可信，舉凡通則學理，無技不可施。至於形上玄言，何必縈心㊿？丹徒（Arthur Danto)更明言曰："述論卽銓評之形體"(a narrative is a form of explanation)；"述論與銓評，二而爲一者也"(narrative description and historical explanation are of a piece)[51]。事之本身，不足以稱銓評；述事論理，始足稱之。而述論之際，須明事與時移，示其變遷，達其衷曲，然後可觀變於述古之中，明不齊於時限之內也[52]。述論之要，丹氏具言之矣。

觀變則宜察前後演變之跡，其跡愈長，變愈顯著。若府兵之趨衰亡，就其一瞬間觀之，似由張說倡議，彍騎遂代府兵；

㊽ 參閱同書，頁98-99, 109, 113。

㊾ 葛里（W. G. Gallie），〔哲學與歷史理解〕(*Philosophy and the Historical Understanding*), p. 124.

㊿ 參閱同書，頁124-25。

[51] 丹徒（Arthur Danto），〔分析之歷史哲學〕(*Analytical Philosophy of History*), pp. 201, 237.

[52] 參閱同書，頁218, 245, 255, 256。

就其一時觀之，似由武后破壞。近人錢穆猶謂："舊制諸衞將軍皆選勳德信臣，武后之世則多以外戚無能及降虜處之"(53)，以致驕縱浮濫而致敗。是則人謀之不善，非制度之不合時宜也。此想當然耳。王船山則以府兵"猶之乎無兵也"，以致不三十年而令"婦人輕移唐祚"，設非玄宗罷府兵，則唐亡不待黃巢也(54)，銓評適反。偶見明人黃景防議論，頓感其宏觀之勝近人。黃氏曰："唐府兵變爲彍騎，議者率咎張說，其實法窮必變，承平久，兵若長戍，爲邊將虛，逃亡略盡，百姓至薺熨手足避其役，欲無變得乎？李泌議復府兵，竟難就，惟量給田，免更代而已。兵農之不可復合，所從來遠。"(55)黃氏展示不得不變之跡，昭整極矣。唐長孺更益以唐之用兵，多務攻戰，故府兵不協事宜，曰："按高宗武后時，東困於奚契丹，西困於吐蕃，而默啜再入中土，河北耗散，安得云天下久不用兵。府兵之壞，正坐用兵之繁，征鎭之役，非人民所能負荷。"(56)實則煬帝用兵，已知府兵之不合需求。陳寅恪舉證謂太宗用兵之主力已非府兵，蓋李唐開國之時，府兵已不堪攻戰，惟太宗仍欲整頓府兵，以復其原狀，此所以貞觀以後、開元之前，府兵之中仍有英傑，並收攻戰之效之故也。然太宗雖增置兵府，獨不置折衝府於河北，因該地之人以"豪強著稱，實爲關隴集團之李唐皇室所最忌憚"，至武后重心東移，始置河北道兵府。然府兵之效用，

---

(53) 錢穆，〔國史大綱〕，上册，頁205。
(54) 王夫之，〔讀通鑑論〕，卷20，册2，頁32。
(55) 黃景防，〔讀史唯疑〕，卷6。
(56) 見唐長孺，〔唐書兵志箋證〕，頁24。

終難有起色，"至玄宗之世，遂全部廢止矣"(57)。何止李泌議復，太宗武后亦欲復興，而府兵終不免廢止者，勢也。宏觀細察於較長時限之內，始得其勢，而銓評史事之高低，亦基於斯。故大師布賀岱倡論"長時"(the longue durée)，以別於"瞬息之史"(l'histoire évenementielle)。瞬息間史事，其時限殊短，"時短則至難確言，甚不可信賴"(the short time span is the most capricious and the most delusive of all)(58)。舉凡物價之波動、人口之增密、工資之升降、利息之高低、生產之多寡，尤須於"長時"中審察，以知其遠。是故布氏謂，新穎之歷史述論將以十年、廿五年、或半世紀爲周期，甚且包含周期間之關係(59)。秉筆者苟能行此，則其風格、觀點、思惟，皆將更新之矣(60)。

審察世與時變，是固然矣。然史事綿延，亦有其"恒"(continuity)，契乎〔易〕義。一世代、一社會、一文化皆有其特殊之結構，持久之性格，固不能以瞬息之變者視之。近人或謂當代法國"安娜"學派，止於"社會之靜態結構"(static structures of certain societies)，鮮及史事之變遷，似有不然。其大家如布賀岱述十六世紀地中海流域政經之變，述資本

---

(57) 見陳寅恪，「論唐代之蕃將與府兵」，〔金明館叢稿初編〕，頁264-76。

(58) 布賀岱（F. Braudel），「歷史與社科：論長時」（History and the Social Sciences），見布著〔論史〕，頁28。

(59) 見同書，頁29。

(60) 見同書，頁33。

主義之興及其社會關係之變，實甚卓著(61)。所謂靜者，所以觀史實之始末，以悉其恒。然就其變者觀之，是猶奧古斯丁所謂："不變而使一切變"(Immutabilis, mutans omnia)也(62)。夫靜態社會，仍具動力，有待閎識眇恉，察其變而不遺其恒也。動靜而外，尚有異同之辨。若革命一事，有其通性，然發生於法、美、俄、以及中國之革命，各有其異。蓋時、地、人與夫社會文化各不相同，自難統而言之，必"自有其述論"(study in its own terms)。文明之中有文化之異，文化之中有區域之異。知其同而不闇其異，斯其宜矣。

要之，依經附聖，今人不取。此固非彥和所能預見，亦古今史學之鉅變也。近世科學昌明，或有人焉，欲以法則範式取代聖經教義，以爲立言選義之準；雖不云徒勞無功，誠事倍功半，終難相契。英哲柏林卽有"淪史學爲物理"(reduce history to a kind of physics)之慮(63)。蓋人事物理，取徑旣殊，無以相通，故不能以鐵律繩史。或尋鐵律於史，亦屬枉然。晚近遂有寓銓評於述論之說，竊以爲可。銓評之昭整旣賴述論之精當，則敍事求精、評論求當，能不考究乎？昔劉子玄有史家三長之說(64)，可別進一解，略爲申述，以實吾說。取賈爲喩，

(61) 艾格士(G. G. Iggers)，〔歐洲史學之新動向〕(*New Directions in European Historiography*), p. 72. 另參閱拙撰「白德爾與當代法國史學」。

(62) 見聖·奧古斯丁(St. Augustine)，〔自白〕(*Confessions*) 1, iv, "Loeb", 1, 8，轉引自錢鍾書，〔管錐編〕，册 1，頁 7。

(63) 見柏林，〔自由四論〕，頁81。

(64) 〔唐書〕，卷 132，册 15，頁4522："禮部尚書鄭惟忠嘗問：自古文士多，史才少，何耶？對曰：史有三長，才、學、識，世罕見之，故史者少。"

學所以聚金也；識所以殖貨也；才所以致富也。老氏曰："爲學日益，爲道日損"⑥⑤，此就道而言之也；就史而言，不學無以秉筆。蓋史事浩繁，錯綜萬端，非學無以理其緒、達其情。所謂"人不涉學，猶心之聾盲"⑥⑥也。是故王充謂"著書之人，博覽多聞；學問習熟，則能推類興文"⑥⑦。而學貴不捨，夫學海無邊，唯學百川之赴海，戴東原所謂淹博爲難也⑥⑧。淹博爲難，故今人多專一端，冀能博聞，博聞而後能強識，通觀而後能識鑒也，史家爲學，豈不如賈者聚金乎？

讀多聞廣，識在其中矣。〔法言〕曰："多聞見而識乎正道，至識也。"⑥⑨昔賢所謂史識，見諸於書法。〔春秋〕已肇其端，〔公羊〕、〔穀梁〕皆有書與不書之例。劉子玄論書事曰："禮儀周舍節文升降則書之，君臣邪僻國家喪亂則書之，幽明感應禍福萌兆則書之。"⑦⓪歐陽修撰〔五代史記」，注曰："大事則書，變古則書，非常則書，意有所示則書，後有所因則書，非此五者，則否。"⑦①殆所謂有識乃成法歟？惟識與法究竟有別，法或由識而成，識未嘗爲法所囿。要之，識能洞鑒史之淵深，發其隱奧爾。史識非盡天授，學既深邃，如鑽木而火

---

⑥⑤ 〔道德經〕，48。
⑥⑥ 見〔劉子集校〕，「崇學」，頁22。
⑥⑦ 〔論衡集解〕，「超奇」，頁282。
⑥⑧ 戴震，「與是仲明論學書」，〔戴震集〕，頁 184："僕聞事於經學，蓋有三難：淹博難、識斷難、精審難。"史學何獨不然？
⑥⑨ 見〔法言義疏〕，汪榮寶撰，上册，頁325。
⑦⓪ 見〔史通通釋〕，卷 8，「書事」，頁109。
⑦① 見〔新五代史〕，卷 2，册 1，頁13，註①。

生，慧識自發矣。若前述陳氏論府兵，道及太宗不於河北置府之故。又兼論李唐不得不用蕃將之故，而"太宗所任之蕃將爲部落酋長，而玄宗所任之蕃將乃寒族胡人"㉒，並言其故。同中求異，因近及遠，而隱示史事之沿革，爲陳氏夙所擅長，所謂識悟明允矣。又若婁福伯(George Lefebvre)之論法國革命，不僅貫串事實之本末，且明察變遷之勢。其勢蓄必發，蓋因社會階層之失調：貴族教士仍居政法之高位，而經濟實權已入中產之手。故"法國之革命，旨在恢復政法與現實之調和耳"(The Revolution of 1789 restored the harmony between fact and law)㉓。意謂操經濟大權者，復欲取政法之權，以相一致也。故婁氏稱之爲"資產革命"(bourgeois revolution)。革命之事實俱在，能發其深隱者，謂之識。發其深隱，未有不因學而可致者。

夫史事人爲之也，是凡有關人爲之學說，宜能起發聰明，增進識力。章太炎曰："學說以啓人思"㉔，豈不然歟？故晚近新史氏輒喜借社會科學之說，燭史之幽。布賀岱謂經濟學、民族學、社會學、語言學、人口學、地理學、心理學、統計學，皆與史學比鄰，可資借鏡㉕。惟史家旁借學說，旨爲史用，有助史事因果之解釋，未嘗欲自捨藩籬，歸宿於學說也。以學說

㉒ 同註㊼，頁267。

㉓ 見婁福伯 (G. Lefebvre)，〔法國革命之由來〕(*The Coming of the French Revolution*), p. 4，法文原著名*Quatre-vingtneuf*.

㉔ 見章太炎，「文學總略」，收入程十凡編，〔文論十箋〕，頁30。

㉕ 同註㊺，頁27。

長史識，固不同於以法則繩史，亦與於史中求法則者異趣。若借心解之術，釋個人或羣體之異行，操之在我，非臣史於心解之法則也。凡有助其識斷精審者，史家焉可捨而不用哉？

學識既備，才氣已積胸中。而後必藉才筆以成文章。文章未成，是猶"海蚌未剖，則明珠不顯；崑竹未斷，則鳳音不彰"⑯也。由是言之，史雖不可以文害意，不得不藉文載史。章實齋嘗曰："史所載者事也，事必藉文而傳，故良史莫不工文。"⑰史文貴"簡而且詳，疎而不漏"⑱，"能起訖自如，無一言之或遺而或溢也"⑲，昔賢具言之矣。倘益之以因果相繫，釋事圓通，說理冥契，彌縫無隙，遂能達一代世情，明千古隱奧，斯其佳矣。嗟乎！才學識三者，雖兼之不易，實各難獨立：非才無以工文，非學無以練事，非識無以斷義。三者並舉，銓評之昭整，何待外求？

附說　論褒貶不能自見

所謂直書其事，褒貶自見者，蓋已肯定書之者與見之者，神魂冥契，溝通無礙。所書者，文字也。文字各具含意（sense and meaning)，且別有所指（reference)，書之者苟不窺其含

---

⑯ 語見〔劉子集校〕，「崇學」，頁21。

⑰ 見〔文史通義〕，「史德」，頁 145。崔弗琰嗤近代史家之文，"塞如池塘，略無奔流之暢"（like ponds instead of running like streams)，故亟力呼號史以文傳，見氏著〔史家餘興〕（*The Recreations of an Historian*), pp. 23, 60.

⑱ 語見〔史通通釋〕，「書事」，頁112。

⑲ 語見〔文史通義〕，「書教下」，頁15。

意，悉其所指，“褒貶”安得自見乎？康德嘗言，“見而不識等同瞽盲”(percepts without concepts are blind)。因“文牘簡册不能自見也”(no literary text is ever self-explanatory)⑳。故書之者既網羅文獻，別加“考核”(Quellenkritik)，猶需測量文字之深層結構，嚴格評估其意義，以“推見其實”(inferential recon-struction of reality)⑧。若戴東原疏證字義，故知“古人所謂理，未有如後儒之所謂理者也”⑧；傅孟眞辨證古訓，而後知“孟子之言命，字面固爲天命，其內容則爲義、爲則，不盡爲命定之訓也”⑧。近人更擬借“哲學之詮釋”(philosophical hermeneutics)，與夫“文字之評隲”(literary criticism)以治史，莫非欲令書之者，曲通隱晦，而使見之者一目了然也。斯亦銓評之微旨歟？

---

⑳ 馬許(Robert Marsh)語，見妲蒙(Philip Damon)編，〔文字評隲與歷史理解〕(*Literary Criticism and Historical Understanding*)，pp. 4-5.

⑧ 拉克普辣(Dominick Lacapra)語，見氏著〔史學與批評〕(*History and Criticism*)，p. 21.

⑧ 見〔戴震集〕，頁265。

⑧ 傅斯年，〔性命古訓辨證〕，下册，頁52。

總會第十七

紀傳爲式，編年綴事。文非泛論，按實而書。歲遠則同異難密，事積則起訖易疏，斯固總會之爲難也。

苛濫不作矣然紀傳為式編年綴事文非泛
論按實而書歲遠則同異難密事積則起訖
易踈斯固總會之為難也或有同歸一事而

劉子玄定紀傳與編年爲兩體，曰："丘明傳〔春秋〕，子長著〔史記〕，載筆之體，於斯備矣。"①〔春秋〕者，編年之首，"繫日月而爲次，列時歲以相續"，"理盡一言，語無重出"；〔史記〕者，紀傳之祖，"紀以包舉大端，傳以委曲細事"②。至南宋袁樞，始別爲紀事本末一體③，取溫公〔通鑑〕，"區別門目，以類排纂"，自爲首尾，各詳起訖，"使紀傳、編年貫通爲一"④。章實齋謂紀事本末，"文省於紀傳，事豁於編年，決斷去取，體圓用神"⑤。讚譽有加矣。蓋歲遠事積，不得不因事命篇，以求其起訖自如。三體既出，後來居上。紀事本末苟能圓神方智，其德誠非"〔尙書〕遺意"、"〔國語〕流亞"，可以盡之。

編年之短，或"纖芥無遺"，或"丘山是棄"；紀傳之短，或"斷續相離"，或"前後屢出"，子玄具言之矣⑥。實齋則謂"紀傳之書，類例易求而大勢難貫"⑦，及至宋元之史，

① 見〔史通通釋〕，「兩體」，卷2，頁13。
② 引語同上。
③ 樞傳見〔宋史〕，卷389，册34，頁11934-11938。
④ 引語見〔四庫提要〕，册2，頁93。
⑤ 見〔文史通義〕，內篇，「書教下」，頁15。
⑥ 同註①。
⑦ 見註⑤，外篇一，「史篇別錄例議」，頁234。

"人雜體猥，不可究詰"⑧；而編年之史，則"能徑而不能曲，凡人與事之有年可紀，有事相觸者，雖細如芥子必書，其無言可紀與無事相値者，雖鉅如泰山不得載也"⑨。是故實齋欲"仍紀傳之體而參本末之法"⑩，"以聯其散"，"以清其類"⑪。惟本末之法，雖詳一事之首尾，未明衆事之經緯。袁樞而後，踵事者約有八家⑫，但可稱爲"事件之史"(histoire événementielle)，不足以言"全史"(histoire totalé)。海通以來，國人輒謂西方史體，不出本末之法，似是而實非。泰西記事，詳贍遠過中夏，而又能襯托時代，見其因果，顯示變常。太炎嘗曰："中夏之典，貴其紀事，而文質之化不詳。"⑬豈不然乎？西人不分紀傳，而其傳之豐，動輒數十萬言，巨細靡遺，如見其人，亦非吾華固有。至於編年，羅列大事，聊備參考，未足以言著述。泰西豈止本末一法耶？卽本末之法，比之中夏，亦貌同心異，未可驟言者也。

史體可異，而史文有定。"文非泛論，按實而書"，殊得史文微意。蓋史家行文，必有所本，與文士之工詞章、哲人之高蹈太虛，其所求迥異，故行文有別。實齋謂："文士撰文惟

⑧ 同上，頁236。
⑨ 同上，頁239。
⑩ 同上，外篇三，「與邵二雲論修宋史書」，頁295，另參閱「書敎下」，頁15。
⑪ 語見上書，「爲畢制軍與錢辛眉宮詹論續鑑書」，頁289。
⑫ 計有〔宋史紀事本末〕、〔元史紀事本末〕、〔明史紀事本末〕、〔左傳紀事本末〕、〔淸史紀事本末〕、〔遼史紀事本末〕、〔金史紀事本末〕、〔西夏史紀事本末〕等八家。
⑬ 見章太炎，〔檢論〕，「尊史」，載〔章太炎全集〕，册3，頁413。

恐不自己出，史家之文惟恐出之於己。"蓋因"史體述而不造，史文而出於己，是爲言之無徵。"⑭惟雖出於己，未必無徵，實齋繼謂史家"貴決擇去取"，"既經裁取，則貴陶鎔變化"⑮。若不出於己，陶鎔何自？要能有本爾。苟有所本，陶鎔變化而出於己，何礙徵信？龔自珍以尊史爲尊心，尊心者能出能入。善入卽有所本；故不善入，則"非實錄，垣外之耳，烏能治堂中之優也耶"？善出卽能陶鎔，故不善出，"必無高情至論，優人哀樂萬千，手口沸羹，彼豈復能自言其哀樂也耶"⑯？定盦出入之說，可解實齋不出於己之惑。夫握管落筆，各有書辭，宜雅、明理、尙眞、欲麗，端視其所欲表達之特質而定，然藉文表達，同求其工。彥和之言曰："義貴圓通，辭忌枝碎，必使心與理合，彌縫莫見其隙。辭共心密，敵人不知所乘。"⑰善屬筆者，無論史家文士，豈能異此乎？是亦曹丕所謂"文本同而末異"⑱也。麥考雷之史文，評擊者不一，因其用字遣句，"多激揚嘲諷"(ample provocation for lampoons)，不免泛論而欠實。譬如"名匠操琴，不正音律，而意欲光寵琴師"(a virtuoso's instrument played not to interprete the music but to glorify the performer)⑲。此乃本末倒置，豈不擅

⑭ 見章學誠，「與陳觀民工部論史學」，載〔文史通義〕，附錄，頁585。
⑮ 同上書，頁 586，彥和謂之"鎔裁"，見〔文心雕龍校註〕，頁221。
⑯ 見〔龔自珍全集〕，「尊史」，頁80-81。
⑰ 〔文心雕龍校註〕，「論說第十八」，頁131。
⑱ 語見曹丕，「典論」，載郭紹虞主編，〔中國歷代文論選〕，頁60。
⑲ 引文俱見蓋彼得，〔史學風格〕，頁97。

琴? 操之無當耳! 麥氏豈不擅文?而未悉"文本同而末異"也。竊謂史文按實而書，原非泛論，尚宜"首尾相應"(be consistent)，"要言"(simplicity)"不煩"(precise)，以致"文暢思順"(smooth)，而後可以會通適變矣⑳。

史文求其會通，史體迺尙總會。太白有詩曰:"抽刀斷水水更流"㉑，可喻史若長河，浩蕩而下，莫可分割。此顔忒卡(José Ortega y Gasset)所謂，"吾所知之史，乃探究極古迄今之人事"(By history I understand the study of human reality from the most remote past up to and including living men)㉒。苟非若是，則何以"知往"(coming from)? 遑論"鑒來"(going toward)! 若妄取一偏，而不知全，則其偏亦不可知矣。"不知何木，焉知何葉"(without that whole the leaf is not comprehensible)㉓? 史事若無"時序"(temporal sequence)相繫，必陷"時間洪流"(caught in a cataract of time)，茫然迷失，則猶游魂之無依矣。

史遷"上記軒轅，下至于玆"，以"原始察終"㉔，遙合顔氏"極古迄今"之旨，首創紀傳之"通史"(general history

---

⑳ 劉勰有言: "憑情以會通，負氣以適變……迺穎脫之文也。"見〔文心雕龍校註〕，「通變第二十九」，頁208。

㉑ 見李白，〔李翰林集〕，卷10，頁8。句見「於宣州謝朓樓餞別校書叔雲」一詩。

㉒ 顔忒卡(José Ortega y Gasset)，〔通史詮釋〕(*An Interpretation of Universal History*)，p. 91.

㉓ 同書，頁39。伯恩漢亦有說曰: "不知羅馬，焉知奥王。"(Wer wollte die Geschichte des augusteischen zeitalters schreiben, ohne die ganze Geschichte Roms vor-und nachhen zu kennen)? 見伯恩漢，〔史學方法論〕，頁623。

㉔ 見「太史公自序」，〔史記〕，卷130，册10，頁3319。

or comprehensive history〕。涑水〔資治通鑑〕，上接魯史，下迄五季，"盡古今之統，博而得其要，簡而周于事"㉕，可謂編年通史之絕唱。夫通史貴能合散爲一，貫串會通。錢大昕曰："欲其條理貫串，瞭如指掌，良非易事。"㉖而〔史記〕體例雖有可商，記事亦有舛誤，然其善於會通，則千古無異辭，所謂"〔史記〕敍事，如水之傅器，方圓深淺，皆自然相應"㉗。〔通鑑〕亦精於會通，"敍之非井，不漏不煩"㉘，馳騁千載，"統之有宗，會之有元"㉙，緝挈緒釐，心目瞭然。昔中夏通史佳構，兩司馬盡之矣。凡尙通史者，亦莫不尊遷、光矣。鄭夾漈以會通之義爲大，謂六經之後，唯有太史公書，能極古今之變，惜"班固以斷代爲史，無復相因之義"，頓失"會通之旨"，以致於後之史家，只"居一代之史，不能通前代之史；本一書而修，不能會天下之書而修"，前後無以相因依㉚。馬端臨亦以爲〔詩〕、〔書〕、〔春秋〕之後，"惟太史公，號稱良史"，"然自班孟堅而後，斷代爲史，無復會通因仍之道，讀者病之，至司馬溫公作〔通鑑〕，取千三百餘年之事跡，十七史之紀述，萃爲一書，然後學者開卷之餘，古今咸在"㉛。近世章實齋更以通史有六便二長㉜，並演「申鄭」之說，謂夾漈"獨取三千年來遺文故册，運以別識心裁，蓋承

㉕ 語見御製通鑑序。
㉖ 語見錢大昕，〔廿二史考異〕序。
㉗ 語見馮班，〔鈍吟雜錄〕，卷6，頁87。
㉘ 語見〔越縵堂讀書記〕，上册，頁327。
㉙ 語見李流謙，〔澹齋集〕，卷18。
㉚ 閱鄭樵，「通志總序」，載〔通志〕，册1，頁1。另見〔鄭樵文集〕，頁37-38。
㉛ 見馬端臨，〔文獻通考〕，册1，頁3。
㉜ 詳閱〔文史通義〕，「釋通」，頁131。

通史家風，而自爲經緯，成一家言者也”㉝。

鄭樵尊遷抑固，至謂“遷之於固，如龍之於猪”㉞，因遷明會通之旨，而固失相因之義。實則通史與斷代之異耳。竊謂包舉一代，未必不能會通相因。若前漢一朝二百餘年，苟能條理貫串，得其首尾，亦一代之通史也。倪伯爾 (G. B. Niebuhr) 曰："吾之爲史氏也，蓋能織片斷成全圖。" (Ich bin Historiker; denn ich kann aus dem einzeln Erhaltenen ein vollständiges Gemälde bilden)㉟ 全圖既得，斷代何礙？若固之述霍光本事，具首尾，達表裏；傳王莽，則"鈎抉幽隱，雕繪衆形"，"信可追隨子長"㊱。是則會通之旨未必不得施之於斷代也。惜隋唐而後，斷代之史成於史館，多事編綴，不詳因緣，遂有踳雜難讀之憾矣。

會通必具首尾，追踪溯源。歲時綿遠，則事疏而異同難言。子長鑒言不雅馴，故起自黃帝；然黃帝之事，其亦難言哉！溫公以晚周爲首，識過子長矣。荀子嘗言"遠略近詳"，因事遠疏而難徵，事近密而易備。劉子玄謂〔左傳〕"自宣成以前，三紀而成一卷；至昭襄以下數年而占一篇"。宣成以前所載，其簡如彼者，蓋"求其事有妄載，言有闕書"也㊲。章實齋遂曰："史家詳近略遠，自古以然。""涑水身生宋世，其所閱涉，自詳於唐而略於漢魏以上，亦其理也。"㊳即寧闕毋濫之

㉝ 同書內篇，「申鄭」，頁134。

㉞ 同註㉚。

㉟ 引自伯因漢書，見註㉓。

㊱ 參閱〔方望溪全集〕，頁31。

㊲ 見〔史通通釋〕，「煩省」，卷9，頁125-27。

㊳ 見〔文史通義〕，「爲畢制軍與錢辛眉宮詹論續鑑書」，外篇3，頁288。

旨也。惟述遠多妄，誌近未必盡審。若所南〔心史〕，傳爲大宋孤臣鄭思肖撰，鐵函蠟封，沈之蘇州承天寺狼山房濬眢井，明季始出，且有"此書出日，一切皆吉"諸語㊴，有似讖緯。世人雖奇之，大都以爲實，卽顧炎武亦深信之，並作「井中心史歌」，有云："著書一卷稱〔心史〕，萬古此心心此理。"㊵此心見諸夷夏之分，激昂之詞，深得清初士人同慨。獨全謝山、王敬所、閻百詩、萬季野輩指爲僞作。季野以爲乃海鹽姚叔祥所依託，謝山稱是。謂所南〔錦線集〕，黃梨洲曾見之，"向使是書而在，以之對勘〔心史〕，當有敗闕"㊶。全氏亦懷故國之深思，不礙神目啓疑。陳寅恪曰："所南〔心史〕，固非吳井之藏。"㊷識同謝山歟？鐵函〔心史〕去古未遠，而同異難密如此，益知史事之難明也。

史家輒患事疏，鮮慮事積。惟事積如麻，苟"不挈其綱，則漶漫無章；不釐其緒，則挂漏難恣"㊸。是則清理浩如烟海之史料，能不提要鈎玄，臚列眉目，以嚴起訖之密乎？劉子玄謂以編年爲次，"雁行魚貫，皎然可尋"；以紀傳爲次，則"錯綜成篇，區分類聚"㊹。是以兩體之起訖有異也。然劉氏未以爲盡善：以年爲次，姓氏不彰，言行不顯；以傳爲次，則先後

㊴ 參閱余嘉錫，〔四庫提要辨證〕，卷24，集部，下册，頁1526-1533。
㊵ 見〔顧亭林詩文集〕，頁416。
㊶ 見全祖望，〔鮚埼亭集〕，外編，卷34，下册，頁1143-1144。
㊷ 見陳寅恪，〔寒柳堂集〕，頁96。
㊸ 汪運光語，見〔明史竊〕汪序。
㊹ 見〔史通通釋〕，「編次」，卷4，頁48-49。

無序，年月不明㊺。若"陳勝、項籍見編於高祖之後，隗囂、孫述不列於光武之前"㊻，時序旣亂，讀者眩然。是卽實齋所謂："紀傳之史，事同而人隔其篇；編年之史，事同而年異其卷。"㊼乃起訖易疏之佳證也。章氏求其當，欲以別錄救紀傳編年之窮。別錄云何？曰："諸家之史，自有篇卷目錄冠於其首，以標其次第，今爲提綱挈領，次於本書目錄之後，別爲一錄，使與本書目錄相爲經緯，斯謂之別錄云爾。"㊽要在附合本末兼賅之旨。章氏所云"別錄"，近似當代史學專著之類，惜未見其示範之作爾。近世章太炎以傳記爲別錄㊾，是紀一人之始終者。尙宜有紀一事之始終者，與夫紀一代之始終者。見其始終，必挈緝緖，而後明一人之成敗，一事之文野，一代之進退矣。雖事積而不疏矣。

中夏史學綿延二千餘年，其於總會之旨，固已深究之矣。奈太炎初接西學，卽感舊史雖善於具體之記述，皆未盡演繹之法。卽以"衡陽之聖，讀〔通鑑〕、〔宋史〕，而造論最爲雅馴，其法亦近演繹；乃其文辯反覆，而辭無組織，譬諸織女，終日七襄，不成報章也。若至社會政法盛衰蕃變之所原，斯人闇焉不昭矣"㊿！至於乾嘉"王錢諸彥，昧其本幹，攻其條末，豈無識大，猶媿賢者"(51)。章氏遂發奮"修〔中國通史〕，約

㊺ 同書，「二體」，卷2，頁13。
㊻ 同書，「編次」，頁49。
㊼ 見〔文史通義〕，「史篇別錄例議」，外篇1，頁235。
㊽ 同上，頁240。
㊾ 見〔章太炎全集〕，册3，頁332-33。
㊿ 「中國通史略例」，載上書，頁328-29。
(51) 同上，頁329。

之百卷，鎔冶哲理，以袪逐末之陋；鉤級習沈，以振墨守之惑；庶幾異夫策鋒計簿、相斫書之爲者矣”52！觀其略例目錄，可期虎豹之炳蔚，惜其通史之未成也。

泰西古昔不通中夏，猶中夏之不通泰西也。及海通以後，識者視野頓拓，不僅欲貫穿古今，且欲縱横中外，溝通東西矣。歐陸啓蒙之世，“識包寰宇”(oecumenical insight)，遂有作寰宇全史之志。及拿破崙戰爭既起，心思復用之於一國一族矣。國別爲史，“所見不出鄉關”(parochial view)。大師蘭克雖垂注國史，未嘗自限於此，猶欲合“國史”(national history)爲“全史”(universal history)53，壯志耋耄未已。蘭克擬以“嚴格致知”(critical inquiry)，明列國之異，復以“明智綜合”(intelligent synthesis)，求國史之大同。而後以“大事貫穿列國，宰其運會”(the sequence of great events which link all nations together and control their destinies)54。惟蘭克所見，要在歐陸列國之異，泰西文明之同。其於東西文化之異，固未暇深究之矣。吉樸靈 (Rudyard Kipling) 不云乎：“噫！東者東，西者西，兩者永不合一也。”(Oh, East is East, and West is West, and never the twain shall meet.) 55而今大地，舟車往來，鐵鳥振翼，無遠弗至，然精神之鴻

---

52 同上。今人多知梁任公之新史學，而鮮聞章太炎之新史學，蓋因梁氏文章顯露而明曉故也。

53 參閱蘭克 (Leopold von Ranke)，「全史序言」(Preface to Universal History)，載〔歷史之理論與實踐〕，頁162-63。

54 同上，頁163。

55 語見吉樸靈(Rudyard Kipling)，「東西謠」(The Ballad of East and West)，作於1899年。

溝，非科技可以彌縫。若中夏與泰西之舊史，幾不相涉，各具首尾，會通不亦難乎？按"全史"(world history)之會通，並非各史之總滙(composite history)，亦非人各一篇之合編(co-operative history)。蓋集散爲一殊，必"胸懷寰宇"(a global perspective)，"旨在獨裁"(unitary vision)，精神貫串全史。豈雜集各史以成一編可以爲功耶？楚一志(E. Troeltsch)嘗曰，文明相遇爲一事，會通文明則又當別論㊻。艾克頓公爵更明言之曰："吾所謂之全史，非妄以沙織繩，乃持續之發展；非記誦之負荷，乃心魂之疏瀹，固有異於集各國史爲一編之作也。"(By universal history I understand that which is distinct from the combined history of all countries, which is not a rope of sand, but a continuous development, and is not a burden on the memory but an illumination of the soul.)㊼總會有異於總滙，善哉斯言，惟觀乎艾氏主編之〔劍橋近代史〕(*Cambridge Modern History*)，雖非滙集以成史，猶乏寰宇之胸懷，其識見仍以"歐洲爲重"(Europacentric)。是時歐洲稱霸寰宇，勢不免自重也。夫識見一偏，雖包攬寰宇，所成之史終偏；若胸懷寰宇，雖總會一國，所成之史可以不偏。當今寰宇全史之難產，諒因史家仍受制於文化，識見難越鄉黨歟？

近人盛稱湯恩比。湯氏縱觀古近，橫覽東西，自開闢以來

㊻ 見楚一志(E. Troeltsch)，〔文集〕(*Gesammelte Scharif-ften*)，Vol. 3, p. 609. 章實齋亦嘗言"通史"與"集史"之異。

㊼ 艾克頓，〔近代史講稿〕，1906版，頁317。

人類之文明，無不涉及㊳。其氣魄之大，足令專治一端者震疑；其規模之宏，實佔廿世紀之頭鰲。然其規模氣魄，意欲置全史於"唯一模式"(single mould)，區劃分類，直以"史事爲植物"(botanizing history)，以供其主見之所需。其歸宿旣在"泛論全史"(seeing history and the whole past in abstract general terms)㊴，故但求理論之合適，不顧事實之精確。至於騁騖想像，預言臆測，更有違史氏微旨。是故湯氏鉅著，"煌煌固然，奈非史何"(C'est magnifique, mais ce n'est pas l'histoire)㊵！居今瀛寰大通之世，而果能總會瀛寰全史，銓配得當，無所偏依，若有之，吾猶未見之矣。

㊳ 湯恩比自小欲寫巨著，上父母書有云："吾將通究簡册，以成大史家"(I am going to research and become a vast histonical Gelehrte)，見麥克尼爾(William Mcneil)，〔湯恩比傳〕(*Arnold I. Toynbee*)，p. 31.

㊴ 巴克語，見巴克(Ernest Barker)評湯文，載〔湯恩比與歷史〕(*Toynbee and History*)，p. 95.

㊵ 引自施鍾伯(Roland Stromberg)，〔危機時代之史家湯恩比〕(*Arnold J. Toynbee: Historian for an Age in Crisis*)，p. 77.

銓配第十八

或有同歸一事，而數人分功。兩記則失於複重，偏舉則病於不周。此又銓配之未易也。

易踈斯固總會之為難也或有同歸一事而數人分功兩記則失於複重偏舉則病於不周此又銓配之未易也故張衡摘史班之舛

華眞氏譯介〔史記〕於彼邦，嘗言紀傳一體處理史料之"異"(peculiar)，一事分見數傳，縱有利於史氏敍事，輒令讀者目眩，茫然若失①。斯卽一事數人分功之謂歟？劉子玄申論斯弊曰："尋〔史記〕疆宇遼濶，年月遐長，而分以紀傳，散以書表，每論家國一政，而胡越相懸，敍君臣一時，而參商是隔"②，以至"方述一事，得其紀綱，而隔以大篇，分其次序，遂令披閱之者有所懵然。後史相承，不改其轍，交錯紛擾，古今是同"③。

章實齋謂劉氏之譏，議未中弊，然亦不諱言紀傳之失，曰："忽著事詳某傳，忽標互見某篇，於事雖曰求全，於文實爲隔閡。"④故欲別求其當，一則"取其事見某傳互見某篇之類"，改爲子注；一則"標舉事目，大書爲綱，而於紀表志傳與事連者，各於其類附注篇目於下，定著別錄一編，冠於全書之首"⑤。而後綱舉目張，以爲"治紀傳之要義，未有加於此也"⑥。

---

① 見華眞，〔中國太史司馬遷〕，頁107。
② 〔史通通釋〕，「六家」，卷 1，頁 9。
③ 同書，「載言」，卷 2，頁16。
④ 〔文史通義〕，「史篇別錄例議」，外篇 1，頁235。
⑤ 參閱同書，頁235-36。
⑥ 同上書，頁236。

實齋之意，欲以別錄聯紀傳之分，分編年之合。然近人柳詒徵以爲"表志即所以聯合紀傳，即所以分著，又其分合均所以爲聯，乃紀傳體之特色"⑦。柳氏曰："史之所紀，則若干時間、若干地域、若干人物，皆有聯帶關係，非具有區分聯貫之妙用，不足以臚舉全國之多方面，而又各顯其特質。故紀、傳、表、志之體之縱橫經緯者，乃吾大國積年各方發展、各方聯貫之特徵，非大其心以包舉萬流，又細其心以釐析特質，不能爲史，即亦不能讀史。"⑧

柳氏駁劉氏之譏，明紀傳分合之妙用，固有其當。若〔史記〕「蕭相國世家」，僅及收秦律令、舉韓信、鎭撫關中、舉曹參自代四業績。蓋此四事，乃相國"萬世之功"，所以見其歷史地位者也，故於本傳中見之。至於定律令，非蕭何不世之功，故於曹參、張蒼傳中見之。主次分明，載事不雜，此方望溪所謂"明於體要"者也⑨。然即以太史公之聖，方氏以爲舉參自代未可與前三事並論。班固承用是篇，而增蕭何諫止漢王攻羽一節，以方氏之見，縱信有其事，"亦謀臣策士所能及也。且語甚鄙淺，與何傳氣象規模不類"⑩！遷固紀傳之祖，竟難以求全。厥後分合益紊，生趣愈滅。至〔宋史〕"數人共事，傳各專功"⑪，已非實錄，至於錯謬、遺漏、失次，甌北言之詳矣⑫。

⑦ 見柳詒徵，〔國史要義〕，頁68。
⑧ 同上書，頁69。
⑨ 見〔方望溪全集〕，頁27-28。
⑩ 同上書，頁28。
⑪ 語見趙翼，〔廿二史劄記〕，卷24，頁502-03。
⑫ 同上書，頁504-07。

〔元史〕一人兩傳，其謬更深⑬。而"明太祖功臣十八侯，人各一傳，或同一事，而既見於此，復見於彼"⑭。類此大疵，未可以失於校檢爲辭；至謂史文重出以示著者深意，亦爲今人不取。蓋因紀傳之體，包羅太廣，銓配至難。欲立通史，實得集史耳；分合之妙，往往成拙。故今人作傳，宜專治一人之首尾，詳其言行，並能旁見側出，以見其時代。然則千百年後，不僅其人栩栩如生，而其時代之表裏，亦爲之彰明。此遷固而後千餘年，紀傳不得不改弦更張者也。

銓配不易，非僅遷固之體。凡秉筆爲史者，必決去取，分主次，定煩省，使敍事詳而不雜，簡而不闕，皆銓配之道也，能不熟思之乎？狄爾泰有言："吾所取者，必以爲至要；然至要之準則，端賴吾之價值觀爾。"⑮苟若是，則去取因人而異，猶無準則也。故艾爾頓有"控制採擇"(control of choice)之說。控制之法，不從價值之好惡，有賴史學之閱練。且能於採擇之初，先"博覽其全"(total survey of material)⑯。設非蒐羅之博，安得採綴之精？蓋"必先採料，木石既具，而後可以築室；縑素既具，而後可以縫衣"⑰。木縑無盡，而室衣有限，故必胸有室衣之規模，而後知木縑之用。史家於其著述者，了然於胸，而後博覽細擇，始可以無憾。斯卽取材貴備之

---

⑬ 見〔日知錄集釋〕，下册，頁609。

⑭ 語見〔魏源集〕，「書明史藁」，上册，頁221。

⑮ 引自郝吉士 (H. A. Hodges)，〔狄爾泰導論〕(*William Dilthey, an Introduction*), p. 81.

⑯ 參閱艾爾頓，〔歷史之實踐〕，頁70。

⑰ 語見「潘次耕上某總裁書」，〔明史例案〕，卷6，頁15。

旨也。論史固不可以偏蓋全，然未嘗不可由偏知全，如蘇東坡模影，雖不見其眉目，識者失笑。

史家胸有規模，知所營建，庶免堆砌漫漶之弊。凡所取資，或詳首尾，或探幽隱，或發沈覆。採綴切適，銓配得當，斯其宜矣。然今人回顧舊史，有帝王將相家譜之譏。梁任公即謂，從來作史者，"皆爲朝廷上之若君若臣而作，曾無有一書爲國民而作者也"⑱。國民非無史也，舊史氏以其無關宏旨而去捨；銓配以君臣爲主，非爲君臣而作，乃因昔人作史，"所以紀政治典章因革損益之故"⑲。昔時政治典章由君臣宰制，不與國民，故記君臣者煩，而記國民者省。史氏營建之規模，自以帝王將相爲歸宿焉。泰西舊史，大略相似。夫自李維至蘭克，史氏所持以爲主者，亦政教因革損益之事爾。近世民主勃興，國民奮起，魯賓孫氏（James Harvey Robinson）遂倡"國民之史"(History for the Common Man)，謂帝王敎皇、宮廷將相之事，僅"史之小環耳"(form only a very small part of history)。新史氏述羅馬之鄉莊，原始之機械，追踪哥德式建築之風格，與夫埃及曆法之來源⑳。魯氏以"新史學"名世，所謂新者，乃超越傳統政教之窄門，凡思想文化、社會經濟莫不過問焉。蓋有感於傳統史學之銓配欠當，而欲拓展其領域，包攬不應棄絕之史事。史家營建之規模亦不得不有所修正矣。

近世史家欲補舊史不周者，尤致力於文化、經濟、社會諸端。瑞士學者布哈德（Jacob Burckhardt, 1818-1897），承德

⑱ 見梁啓超，「新史學」，〔飲冰室文集〕，卷34，頁26。
⑲ 語見戴名世，「史論」，〔南山集〕，卷 1，册 1，頁97。
⑳ 見魯賓孫，〔新史學〕，頁135-36。

意志文豪歌德之遺風，通觀舊史，尤垂注文化之蛻變，藝術之鑑賞。且文化者，非先人之陳蹟，乃今人精神之寄託。布氏曰："文化者，適物質與精神之需，乃物質進展與夫精神表現之總和——亦即社會交流、科技文藝之全體。"(Culture, which meets material and spiritual need in the narrow sense, is the sum of all that has spontaneously arisen for the advancement of material life and as an expression of spiritual and moral life—all social intercourse, technologies, arts, literatures, and sciences.)㉑由文化觀史，布氏之視野固遠廣於儕輩，實開"文化史"(Cultural History)之先河焉。德人狄爾泰繼黑格爾而主柏林大學講席，倡"文化與人文學之自主"(The autonomy of cultural or human sciences)，更助長文化思想史之探究。狄氏之傳人為邁涅克，邁氏以"良知"(conscience)為史學之核心，故尤重歷史文化之精神發展，不愧為近代史學之大師㉒。狄氏之學西傳北美，而有賴府喬(Arthur Lovejoy)之成名。賴氏致力於文化中"理念"(Idea)之"擴散"(diffusion)與"連鎖"(chain)。所謂理念史者，乃追究思潮中理念之組合。若就儒學史而言，凝聚無數儒家之理念；成分各異，而皆歸宗儒學。故必捨儒學

㉑ 見布哈德(Jacob Burckardt)，〔史學反省〕(*Reflections on History*)，載崔服羅頗(Hugh R. Trevor-Roper)主編，〔史學巨著叢書：布哈德卷〕(*The Great Histories: Burckhardt*)，p. 24.

㉒ 可參閱邁涅克(Friedrich Meinecke)，〔世界主義與民族國家〕(*Cosmopolitanism and the National State*)，金姆伯(Robert B. Kimber)氏英譯本。

之同，以窺其組合之異。蓋未悉其異，不知其同。其間異同之關係，猶如"巨鍊之環套"（The Great Chain of Being）也㉓。而晚近崇尚之"思想史"(Intellectual History)，由理念組合之分析，進而探討"人之思想"(Man Thinking)，不問仁之通義，但問孔丘曰仁爲何？朱熹曰仁爲何？康梁曰仁爲何？至於以語言分析之法，詮釋詩文，以明其人所思。思想文化之眞相，能不水落石出乎？中夏舊史原亦有藝文一志，第形同書目，歷代相沿，至〔清史稿〕而猶若是，可謂能守成矣。黃梨洲〔明儒學案〕，蔚然開山之作，惜於學說思想，但現眉目，仍未暇直探肺腑。此舊史銓配之未當也。

人生於世，原爲求生，而食衣住行之事，習以爲常，鮮爲舊史錄載；泰西古乘，亦盛道戰事而罕言民生。迄乎近世，物質昌明，而後有述論國計民生之專史。亞當·斯密〔原富〕偶及斯意，孟德斯鳩復見人文發展中之商務要素，而古丁根教授赫侖（Arnold H. Heeren）"首撰經濟史之巨著"（wrote the first great book on economic history)㉔。晚近治經濟史者，或羅列事實，以觀其交涉；或究其流變，以察其作用；或發見世變中之經濟關鍵，甚或以經濟釋史，論著繁多。其能綜合而獨裁之，演爲唯物史觀者，即馬克思(Karl Marx, 1818-1883)也。馬氏以"生產模式"(The Mode of Production)決定歷史，

㉓ 見賴府喬（Arthur O. Lovejoy），〔巨鍊環套：理念史之研究〕(*The Great Chain of Being*: *A Study of the History of an Idea*), pp. 1-23.

㉔ 見巴耐士，〔史學史〕，頁302。

模式之演進乃歷史之動力。其演進之現象與法則，謂之"辨證法"(The Dialectic)，其演進之程序，即五階段說。因生產關係之分，而有社會階級之異。階級既異，利害衝突，故鬪爭乃不可免。鬪爭愈烈，階級意識愈熾，至階級消失而後已。階級既取決於生產模式，模式既變，生產關係隨之。至生產資料全歸公有，階級始滅。馬氏經濟史觀，示歷史演化之理，物質基礎之本，導史學於異境，其風靡神州之故，豈僅一端？惟馬氏雖重科技，未嘗言科技卽生產模式；若然，則非唯物史觀矣。而其"經濟定命"之論(Economic determinism)，靡有旋迴餘地，不免蹈以法繩事覆轍，難辭以論帶史之咎㉕。中夏舊籍雖未嘗有經濟史觀，然遷固已有平準、食貨志書，其遠見巨識，豈希羅史家可望項背乎？班氏「食貨志」尤具首尾，言簡而意賅，綜括農殖嘉穀，布帛錢幣，自上古以迄王莽，雖詳近略遠，固未限於前漢。至謂"食足貨通，然後國實民富，而敎化成"㉖；"民不足而可治者，自古及今未之嘗聞"㉗；"夫腹飢不得食，膚寒不得衣，雖慈母不得保其子，君安能以有其民哉"㉘！皆能洞悉經濟主宰政敎之旨。其述重農抑商之抉擇，意在言中，

㉕ 有關馬克思著作多不勝舉，其生平可參閱柏林(Isaiah Berlin)，〔馬克思其人其世〕(*Karl Marx: His Life and Environment*)；其史學可閱薄伯(M. M. Bober)，〔馬克思釋史〕(*Karl Marx's Interpretation of History*)；傅萊秋(Helmut Fleischer)，〔馬克思主義與歷史〕(*Marxism and History*)；賽力格門(Edwin R. A. Seligman)，〔經濟釋史〕(*The Economic Interpretation of History*)。

㉖ 見〔漢書〕，「食貨志第四」，册4，頁1117。

㉗ 引賈誼語，同上書，頁1128。

㉘ 引鼂錯語，同上書，頁1131。

蓋因秦楚亂後，生齒日繁，而耕地匱乏，若遇災旱，人必相食，故非盡地力之教，下不足以養民，上不足供主用。苟欲勸耕養民，必善平糴之法。若"糴甚貴傷民，甚賤傷農；民傷則離散，農傷則國貧。故甚貴與甚賤，其傷一也，善爲國者，使民毋傷而農益勸"㉙。國家非不知商賈之利，奈重商必致不均，不均則民貧，民貧則姦邪生。蓋當時社會條件所限，重農輕商之抉擇，豈當國者一時之好惡？明乎"經濟之抉擇"(Economic choice)矣㉚。經濟之要，班氏得之矣。班氏而後，迄於明清，食貨一志篇幅益增，而格局不出遷固。越二千年而難突破者，蓋因經濟學說未彰，社會理論未究之故也。

經、社不可遽分 (the line between the economic and the social cannot be strictly drawn)㉛，非知其社會結構，無以悉其經濟之經緯，反之亦然。欲洞察既往社會之結構與形態，要能知古人生活之全，舉凡家居交友、工閒文娛，與夫人口之升降、制度之流變、階級之衝突、風俗之良窳、都市之發展、士人之觀感、愚惰之實況、罪犯之因果，莫不問焉。而後能窺"社會中人生活之全"(the whole life of man in society)㉜。然中西舊史，皆輕忽之，致成史乘之"晦區"(shadowy zone)㉝，隱而不彰。斯乃古之作史者，偏重政治之興亡，漠

㉙ 見同書，頁1124-25。
㉚ 參閱郭特，「經濟史」，頁20-21。
㉛ 語見雷德福，〔英國經濟史〕，頁v。
㉜ 見金士堡 (M. Ginsberg)，〔社會學〕(*Sociology*), p. 7.
㉝ 布賀岱語，見氏著，〔日常生活之結構〕(*The Structures of Everyday Life*), Vol. 1, p. 23.

視社會之動態，有以致之，亦銓配未善之謂也。今史氏以社會史為顯學，勢所必然也歟!?

信史第十九

若夫追述遠代，代遠多僞。公羊高云傳聞異辭，荀況稱錄遠略近。蓋文疑則闕，貴信史也。然俗皆愛奇，莫顧實理，傳聞而欲偉其事，錄遠而欲詳其跡，於是棄同即異，穿鑿傍說，舊史所無，我書則傳。此訛濫之本源，而述遠之巨蠹也。

濫傳玄讖後漢之尤煩皆此類也若夫追述
遠代代遠多偽公羊高云傳聞異辭荀況稱
錄遠畧近蓋文疑則闕貴信史也然俗皆愛
奇莫顧實理傳聞而欲偉其事錄遠而欲詳
其跡於是棄同即異穿鑿傍說舊史所無我
書則傳此訛濫之本源而述遠巨蠹也至於

史事難，核實爲難也。蓋言、事既往，所據者唯在文獻，而文獻多闕，歲遠佚多，莫可追詰。孔子曰："夏禮吾能言之，杞不足徵也；殷禮吾能言之，宋不足徵也，文獻不足故也，足則吾能徵之矣。"①劉子玄曰："古文載事，其詞簡約，推者難詳，缺漏無補，遂令後來學者，莫究其源，蒙然靡察，有如聾瞽。"②朱晦翁曰："太抵史皆不實，緊切處不敢上史，亦不閱報。"③章太炎曰："時既久遠，而更欲求舉措之意，利病之執，猶斷棋一區，以定弈法，唫口弊舌，猶將無益也。"④此史家之無奈，知有不可言狀之古，難發之覆。⑤其殘存之文獻，可道古矣，而未必信史。君舉必書，君者不怒，書者不疑，斯固三代遺意，未嘗行於後世。是以"徵實則有目睫之虞，矯誣則有人鬼之譴"⑥。忌諱之深，"文字常伏危機，吹毛動成大戾。"⑦遂令避忌曲筆，"實事失眞"（distortions

---

① 見〔論語〕，「八佾」，卷2，頁2。
② 〔史通通釋〕，「疑古」，卷13，頁182。
③ 朱熹，〔朱子全書〕，卷62，頁23。
④ 章炳麟，「徵信論下」，〔章氏叢書〕，卷14，頁35。
⑤ 郎格羅阿與塞努布嘗曰："文證旣失，謂之亡史，若無其事也歟"(what have since disappeared is lost for history; is as though it had never been.) 見二氏合撰之〔歷史研究導論〕，p. 17.
⑥ 語見施愚山，「修史議」，〔明史例案〕，卷4，頁9。
⑦ 同上，頁10。

creep into evidence) ⑧。顧炎武謂："自庚申至戊辰，邸報皆曾寓目，與後來刻本記載之書，殊不相同。"⑨ 殆即此故歟? 夫因忌諱而失實，是謂"有意之扭曲"(conscious and willful misrepresentation of the actual facts) ⑩。泰西之有意作僞者，少避時忌，旨在政治宣傳，或在圖謀私利。一八七九年之〔北美評論〕(*North American Review*)，披露所謂"公僕日記"(Diary of a Public Man)，載南北戰爭前夕情狀，自爲有關林肯政府之要件；而其中錄載林肯佚事，有不見於他書者，捨此無從。專家學者遂如獲至寶，信以爲眞，據之而著述者不一。六十年後，安德遜 (Frank M. Anderson) 教授窮半生之力，如偵探之破案，卒見其僞，"殊非信史"(ought not to be regarded as history) ⑪。晚近復有希特勒戰時日記之出，轟動一時，雖不旋踵而敗露，猶能欺惑名家⑫，是知敍述眞切，可以誤作信史，眞僞之難辨，可見一斑。

有意之僞，窺其意尚能明其僞；至於無心之僞，尤難辨認。所謂無心者，或囿於見聞，不得其情；或溺於成見，未悉其狀，

⑧ 韓德林 (Oscar Handlin) 語，見氏著〔史中求眞〕(*Truth in History*), p. 125.

⑨ 「顧亭林與（潘）次耕書」，載〔明史例案〕，卷 8，頁 3。

⑩ 語見唐寧 (William A. Dunning)，「史中求眞」(Truth in History)，載漢彌爾頓 (J.G. de Roulhag Hamilton) 編，〔唐寧史學論文集〕(*Truth in History and other Essays by William A. Dunning*), p. 14.

⑪ 見安德遜，〔公僕之迷〕(*The Mystery of "a Public Man"*), p. 178.

⑫ 如崔服羅頗，乃當今英國史學泰斗，於希特勒日記敗露之前，信以爲眞，終爲之汗顏。

雖親聞實錄,安足以稱信史?王應麟嘗曰:"〔史通〕云陸機晉史虛張拒葛之鋒,又云蜀老猶存,知葛亮之多枉,然則武侯事蹟,湮沒多矣!"⑬萬斯同曰:"王應麟晚節高峻,而〔宋史〕王傳未及。"⑭至於事遠而"所見異辭,所聞異辭,所傳聞異辭"⑮,以訛傳訛,莫知究竟。張岱見有明一代,"國史失誣,家史失諛,野史失臆,故以二百八十二年總成一誣妄之世界"⑯,深恨史之不能信直也。西人有言,"史無可徵之知"(historical knowledge is impossible),蓋有張岱之歎。貝克(Carl Becker, 1873-1945)遂欲分史爲二,一曰:"既往實存之史"(the actual series of events that once occurred),一曰:"吾人記憶之史"(the ideal series of events that we affirm and hold in memory)。前者絕無可變,而後者隨所知之增益而變⑰。伽利略(Galileo Galilei, 1564-1642)稱史氏爲"記憶專家"(Oistoricio dottori di memoria),若記憶非盡事實,則史氏之事殆矣。

然信史難求,正見史氏任重道遠,未可因噎廢食,以爲史無足徵。大凡抽史徵信,首宜"闕疑"(suspend judgment)。書契以前,文字未具,雖覃思竭力,必無所得。方策既備,或蝕於蟫蠹,或毀於秦火,遺緒蔓無可理。是故良史有疑必闕,若三皇五帝之事,疑而闕之,庶免妄意成誣,有損信史,〔論語〕

---

⑬ 王應麟,〔困學紀聞〕,卷13,頁7。
⑭ 萬斯同,〔羣書疑辨〕,卷12,頁19。
⑮ 語見桓公二年公羊傳,載〔春秋三傳〕,頁40。
⑯ 張岱,〔瑯嬛文集〕,頁18。
⑰ 貝克,〔人盡可史〕,頁234。

所謂"多聞闕疑，愼言其餘"者也⑱。然迄乎近世，"所作〔綱目前編〕、〔綱鑑捷錄〕等書，乃始於庖羲氏或天皇氏，甚至有始於開闢之初盤古氏者，且並其不雅馴者而亦載之"⑲，斯知闕疑之猶未尙也。籍存而不著，推校揣狀，雖量度眇合，未可以稱質言；"不然者，世久而視聽瀸漬，率爾之言，將相保以爲實錄，其過宏矣"⑳！斯知"存疑"(tentative judgment)之爲要也。英人喬治(H. G. George)有言："雖達其事，未悉其情，疑而存之，冀有所待，何害之有。"(If he thinks that the available evidence points to a given conclusion, but is not sufficient to establish it, he can, with no harm to anyone, record his conclusion as provisional or probable, and wait for further evidence.)㉑荀卿之言曰："傳者，久則論略，近則論詳。"㉒蓋事久疑多，事近可徵，明乎闕存之微意矣。〔史記〕略遠詳近，豈不然歟？

事詳宜矣！唯詳中有略，可不愼哉?!或揚己黜人，或膀謚敗諱，若岳飛破胡，兀朮號奔，而〔金史〕不載；魯連卻秦，而略李同敢死之功㉓。至於知其一而未悉其二，遽爲定說，實等巫言。若"史載曹武惠南征入金陵時，不戮一人，以爲美談。

---

⑱ 見〔論語〕，卷1，「爲政」，頁7。

⑲ 語見崔述，〔考信錄〕，頁31。近人張其昀撰〔中華五千年史〕，竟亦始於庖羲，具不以信史爲意爾。

⑳ 太炎語，見「徵信論上」，〔章太炎全集〕，册4，頁56。

㉑ 喬治氏，〔歷史證據〕，頁19。

㉒ 見〔荀子集解〕，卷3，「非相篇第五」，頁52。

㉓ 參閱「徵信論下」，〔章太炎全集〕，册4，頁58。趙翼，〔廿二史劄記〕，頁609-12。

按宋人小說載，北兵入，頗多擄殺，賴張成樹梯於府榜，踰垣入者二千餘人，幸免殺戮”㉔。略張成之智，作曹氏美談，可謂偏聽亂眞矣。是必“願以虛心，覈其實蹟”㉕，庶幾無憾。

事詳宜矣！唯詳中有僞，能不辨哉?!贋僞之由，或“有意之造”(deliberately manufactured)，若魏姆士 (Mason L. Weems) 爲華盛頓立傳，造櫻樹故事，以爲後生楷模。又若書賈雜鈔舊籍，僞託名人，以圖漁利；腐儒竄竊稿本，據爲已有，以沽俗名。更或怵於權勢，或取媚求寵，或欺世盜名，皆此之屬。或“無意之僞” (unconsciously falsified)，若王應麟誤以越大夫文種爲鄞人，蓋因所據有誤㉖。若史華慈 (Benjamin I. Schwartz) 以魯迅爲閩人㉗，蓋因囿於見聞。更或惑於傳聞，加以附會，或先入之見，以僞爲眞，或牽於流俗，妄加毀譽，皆此之屬。惟不論僞由何生，一旦僞作而垂諸久遠，遂令後人目眩難辨。史家辨僞，探賾索隱，責豈旁貸，亦信史之所賴也。

徐健菴曰：“毋憚旁搜，庶成信史。”㉘伯恩漢曰搜求不厭其多㉙。中西同聲，蓋良史深悉史料賅備而後可言辨僞考信也。搜羅旣多，始得“相互校勘”(Gegebseutuge Kontrolle)，以“定其時”(Bestimmung der Entstehungszeit)、“明其地”

㉔ 見昭槤，〔嘯亭雜錄〕，頁490。
㉕ 徐健菴語，見〔明史例案〕，卷 1，頁3。
㉖ 見錢大昕，〔潛研堂文集〕，卷19，頁269。
㉗ 史華慈 (Benjamin I. Schwartz)，〔力圖富強：嚴復與西方〕(*In Search of Wealth and Power: Yen Fu and the West*)，p. 26.
㉘ 見〔明史例案〕，卷 1，頁5。
㉙ 伯恩漢，〔史學方法論〕，頁330。

(Bestimmung der Entstehungsortes)、"悉其人"(Bestimmung der Autors)㉚。時、地、人既彰，僞可破，眞相未有不顯者也。全祖望見〔越絕書〕而疑高誘〔呂覽〕注以文種爲鄭產之誤，見〔吳越春秋〕引高注謂文種鄒人，遂以"鄒與鄭字皆從邑，或相近而譌也。"㉛然鄒乃魯地，與楚並不相涉。錢大昕讀〔太平寰宇記〕，敍荊州人物，謂文種楚南郢人，"乃恍然悟〔呂覽〕注本爲郢字，樂史生於宋初，所見呂氏書，尙未譌也。"㉜一字之失，貽誤千古，卒賴旁搜而正其譌矣。

正譌考信，素有"外證"(Auβere Kritik)與"內證"(Innere Kritik)之說。前者辨文證之外貌，若紙張、墨色、筆跡、文體之屬；後者辨文證之內涵，視所涉及之人、地、時之是否脗合。大凡新出而來歷不明者，多譌。若〔續宋編年資治通鑑〕十八卷，題宋李燾撰，而〔宋史〕「藝文志」及燾本傳皆不載此書。"書中所記皆北宋事蹟，體例與〔宋史〕全文約略相似，而闕漏殊甚"㉝。則觀其外貌，知必不出燾手。伯恩漢嘗告誡曰："史料宜知是否吾人向所知者。"(Ist die Quelle Wirklich das, wofur wir sie bisher hielten?)㉞〔續宋編年資治通鑑〕卽非向所知之譌書也。大凡述事不符，敍時顚倒者，必譌。若謂王荊公撰「鄭江先王墓志」一文，固不論其文體蕪陋，而竟以"張邵、張郯、張祁三人，在從學之列。三張仕於南渡之

㉚ 詳閱同書，頁391, 524-43。
㉛ 見全祖望，〔結埼亭集〕，第35，上册，頁441。
㉜ 錢大昕，〔潛研堂文集〕，卷19，册3，頁269。
㉝ 〔四庫提要〕語，引自張心澂，〔僞書通考〕，頁502。
㉞ 同註㉘，頁330。

初，距鄭江之歿，七八十年矣，何由與鄭江相識乎"㉟？則由內證而悉其譌者也。內證實乃外證之進階，固非截然兩途也。

蘭克爲近代史學之父，因其倡導"檔案研究"(Archives Research)㊱，與夫確立"文獻內證之準則"(the principles of the internal criticism of documents)㊲。前者追文獻之原，後者求文獻之眞。文獻旣爲文字之記錄，文獻之內證自多賴"語言考訂之法"(philological critical method)。而蘭克復有歷史語言學派大師之尊號焉。按語言考訂，乃以語言學之理則，爲考訂編纂之助，冀復"理想之原文"(Idealen Originaltext)㊳。其訂正誤謬，增補闕遺，何異王氏之〔商榷〕、錢氏之〔考異〕？乾嘉王錢，善語言考訂，而不限於小學、金石、版本，兼涉天文、輿地、制度㊴；惟於語言考訂，跬步勿進，蓄勢未發，故猶未能闡發文獻之語言，以"窺隱而未顯之信史"(hidden truth will be brought to light)㊵。迄乎義寧陳氏，承乾嘉之餘緒，觀西洋之新潮，以詩文釋證史事，推

㉟ 見錢大昕，〔潛研堂文集〕，卷19，册3，頁275。

㊱ 蘭克搜讀檔案之勤可見之於其「九十自述」。而檔案研究乃今日治史者不易之法則。古區有言："蘭克非利用檔案之第一人，然其爲善用檔案之第一人。"(He was not the first to use the archives but the first to use them well.)見氏著〔十九世紀之史學與史家〕，頁97。

㊲ 巴耐士語，見氏著〔史學史〕，頁246。

㊳ 同註㉘，頁450。

㊴ 參閱杜維運，〔清代史學與史家〕，第九章。

㊵ 艾克頓語，見氏著「德國歷史學派」(German School of History)，載〔英國史學評論〕(*English Historical Review*)，(Jan. 1886)，p. 11.

隱至顯，輒發舊覆㊶。無錫錢氏，更能博徵古今中外，釋字證義，觸類旁通；辨疑析難，融通無礙㊷。"天縱文才"(C'est un écrivain de génie)，"談藝超羣"(son oeuvre est d'une qualité exceptionnelle)㊸，所示語言考訂之典範，足供史氏追慕。史氏之於語言，尤須洞悉語言之歷史背景，蓋"字義隨時遷而有變"(Words often change their meaning with the lapse of years)也㊹。陸機「文賦」曰："或操觚以率爾"，謂文之易成；若以草率作文釋之，恰將譽辭作貶詞矣㊺！是以知今而不知古，以今人之心度古人之腹，雖句斟字酌，亦難得其眞也。

劉勰以好奇爲信史之賊，慧眼獨具，實〔史通〕「採撰」所本。俗皆愛奇，故作者輒喜採奇以驚俗。事遠無徵而欲偉其事，但憑口說傳聞，街談巷議，遂有海客乘槎，姮娥奔月，堯有八眉，夔唯一足等野語奇說。作史者愛奇，以"芻蕘鄙說，刊爲竹帛正言"，則眞僞參雜，朱紫不別矣。"古今路阻，視聽壞隔；涇渭一亂，莫之能辨。而後來穿鑿，喜出異同"㊻，史益穢矣！惟史家愛奇，固不止嵇康聚七國寓言，玄晏採六國

㊶ 參閱陳寅恪，〔金明館叢稿〕初、二集，〔元白詩箋證稿〕，以及汪榮祖，〔史家陳寅恪傳〕。

㊷ 閱錢鍾書，〔管錐編〕，共四册。

㊸ 雷西蒙 (Simon Leys) 語，見法國〔世界報〕(*Le Monde*)，10 Juin 1983, p. 15.

㊹ 屈如密 (Thomas S. Jerome) 語，見魏克斯 (Robin W. Winks)，〔史家如偵探：史證論集〕(*The Historian as Detective: Essays on Evidence*), p. 188.

㊺ 參閱錢鍾書，〔管錐編〕，册3，頁1192。

㊻ 見〔史通通釋〕，卷5，「採撰」，頁56，另參閱頁55-56。

圖讖。太史公書可比南董之簡，而其書廉頗、藺相如事，寫藺"持璧卻立，怒髮上衝冠"，雖"有聲有色，或多本於馬遷之增飾渲染，未必信實有徵"㊼。斯亦作史者愛奇之例。竊以爲愛奇者，何若明言所撰乃"歷史演義"(historical fiction)，如羅氏之〔三國〕，托翁之〔和戰〕(Leo Tolstoy, *War and Peace*)，既可暢偉其事，膾炙人口，而無傷信史。庶幾涇渭分流，朱紫有別也。

近世之愛奇，肇因西潮東來，疑古成風。一則以舊史皆誣，二則以文證不足信，三則比附歐美。餘杭章氏嘗力闢之。疑古旨求信史，若舉一切而疑之，則滅史矣。章氏曰："且曰史官皆曲筆道諛，夫曲筆道諛則然矣，政有經制，國有大故，固弗能以意損益，今一切以爲誣罔，其非誣罔者云何？"㊽至若疑古者以禹爲蟲，以墨子爲黑種，則儼然愛奇之穿鑿謗說也。近世考古發掘，出土物證頗夥，遂有以穿地而出之物證（章氏謂之石史）爲"科學"，而以經史文證爲不足徵。物證自可增益文證，然無可取代文證。章氏所謂"碑版款識，足以參校近史，稍有補苴，然弗能得大體"㊾。豈不然歟？若甲骨叢出，自可補苴商史，然弗能僅據甲骨得商史大體，明矣！史者唯信石史，亦愛奇之過也。至於史者"好舉異域成事，轉以比擬，情異即以爲誣，情同即以爲是"，不知國各有史，史各有異，蓋"地不一時，事不一法，猶稻熟有早晚，果實有甘酸也。以

㊼ 錢鍾書語，見〔管錐編〕，册1，頁319。
㊽ 章太炎，「信史上」，〔章氏叢書〕，卷14，頁38；〔章太炎全集〕，册4，頁64。
㊾ 同上，卷14，頁36；册4，頁62。

爲一致，何其迂闊而遠於物情耶”？非迂闊也，實愛奇也。因其愛奇，故“貴不定之琦辭，賤可徵之文獻，聞一遠人之言，則頓顙斂衽以受大命，後生不悟，從以馳驟，廢閣舊籍，鬻爲敗紙”(50)。章氏之言已八十餘年矣，而頓顙斂衽猶若是，能無憾乎？豈止章氏之言，顧亭林已告誡曰：“妄生穿鑿，以遵師爲非義，意說爲得理，輕侮道術，寖以成俗。嗚呼！此學者所宜深戒。”(51)今之學者猶可奉爲右銘者也。顧章兩公所未及知者，乃晚近學者好以遠西新說，牢籠舊史，削足適履，量身裁衣，奇邪難詰。愛奇必致曲筆也。

信史必先具獨立之風格，無可外求，唯求諸史家自身。苟能掌握確實之文獻，用其想像與理解，以明曲折；不妄測其事，傳麗奇辭；但求盡於有徵，推校而得，通識而後斷制，則近乎闕疑存信之旨矣。

附說　疑古辨

古時所記言事，必百不得一，記之而傳世者，又什不得一，史事難明，固其宜矣。況前王之記，後王每以飾僞之文、矜伐之典，而奪傳信之篇，或溢美、或毀惡，復加筆削，附之以傳聞異辭，其去史事眞相，滋益遠矣。後人疑古，豈不宜歟？孟子曰：“吾於武成，取二三策而已”，猶言七八簡之可疑也。唐劉子玄“以古文載事，其詞簡約，推者難詳，缺漏無補”(52)，

(50) 同上，卷14，頁38-39；册4，頁64。
(51) 見顧炎武，〔日知錄〕，上册，頁49。
(52) 見〔史通通釋〕，卷13，頁182。

遂著疑事十條，作「疑古」之篇。蜀之譙周、宋之蘇轍，並成古史考，以駁正前史。溫公〔通鑑〕，不載四皓事，更著〔通鑑考異〕，辨明異辭。姜嫄履大人迹而生后稷，劉媼交龍於上而生高祖，雖載舊史，未嘗輕信。因疑而考之，輔以地下遺物，相互印證，則信史可求。奈近世倡疑古者，泛濫無歸，拾遺器殘骨，遽以攻難，至謂古賢烏有，古事盡僞。是猶太炎所謂，今之"疑古者流，其意但欲打破歷史耳"[53]。

近代歐美疑古者流，倡論"相對主義"[54]。史無絕對眞相可言，一因作史者之偏擇與偏見，二因史書無非反映時代，時變而史易，聊無定論。曼德邦 (Maurice Mandelbaum) 辨之曰，史自有其"約制因素"(conditioning factors)，不受人意左右。疑古者以史受人意支配，實誤"裁斷"(judgment) 與"陳述"(statement) 爲一事。夫史事眞相存於陳述之中，非取決於史氏之裁斷也。易言之，史氏之裁斷由陳述而得，非陳述由裁斷而成也[55]。史氏就文獻所示以求證，明其言行，達其含義，而作裁斷，豈隨一己之好惡而浮沉耶？況"史事復有其自身之秩序，不因人心趨止"(events may possess an order, coherence, and meaning independent of the activities of

---

[53] 見章炳麟，「歷史之重要」，載〔制言〕，55期，頁6。

[54] 參閱「銓評十六」，本書頁200。

[55] 此曼氏所謂："The truth of a historical work consists in the truth of its statements, not in the fact that the author judged as he did on such-and-such grounds." 見氏著〔歷史知識之商榷〕(*The Problem of Historical Knowledge*), p. 183.

the human mind)㊿。而史事之間尚具"相關因素"(relevancy)、"因果關係"(causation)，亦非史氏主觀可決。相關之"事實"(facts)，合爲"事件"(event)。事件間之依持延續，因果互見，不由史氏偏擇㊼。至於時變史易，異代重修，亦不足爲疑古之資，蓋時變代易，或文證新出，或反案有據，或發前覆，或補遺闕，舊史益碻然可信，何乃轉持證以致疑耶？所謂虛無之疑古，乃追求無限客觀之挫折現象也。

㊻ 同上書，頁205。

㊼ 參閱上書，另閱姊妹篇，〔歷史知識解剖〕(*The Anatomy of Historical Knowledge*)。奧曼 (Sir Charles Oman) 則謂："凡史著皆可見作史者之人格，雖然，其確切之原料，猶得認可。" (While it is true that all written history bears the impress of the writer's personality-even when he is trying to be impersonal-there are certain crude facts which cannot be denied.) 見氏著〔論著史〕(*On the writing of History*), p. v.

記編同時第二十

至於記編同時，時同多詭。雖定、哀微辭，而世情利害。勳榮之家，雖庸夫而盡飾；迍敗之士，雖令德而常嗤。理欲吹霜煦露，寒暑筆端。此又同時之枉，可爲嘆息者也。

書則傳此訛濫之本源而述遠巨蠹也至於
記編同時同多詭雖定哀微辭而世情利害
勳勞之家雖庸夫而盡飾迍敗之士雖令德
而常嗤理欲吹霜喧露寒暑筆端此入同時
之枉可嘆息者也欲述遠則誣矯如彼記近

歲遠易誣，言古史之異同難明；時近多詭，言近史 (modern history) 之恩怨多乖。所謂恩怨多乖者，蓋因代近則人情有以干擾史事也。劉子玄曰："孫盛取嫉權門，王劭見讎貴族，常人之情，不能無畏。"①作史者，皆常人也，得無畏乎？畏則屈於世情利害，枉飾勳榮之家矣。溫公〔涑水紀聞〕，當代之見聞也，以備通鑑後記稽審、質驗之用，及秦檜禁私史，司馬伋懼而毀棄先人書板，幸傳鈔已多而倖存。至於君權神威，其畏更勝勳榮之家，清初文字之獄，足令"士益嬐竄，莫敢記述時事，以觸羅網"②。近世黨禁文網之嚴，雖定哀微辭，猶不見容，又何讓於前人耶？趨炎附勢，求免身膏斧鉞，其事足憐；若更落石取媚，嗤敗士之令德，爲載筆之凶人，尤可鄙矣。然雪伯升（光武長兄）之怨，獨成光武之美，諛言媚主③，其事多矣。是以島夷索虜之譏，成王敗寇之論，吹霜煦露，寒暑筆端，眞僞莫辨，是非勿明。彥和歎息，固其然也。

而近史之受制於情，尚不止此。近世列國並立，文化各異，聲敎不通，莫不以"我見爲是"(ethnocentricism)。中夏視哲人爲夷狄，猶哲人視中夏爲"魔鬼之子民"(heathen Chinee) 也。各以我族偏見視人，必鄙他國而輕之，握管之際，能不悖乎？丹士 (E. H. Dance) 慨乎言之曰："吾人之近史，乃吾

① 見〔新唐書〕，「劉知幾傳」，卷132，册15，頁4520。
② 見章炳麟，「哀焚書」，〔章太炎全集〕，册 3，頁324。
③ 參見劉知幾「曲筆」篇，〔史通通釋〕，卷 7，頁94。

人之近史爾！其中述及亞洲者，微乎其微矣！”(Our modern history is *our* modern history: Asia plays but a small role in it.)④苟有人焉，破我族之見，秉筆直書，或不利於本國，其國必羣起而攻之，目爲奸人矣。君不見“費士雪之爭”(The Fischer Controversy)乎？費氏著〔德國之歐戰策略〕(*Griff nach der Weltmacht*)一書，謂其本國之侵略野心，固無異於二戰。二戰之禍，已由希魔(Adolph Hitler)承擔；若謂歐戰亦若是，則誠如費氏所謂：“余犯吾國之禁忌矣！”(I had apparently violated a national taboo.)⑤費氏之同儕，一時羣情激昂，辯難不已，視費書“幾同叛國”(nothing short of treason)⑥。情緒之熾烈如此，徵信其難也歟!?

國家之偏見誠固，而種族之鴻溝尤深。雖同屬一國，異種之間，亦視同仇讎，所謂“非我族類，其心必異”⑦也。丘遲所言，“霜露所均，不育異類；姬漢舊邦，無取雜種”⑧。“種見”(racism)之深，無以復加矣。故江統力主徙戎，以“釋我華夏纖介之憂，惠此中國”⑨。神州華夷，或“非徒族類(ethnos)之殊，而亦禮教(ethos)之辨”⑩，卽程晏所謂，“四

---

④ 見氏著，〔論史之曲筆〕(*History the Betrayer: A Study in Bias*), p. 81.

⑤ 見費士雪(Fritz Fischer)，〔霸權抑衰微〕(*World Power or Decline*)，法拉(Lancelot L. Farrar)英譯，p. vii.

⑥ 同書，p. viii.

⑦ 參閱江統，「徙戎論」，收入曾國藩，〔經史百家雜鈔〕，册1，頁103。

⑧ 見丘遲，「與陳伯之書」，載〔全上古秦漢三國六朝文〕，卷56，册4，頁3284。

⑨ 同註⑦，頁104。

⑩ 錢鍾書，〔管錐編〕，册4，頁1488。

夷之民，長有重譯而至，慕中華之仁義忠信，雖身出異域，能馳心於華，吾不謂之夷矣。中國之民，長有倔強王化，忘棄仁義忠信，雖身出於華，反竄心於夷，吾不謂之華矣”⑪。而美洲黑白種之殊，要在膚色。白種之視黑種，何止遠夷荒桀，蓄之爲奴，幾不以彼爲人類。美利堅立國未久，亦有徙黑種於域外之議 (Negro removal)，然卒如江統之徙戎未果⑫。南北戰後，黑種號稱解放，實漸形“隔閡”(Segregation)，舉凡驛舍、酒肆、教堂，莫不黑白分隔，勿許混合，以“維白種文明”(the maintanence of Caucasian Civilization)⑬。豈非“戎晉不雜，並得其所”⑭之謂歟？及十九世紀末葉，“白種優越”(white supremacy) 之論，甚囂塵上，或謂“黑種爲獸”(The Negro a Beast)⑮，或謂“黑種乃美洲文明之隱禍”(The Negro, the Meance to American Civilization)⑯。種見怨毒如此，據之述論，譬如墨鏡觀物，所見盡墨，必也。

種見國界之外，代近復有黨見之虞。設令司馬光、王安石名編同時，所記南轅北轍，可未卜而先知者也。晚近“輝格史釋”(The Whig Interpretation of History)，可謂黨見之佳

⑪ 見程晏，「內夷檄」，轉引自上書，頁1489。

⑫ 參見左丹 (Winthrop D. Jordan)，〔白種之負荷：美國種見之歷史淵源〕(*The Whiteman's Burden: Historical Origins of Racism in the United States*), pp. 212-14.

⑬ 美國史家斐列普士 (Ulrich B. Philips) 語，引自伍德吾 (C. Vann Woodward)，〔種見歷程〕(*The Strange Career of Jim Crow*), p. 9.

⑭ 江統語，同註⑦，頁103。

⑮ 卡爾盧 (Charles Carroll) 之書名，1900 年出版，引自註⑬書，頁78。

⑯ 舒夫特 (Robert W. Shufeldt) 氏書名，1907 年出版，引自同上書，同頁。

例。近世崇尚自由與進步，視爲智者不易之準則。故輝黨秉筆，必以進步爲善，以保守爲惡。貌似當然，而實無異於昔時之褒貶，且以今測古，"希求今用"(study the past for the sake of the present)⑰，知今而不知古矣。而近史去今最近，益"爲今所制"(the subordination of the past to the present)矣⑱！然則甲黨尙青，雖赤亦靑；乙黨尙赤，雖靑亦赤。色染於筆端，事迷於簡册。近史之異同難明，豈遜於述遠哉!?然張溥所謂："於遠者寧過信而存之，謂其去聖人近也；於近者寧峻防而以理制之，惡私說之嚚也"，⑲不免一偏。

夫史家貴能"去情"(dispassionate)，蓋因愛憎之情不忘，是非之論難定，挾情論事，正則招嫌，謬則招譏，況事近未彰，"非待諸時日，無以平心觀察"(Only the passage of time can give the historian the perspective he needs for objective analysis)⑳，即"眞理乃時間產兒"(Veritatem Temporis filiam esse dixit)之謂也。是則近史枉不可作歟？清初籌開纂修明史之府，擬薦顧亭林，佐其撰述。亭林聞之答曰："果有此舉，不爲介推之逃，則爲屈原之死矣。"蓋因"數十年以來，門戶分爭，元黃交戰，嘖有煩言，至今未已。一入此局，即爲後世之人，吹毛索垢，片言輕重，目爲某黨，不能脫然於評林之外矣"㉑。顧氏固深稔時同之詭，故急避三

---

⑰ 見白德斐爾，〔輝格史釋〕，頁24。
⑱ 同書，頁16。
⑲ 張溥，〔七錄齋別集〕，卷1，頁20。
⑳ 史勒辛格 (Arthur Schlesinger, Jr.)，「論近史之作」(On the Writing of Contemporary History)，載〔大西洋月刊〕(*The Atlantic*)，1967年3月，頁73。參閱陸深，「史通會要」，卷31，頁1。
㉑ 見顧炎武，〔蔣山傭殘稿〕，卷2，頁4。

舍也。觀乎遠西，近史久不列黌舍教程，至十九世紀中葉，始稍稍置之，殆亦疑其詭而枉之故歟?

時同之詭，故急避三舍也。觀乎遠西，近史久不列黌舍教程，至十九世紀中葉，始稍稍置之，殆亦疑其詭而枉之故歟?

然稽之中外史乘，名家巨匠頗記編同時。〔史〕、〔漢〕固無論矣，遠西史學之父希羅多德撰〔史記〕，以雅典之登場爲全史之高峯，視爲古今之分界。修西底地斯名著〔伯羅奔尼撒戰爭〕(*The Peloponnesian War*)，更屬同時之記。修氏曰: "予所記者，乃親歷之事，或聞之於親歷者，而加以證實者。" (I am present myself at the events which I have described or else I heard of them from eye-witnesses whose reports I have checked with as much thoroughness as possible.) ㉒ 羅馬史家塔西特斯 (Tacitus) 亦亟稱 "今日之事" (Sine ira et studio)。近世意國哲人克羅齊亟言: "眞實之史乃當代史耳" (Every true history is contemporary history)，謂史者求顯今日之實，古所以達今，知今而後能明古也。處今之世，"時事迅爲史事，其速前所未見" (The present becomes the past more swiftly than ever before)㉓，蓋謂近事風雲變化之驟，遠勝於往昔；遠古或歷千年始稱往事，而今經一代之滄桑，面目全非，已可入史矣 (current events underwent the sea change into history)㉔！然則搜羅研治，益感迫切。故史家泰勒謂近史宜打鐵趁熱(records events while they are still hot)㉕縱不能及身成篇，亦可供後人之需求。記編同時，安得

㉒ 見修西底地斯，〔伯羅奔尼撒戰爭〕，頁48。
㉓ 史勒辛格 (Arthur Schlesinger, Jr.) 語，同註⑲，頁70。
㉔ 參見同書，頁69。
㉕ 泰勒，〔二戰之起源〕(*The Origins of the Second World War*)，頁13。

不積極乎?

雖云時近事未盡出，遽而操觚，不免草率，是以古人閱世著史，求其備也。惟昔時記錄，或藏周室，或藏太史之府，其出殊晚；而近世文獻，散諸四方，其出也迅速㉖。若坐視近事，以待來者，來者反難求其備矣。又近事參與者衆，殊非帝王將相可畢事；而參與之人各有見聞，設非及時記錄，則似鴻飛冥冥，閱世而後，其跡無存。近人頗倡口述歷史 (Oral History)，卽此之故也。

雖云事近難斷，受制於情，已如前述。然近世社會較前開放，輿論公議較難掩飾。劉子玄所謂，"或假人之美，藉爲私惠；或誣人之惡，特報己讎"㉗，恐勿容於今世。山塔雅納 (George Santayana) 至謂："合格之當代品評，絕勝於後人之品評。蓋後人旣亦具我見，而所賴者唯可資誤解之文獻。" (Competent contemporaries judge [a man]—much better than posterity, which is composed of critics no less egoistical, and obliged to rely exclusively on documents easily misinterpreted.) ㉘ 卽子玄所言，"近古易悉，情僞可求"㉙之意云爾。且品隲時人，時人猶有自辯之餘地，以供參照。戴名世言此最諦，有云："夫與吾並時而生者，吾譽之

㉖ 如史勒辛格曰美國早期總統亞當姆 (Adams) 之文件，數十載後始出。近世總統胡佛 (Herbert Hoover) 之文件，一代後始出，而晚近總統羅斯福 (Franklin Roosevelt) 之文件卽交文獻館 (National Archives) 以備資用，見同文，頁70。

㉗ 見〔史通通釋〕，頁94。

㉘ 見山塔雅納 (George Santayana)，轉引自史勒辛格文，頁74，見註⑲。

㉙ 同註㉕，頁95。

而失其實，必有據其實而正之者，吾毀之而失其實，其人必與吾爭辯，而不吾聽也，若乃從數十百年之後而追前人之遺跡，毀之惟吾，譽之惟吾，其人不能起九原而自明也。”㉚毀之惟吾，譽之惟吾，直猶詩人葉慈（William B. Yeats, 1865-1939）之句曰：“吾於九原之人，可施太史之權！”（Over the dead, I have an historian's rights.）㉛詩人諷史家之褒貶由我，蓋其人不能起九原而自明也。

近世工業革命，民主代興，社會翻新，人事瞬變，記編同時，庶免失之交臂。人生如登戲臺，捲幕之際，固欲知登臺前一刻之情貌，此近史之要也㉜。近史雖要，其詭如故。是以治近史者，不患資證之少，而患其不實，必索隱探秘，以求落實；不患事之繁雜，而患介入，必超然事外，以免偏依。此艾克頓所謂史所持者“乃文獻也，非議論也”(History must stand on document, not on opinions)㉝；米西雷所謂“死者無情”(Le désinteressement des morts)也㉞；戴國士所謂：“緊少憂患，並不敢有憤激也。”㉟明乎三氏微言，可以記編同時而不枉矣。

㉚ 戴名世，〔南山集〕，卷 1，頁 13（總 98）。今之美國史學名家史勒辛格，幾與戴氏異口同聲，曰：“for contemporary history involves the writing of history in face of the only people who can contradict it, that is the actual participants”，見註⑲，頁74。

㉛ 見葉慈(William Butter Yeats)，「飄簾詩」(The Trembling of the Veil)。

㉜ 參閱皮崔（Sir Charles Petrie），〔史家觀察其世界〕（*A Historian Looks at His World*），pp. 237-38.

㉝ 艾克頓，「論史——就職演說」（Inaugural Lecture on the Study of History），〔近代史講義〕（*Lectures on Modern History*），p. 31.

㉞ 引自同書，頁33。

㉟ 見〔明史竊〕序文，頁40。

素心第二十一

述遠則誣矯如彼，記近則回邪如此，析理居正，唯素心乎？

之枉可嘆息者也欲述遠則誣矯如彼記近
則回邪如此析理居正唯素心乎若乃尊賢

誣矯回邪，乃修史之賊；析理居正，則為史之準矣。而析理居正，其唯素心；素心之義，得無聞乎？晉杜預「左傳序」曰："說者以為仲尼自衞反魯，修〔春秋〕，立素王，丘明為素臣。"①黃叔琳校注，因改素心為素臣。河間紀昀評曰："陶詩有聞多素心人句，所謂有心人也，似不必定改素臣。"②近人金毓黻不從紀評，曰："蓋劉勰以左氏為史家之冠冕，故亟稱之以示準。"故謂："如作素臣，則上下文義甚順，否則費解。"③楊明照則以紀評為是，曰："〔文選〕顏延之「陶徵士誄」：長實素心。李注〔禮記〕曰：有哀素之心。鄭玄曰：凡物無飾曰素。〔江文通文集〕陶徵君「田居詩」：素心正如此，並以素心連文。「養氣篇」：聖賢之素心，尤為明證。黃氏不察，而泥於本篇之題名，盲從梅本改為素臣，非是。"④按梅本即梅慶生音注本，無刊刻年地，卷首載顧起元萬曆已酉年序。而明汪一元嘉靖庚子年新安刻本，仍作素心。新出元至正本〔文心雕龍〕亦作素心⑤。益知黃氏妄改，楊明照評注之精

① 〔春秋三傳〕，頁2。
② 見〔文心雕龍〕，上海會文堂版，卷4，頁3，眉批。
③ 金毓黻，「文心雕龍史傳篇疏正」，頁261。
④ 〔文心雕龍校注〕，楊明照校注本，頁120-21。
⑤ 〔元至正本文心雕龍〕，卷4，頁4。

審也。況素心泛指公理，而素臣僅稱一人，其寬窄拙妙，思而即得。且素心自與析理居正相呼應，文義甚順，未嘗費解也。

素心既爲析理居正之所賴，將何以致之？〔壇經〕有「無念」、「無著」之說。無念者，無妄念也；無著者，不執著於事物之念也⑥。華胥氏以作史者之著念，約爲四端。曰："個人之好惡也”(personal likes or dislikes)，曰："所屬羣體之偏見也”(group prejudice)，曰："史學詮釋之異也”(conflicting theories of historical interpretations)，曰："所持信念之不一也”(underlying philosophical conflicts)⑦。史家苟能超越四端，不爲所蔽，近乎素心矣。

凡此四端，其難者蓋因人生於世，不免受制於世情，耳濡目染，身受不疑，遂以爲當然。故史氏最忌以今時之是非，衡量古人古事，蓋今之是非，足以隱飾古之眞相，所示者，今也，非古也。是以要能出於今，而入於古，卽艾宏"深入他人意識”(the historian tries to penetrate the consciousness of others)之謂⑧，斯其宜矣。或謂一代有一代之史，史必重修以應世，而史家亦反映其時代於其著作之中，若吉朋撰述羅馬帝國之衰亡，而其所反映者，乃其世之啓蒙精神也。然則，古爲今用矣，非所以述古也。

所謂古爲今用者，非僅以今人之心，度古人之腹，復有借古事以論今，藉以發揮。王夫之目擊明亡，顚沛流離，所感極

---

⑥ 參閱釋智海，〔六祖壇經箋註〕，頁27-28。
⑦ 華胥，〔歷史哲學〕，頁99-103。
⑧ 艾宏，〔歷史哲學導論〕，頁85。

深。評史之際，不免羼雜政論。故太炎曰："船山史論常以宋事影射明事。後之讀史者，往往以此矜誇。夫作詩有寄託，發感慨，原無不可。然非語於讀史也。"⑨而晚近以古事射今事者，非僅逞臆以斷，且借古諷今；非僅藉史論政，甚且以古媚今，直以史爲奴婢矣。夫船山雖借古論今，能"設身於古之時勢，爲己之所躬逢，研慮於古之謀爲，爲己之所身任，取古人宗社之安危，代爲之憂患，而己之去危以即安者，在矣！取古昔民情之利病，代爲之斟酌，而今之興利以除害者，在矣"⑩！是猶出乎今而入乎古，固未失史者之素心也。

船山設身於古之說，儼然柯林烏"反思"（reflective thought）以"重演古人心思"(re-enactment of past thought)之論。戴名世嘗言："以數十百年之後，追論前人之遺跡，其事非出於吾之所親爲記，譬如聽訟而兩造未列，只就行道之人，旁觀之口，參差不齊之言，愛憎紛紜之論，而據之以定其是非曲直，豈能以有當乎？"⑪依柯氏之見，遺跡縱可追錄，參差之言縱可據信，類即"記憶"（memory）與"證辭"（testimony）之屬，雖可整輯排比，剪貼成書，而不足以言史學。史學有賴於"史證"(evidence)。史證者，史家之心證也。史家必運其心思，"設身於古之時勢，若己之所躬逢"，蓋古人之言行亦由其理性指引，故"後人可重演古人之思也"(rethinking the thoughts of other rational being)。故柯氏曰："歷史之

---

⑨ 章太炎，「論讀史之法」，〔制言〕，53期，頁10。

⑩ 王夫之，〔讀通鑑論〕，「敍論四」，〔船山遺書全集〕，册15，頁8559-60。

⑪ 見戴名世，〔南山集〕，「史論」，卷 1，頁97-98。

知必經由心證裁定。”(It is the affirmation of something based upon evidence, that is, historical knowledge.)⑫苟非心證，無以知古。然心思有高下之分，其下者爲“現象”(a complex of mental phenomena)，其上者爲“系統”(a system of knowledge)；後者如思慮決斷之屬，前者如觸覺情意之類。柯氏之心證，端賴“系統”，因思可反思，而情不能反思；有意識可以反思，潛意識則不能也。蓋反思有賴於類推，類推有賴於邏輯之推理，情緒非可類推，則弗得以理測。若漢武北征匈奴，其策略用心可以理測，然其情緒意結，雖漢武晚年，亦自感惘然，況後人追憶乎？

惟據近世心解之說，人之行爲乃潛意識之表演，故非直探內潛之意識，則無以悉其行事，此固非柯林烏能深解⑬。蓋柯氏浸於心智，而輕忽人性。夫心智者，行事之南針；人性者，行事之動力也。苟失一偏，殊不足知人論事。而人性各異，飄渺難捕；復與世變遷，今古不一，安得以我性蠡測他性耶？況以今人之性情度古人乎？而心解妙術，即在解剖人性。佛洛伊德以“戀母情結”爲人性之本，頗招物議⑭。惟其說未能遽絀，因其關涉愛恨；愛恨者，人倫之大欲也。私欲可鄙而不可否認，欲旣存在，必起作用，得無視乎？是則析理居正，其唯素心，而知性達情，其唯人欲乎？

---

⑫ 見柯氏，〔歷史之理念〕，頁257。

⑬ 參閱明克 (Louis O. Mink)，〔柯林烏之哲學〕(*Mind, History and Dialectic: The Philosophy of R.G. Collingwood*), pp. 162-70.

⑭ 史家議評甚多，如施密士 (Page Smith)，〔史家與史學〕(*The Historian and History*), pp. 130-31.

人欲橫流，猶如暗潮深伏，貌若波平似鏡，實則浪濤洶湧。情欲之於理智，譬如風之搖樹，土之濁水。知理而不達情，猶不悉樹何以動，水何以渾也。而情欲復詭異譎奇，既無象可觀，又無理可索，誠若劉子所言："有心剛而色柔，容強而質弱，貌願而行慢，性懁而事緩，假飾於外，以明其情；喜不必愛，怒不必憎，笑不必樂，泣不必哀，其藏情隱行，未易測也。"⑮藏情隱行原不可測，而近世佛氏即以心解之術，數算測之，曲通委宛，直窺奧密，姑不論成敗利鈍，其別開境域，固前無古人也。惟心解與作史，道既不同，可以相謀乎？蓋彼得（Peter Gay）史家也，謂兩者誠南轅北轍，不可相強，勉爲相合，勢必兩傷。而猶可爲者，使其通而不合，祛其愚惘，遂令史家於心解之術，稍安無慮（The point is, rather, to ease the traffic between them, to dismantle the barriers of distrust and self-imposed ignorance that have prevented the historian from feeling, if not comfortable, at least reasonably safe in the analyst's realms)⑯。蓋氏亟言心解可資史家之助，因其能窺隱情，以補素心之闕歟？

附説　史筆與詩心

近世史家，專注科學實證，究思辨之術，風尚智度而忌避神會，以感官我見，難具準繩故也。此蘭克之所以尊爲宗師，而卡萊爾輩輒貶同文士。惟智度過當，墨守理路，雖秩然秩

---

⑮ 見〔劉子集校〕，「心隱」，頁129。

⑯ 見蓋彼得，〔佛氏供史家之需〕（*Freud for Historians*），p. 211.

然，實錄無訛，是猶古墓石室，拓碑金文，齊整蔚然而了無生氣也。苟失"性命之情"，卒不免"爲舊聞所汩沒"⑰。夫古人既久已物化，古事塵封，史家述古宜能澡雪古人精神，洞鑑古事底蘊。王安石所謂"丹青難寫是精神"之謂也。然澡雪洞鑑，有賴秉筆者心注情屬，冥契古今，見其不見，覺其不覺，使古人魂魄重見，舊事神龍活現，此感官神遇之效，史家但憑智度，誠有不逮焉。故必尋其迹而亮其心也。

神會妙悟，莫愈乎詩。嚴羽嘗曰："禪道惟在妙悟，詩道亦在妙悟"；"夫學詩者，以識爲主"；"詩之極致有一，曰入神"⑱。蓋因詩之爲物，"透徹玲瓏，不可湊泊，如空中之音，相中之色，水中之月，鏡中之象"⑲，是猶法國神甫白瑞蒙(Henri Brémond)所謂"詩中蘊難傳之妙"(l'expression de l'inéffable)也⑳。故詩人才識超邁，多賴神運，而詩之不可及處，亦在乎空靈婉逸，詩道正可爲史家神會之助焉。

莫姆遜(Theodor Mommsen)嘗曰，史家宜具神悟之才(the divinatory gift of the historian)，布哈德則謂史家須有"潛思冥想"(Ahnung)之能㉑。卡萊爾更直言"詩般之史"(Poetico-historical)，曰："史者，實乃眞詩：眞人實事若解說得當，固遠勝虛設之物語。"(History, after all, is the true Poetry:

⑰ 詳閱焦循，〔焦氏澹園續集〕，卷1，頁8。
⑱ 見嚴羽，〔滄浪詩話〕，收入何文煥，〔歷代詩話〕，頁442。
⑲ 同上書，頁443。
⑳ 引自錢鍾書，〔談藝錄〕，增訂本，頁268。
㉑ 見崔服羅頗(H. R. Trevor-Roper)，〔歷史與想像〕(*History and Imagination: A Valedictory Lecture delivered before the University of Oxford on 20 May 1980*), pp. 20.

Reality, if rightly interpreted, is grander than fiction.）㉒卡氏以詩之爲用，能探貌內之心，展露幕後之眞之美；作史者用之，亦自能曲達隱秘，傳神繪聲，史識詩情遂可相得益彰矣。

希哲亞里斯多德嘗謂，史"敍述已然之事"，詩"則敍述或然之事"；"詩發揚普遍而歷史記載特殊"㉓。所謂已然者，卽旣成之事實；或然者，則未必實有。故詩可綺語，史勿亂眞。史、詩兩道自各有異趣。惟史識而兼具詩情，非欲異車同轍。造藝雖然有殊，而智巧會心則造藝者共有之也。

劉子玄言用晦之道，劉彥和有解味曲包之說，皆可供作史者闡發詩心之助。錢氏談藝，有"詩具史筆"、"史蘊詩心"之論，殊堪借照㉔。詩心未必恣意馳想結像。妙觀神察，毋須鑿空。或謂詩心不免我執。有我誠然，我執不必，蓋情意所共，心思相通，非徒我見，縱然古今有"隔"（distantiation），仍有籍可"索"（trace）也㉕。是則智度、神會、理索、情探，苟能璧合，可窺史學之極致矣。

㉒ 卡萊爾（Thomas Carlyle），〔評文雜文集〕（*Critical and Miscellaneous Essays*），III, p.247. 卡氏又嘗謂詩可探索時代精神之所趨，曰一國之詩史，乃"其國歷史之精髓"（constitute the essence of its history）。參閱楊氏（L. M. Young），〔卡萊爾與史學〕（*Thomas Carlyle and the Art of History*），p. 61.

㉓ 傅東華譯，亞里斯多德著，〔詩學〕，頁28。

㉔ 錢鍾書，〔談藝錄〕，增訂本，頁 364。另參見〔管錐編〕，册1，頁164；册4，1297-98。

㉕ 芮考（Paul Ricoeur）有言："史籍所載之經驗，遠而有隔，故史學之道基於追索。"（Historical experience as inscribed is put at a distance and so histary is a science based on traces.）見氏著，「歷史與銓釋」（History and Hermeneutics），〔哲學期刊〕（*Journal of Philosophy*），Vol. LXXIII, No. 19 (Nov. 4, 1976), p. 693.

直筆第二十二

若乃尊賢隱諱，固尼父之聖旨。蓋纖瑕不能玷瑜瑾也。奸慝懲戒，實良史之直筆。農夫見莠，其必鋤也，若斯之科，亦萬代一準焉。

則回邪如此析理居正唯素心乎若乃尊賢
隱諱固尼父之聖旨蓋纖瑕不能玷瑾瑜也
姦慝懲戒實良史之直筆農夫見莠其必鋤
也若斯之科亦萬代一準焉至於尋繁領雜

尊賢隱諱，乃〔春秋〕之法。然則直筆雖如農夫鋤莠，而上不及君親大夫，其直殆矣。故劉子玄謂："善惡必書，斯爲實錄"，而"觀乎夫子修〔春秋〕也，多爲賢者諱"。"其如是也，豈不使爲人君者，靡憚憲章，雖玷白圭，無慙良史也乎"①？後儒亦多稱直筆，有則書之，以昭至公。唯劉伯溫以斯乃儒生之常言，非聖人之故訓。蓋君賢功效不細，"乃必搜其失，而斥之以自夸大"，"則不師其長，而效其短，是豈非以訐爲直者之流害哉"②？是則劉氏固許護君賢之短，雖云疾訐之爲直，卒不免曲在其中之譏。孔子果爲賢者諱乎？

竊謂夫子隱而不避，諱而不飾。閔公元年"冬，齊仲孫來"，〔公羊〕曰："齊仲孫者何？公子慶父也，公子慶父，則曷爲謂之齊仲孫，繫之齊也。曷爲繫之齊？外之也。曷爲外之？春秋爲尊者諱，爲親者諱，爲賢者諱！"③所以諱者，外之也，未嘗隱沒之也。君、親、賢之過，瑕不玷瑜，諱之以示尊禮，固勿能筆削。故諱者，隱約以見，卽蘇老泉所謂"隱而彰"者，猶未失直筆之旨。仲尼稱董狐爲古之良史，因其書法不隱故也。

① 見〔史通通釋〕，「惑經」，卷14，頁193。
② 劉基，〔郁離子〕，「論史」，頁51。
③ 見〔春秋三傳〕，卷4，頁143-44。

劉勰宗經，稱尼父聖旨，尊賢隱諱，固無可疑，然其頗能洞察隱義藏用，嘗曰："四象精義以曲隱，王例微辭以婉晦，此隱義以藏用也"，"雖精義曲隱，無傷其正言，微辭婉晦，不害其體要。體要與微辭偕通正言，共精義並用，聖人之文章，亦可見也"④。書法隱諱，雖婉章志晦，其義可訪，其理可尋。彥和甚中孔聖微旨矣。

太史公書，隱語諱詞，呼之欲出，雖有謗書之譏，實獲尼父微旨。班孟堅以下，隱惡揚善，其塗漸殊，幾等飾非文過矣。蓋因君王權威，勢利所趨，秉筆之士怵於取咎，遂曲筆阿時。劉子玄已有"唯聞以直筆見誅，不聞以曲辭獲罪"⑤之歎，因撰「曲筆」，以譏史之不直⑥。奈李世民玄武奪宗，監修國史，加誣於建成，大違信史，豈尼父隱諱之意耶？史無私作其名，控御史事其實，攬功於此，委惡於彼，史遂無以督視人君，而令人君恣肆無忌矣。明成祖篡奪，革建文紀年，盡削其政令，曲誣殊甚。所謂成王敗寇者，因成者掌握修史之權故也。人君之成敗，固有王寇之別，而賢豪之榮辱，則賴所從之龍，所附之驥，是非曲直，難於論列，煌煌史册，遂多雌黃之謬。近世作史者，"特念千秋信史，所貴核實，故曰不遺善，不諱惡"⑦。然皇權赫赫，文網森嚴，不諱惡，不亦難乎？乾隆有詩曰："蓋聞王者無私事，有事皆應史筆書。"⑧豈其然哉！當康雍乾之世，

④ 見〔文心雕龍〕，「徵聖」，卷1，頁3。
⑤ 見〔史通通釋〕，「曲筆」，頁95。
⑥ 同上，頁94-96。
⑦ 見毛西河奉史館總裁箚子，載〔明史例案〕，卷5，頁18。
⑧ 見〔清高宗御製詩〕三集。

文字之獄震撼齊州，以史致禍者甚夥。若莊廷鑨以明史致禍，破棺戮屍，罪及作序、刻工、參校、列名、鬻書者，從死之人七十有餘⑨。又若戴氏〔南山集〕，取方孝標記南明桂王黔滇事，以語多悖逆，遭"九卿會鞫，擬戴名世大逆，法至寸磔，族皆棄市，未及冠笄者發邊"⑩。直筆之禍，可謂浩矣！章炳麟曰："乾隆焚書，無慮二千種，畸重記事，而奏議文獻次之，其陰鷙不後於秦矣！"⑪專制淫威，遂令史氏遺善求售，諱惡讚主。徐鼒作〔小腆紀年〕，以前朝爲小腆，形似春秋筆法，其實邀寵，曲在其中矣。遲至晚近，有吳晗者，以史劇海瑞罷官，入借古諷今之罪，招家破人亡之禍。直如唐劉知幾所謂，"夫世事如此，而欲責史臣不能申其強項之風，勵其匪躬之節，蓋亦難矣"⑫！

是故子玄欲壯史氏曰："烈士徇名，壯夫重節，寧爲蘭摧玉折，不作瓦礫長存。若南董之仗氣直書，不避強禦，韋崔之肆情奮筆，無所阿容。"⑬齊卿崔杼使人弒莊公，齊太史書曰："崔杼弒其君！""崔子殺之，其弟嗣書，而死者二人，其弟又書，乃舍之。南史氏聞太史盡死，執簡以往，聞既書矣，乃還"⑭。呂祖謙曰："身可殺而筆不可奪，鈇鉞有敝，筆鋒益

⑨ 詳閱全祖望，「江浙兩大獄記」，〔鮚埼亭集〕，外編，卷22，頁961。

⑩ 同書，頁962。

⑪ 章炳麟，「哀焚書」，〔訄書〕重訂本，〔章太炎全集〕，册3，頁323。

⑫ 〔史通通釋〕，「直書」，卷7，頁92。

⑬ 同書，頁93。

⑭ 見〔春秋三傳〕，襄公二十五年，頁383。

強，威加一國，而莫能增損汗簡之半辭”⑮，此文文山書“在齊太史簡”之所以感泣鬼神也。太史以死殉職，誠如烈士狥名，然其要猶不止史氏之令節，千秋之美名，其尤要者實乃維持之功。呂氏繼曰：“使其阿諛畏怯，君舉不書，簡編失實，無所考信，則仲尼雖欲作〔春秋〕以示萬世，將何所據乎？”⑯近世龔自珍謂：“滅人之國，必先去其史。”⑰章炳麟謂：“不講歷史，昧於往迹，國情將何由而洽？”⑱簡編失實何異自去其史，自昧往迹。史氏以死相爭，意豈在私乎？董狐斥趙宣子“亡不越境，反不討賊”⑲，宣子爲法自惡，知所從矣。太炎曰：“史本天職，君過則書，不爲訕上。”⑳豈不然乎？

韋曜字弘嗣，東吳之太史令也。孫皓卽位，曜以皓父孫和未登帝位，不能作紀，宜名爲傳，如是者非一，遂積前後嫌忿，收曜付獄。曜乞垂見哀，華覈復上書救曜，許以漢之史遷，使編次吳書，以重千載。皓卒不聽而誅曜㉑。崔浩字伯深，嘗總史務，敍成國書三十卷，立石銘載，以彰直筆。“浩書國事備而不典，而石銘顯在衢路，北人咸悉忿毒，相與構浩於帝”，帝怒誅浩，並夷其族㉒。浩、曜雖不及齊太史之烈，然以直筆見誅，固無二致。孫和卒未入紀，亦曜之功歟？

---

⑮ 呂祖謙，〔東萊博議〕，「曹劌諫觀社」，卷2，頁20。
⑯ 同上。
⑰ 龔自珍，「古史鉤沈論二」，〔龔自珍全集〕，頁22。
⑱ 太炎先生講，「歷史之重要」，〔制言〕，55期，頁3。
⑲ 事見〔春秋三傳〕，宣公二年，頁255-56。
⑳ 章太炎，「與人論國學書」，〔章氏叢書〕，別錄2，頁41。
㉑ 見〔三國志〕，「吳書」，頁1460-64。
㉒ 見〔北史〕，卷21，「崔浩傳」，册3，頁789。

韋曜得罪孫浩，華覈上疏救救，垂涕求救，固無補於事，殊不知直言不待巧辭辯護。蘇格拉底（Socrates）嘗曰："吾絕不善於辭令。誠然，若以直陳眞理爲善辭令，自當別論。"(I have not the slightest skill as a speaker-unless, of course, by a skillful speaker they mean one who speaks the truth.）㉓ 蓋直筆貴在不屈，若刻意辯解，曲又在其中矣。方孝孺識一是字，謂燕王曰："吾腕可斷，筆不可枉"，滅十族而無悔㉔。伽利略以地動之說，得罪紅衣主教拜來曼（Bellarmine），雖遭禁辱，卒謂"地猶動"（eppur si muove）也㉕。類此殉道精神，雖千萬人吾往矣，必有其愷切服膺之信念，此信念無他，"追求眞理"(Search for truth）是也。故史家泰勒曰，"當余秉筆之際，吾之忠誠除歷史眞相外，別無所屬"(When I write, I have no loyalty except to historical truth)㉖

史家追求眞理，直筆不諱，固其宜矣。然理未易明，眞非必得，若一恃道德之勇氣，不作理智之辨解，則其眞其直，或竟如鏡花水月，豈非妄費心力生命歟？斯卽荀卿所謂蔽於一曲，而失正求者也。荀子論蔽曰："遠爲蔽，近爲蔽，博爲蔽，淺

㉓ 見「蘇格拉底證辭」(The Apology of Socrates)，載柏拉圖(Plato)，〔蘇氏末日〕(*The Last Days of Socrates*)，p. 45.

㉔ 見尹守衡，〔明史竊〕，册 4，頁1861, 1862。

㉕ 事見柏魯諾斯基、馬士裏許(J. Bronowski, Bruce Mazlish)合撰之〔西方學術傳統〕(*The Western Intellectual Tradition*), pp. 118-24.

㉖ 泰勒(A. J. P. Taylor),〔政客、社會主義與史家〕(*Politicians Socialism and Historians*), p. 21。

爲蔽，古爲蔽，今爲蔽。”㉗史家解蔽，尤宜〝無欲無惡，無始無終，無近無遠，無博無淺，無古無今，兼陳萬物，而中縣衡焉”㉘。蓋置〝任何人爲之限，以阻眞相之現，皆屬反智之舉”(Interest reipublicae finem esse litium)。設若篤於信念，蔽於一說，而以直筆自視，反遺史氏之羞。史氏之直筆無他，求是而已矣。孔墨曰徵信，韓非曰參驗㉙，即此之謂也。

㉗ 見〔荀子集解〕，「解蔽篇」，頁259。靜修「讀史評」詩曰："紀錄紛紜已失眞，語言輕重在詞臣，若將字字論心術，恐有無邊受屈人。"轉引自錢鍾書，〔談藝錄〕，頁160。可與荀子之言，相互發明。

㉘ 同上，頁263。

㉙ 韓非論參驗見〔韓非子集解〕，「顯學篇」，頁357。

貫通第二十三

尋繁領雜之術，務信棄奇之要，明白頭訖之序，品酌事例之條，曉其大綱，則衆理可貫。

也若斯之科亦萬代一準焉至於尋繁領雜之術務信弃奇之要明白頭訖之序品酌事例之條曉其大綱則衆理可貫然史之為任

金氏毓黻曰：劉勰所舉四事，乃修史之總綱也。"尋煩領雜之術，卽搜集史料之謂也。務信棄奇之要，卽整理史料之謂也。明白頭訖之序，卽輯成史著之謂也"。至於品酌事例之條，卽全篇之史例也，蓋"刪成勒定之際，尤貴先立史例"，以"究總會之實功"。四事旣舉，"則萬殊歸於一本，自可有條不紊。故曰曉其大綱，則衆理可貫也"①。金氏備言劉勰修史必經之序，固甚明達，足可與西方史學相呼應。尋煩領雜，卽"史料之搜羅與抉剔"(Quellensammlungen und Quellenbibliographie)也；務信棄奇，卽"眞僞之鑒別"(Prüfung der Echtheit)也；明白頭訖，卽"綜觀"(Auffassung)也；品酌事例，卽"史事之述論"(Darstellung)也②。史法之起訖，略盡於此，中西固無異轍。惟修史之序，歸宿於"貫通"(synthesis and generalization)，卽曉其大綱，衆理可貫是也。設未貫通，則有始而無終，猶江河之支漫，不得滙聚於海也。然則作史者欲明指歸，必求貫通之旨。蓋"史者綜論之謂也"(L'histoire est donc une synthese)③，得無有所賡揚乎？

① 見金毓黻，「文心雕龍史傳篇疏證」，頁263-64。
② 參閱伯恩漢，〔史學方法論〕。
③ 婁福伯語，見氏著〔史學沈思〕(*Réflexions sur l'histoire*), p. 81.

欲求貫通，必先"聚而編之，混成一錄"④，"用使閱之者，雁行魚貫，皎然可尋"⑤；編次者知其脈絡，明其相承。然貫通之旨，未可止於"分類"(classification)。分類者，"錯綜成篇，區分類聚"⑥而已，年月表大事記之類也。尙需就旣已分類之事，更作"總結"(generalization)，以"悉其要，明其特色"(C'est son essence on du moins ce qui est devenu son essence. C'est son caractère essentiel)⑦。所謂"翦截浮詞，撮其機要"⑧也。又譬如食果吐核，服藥棄滓，以擷其精華；蜜蜂兼採，蜻蜓點水，以辨其甘苦冷暖，而後探揣古意，發爲新言，而後總結之也。

尋"總結"之塗，頗有高低邇遙之別。舉凡封建、郡縣、暴君、強藩、女主、外戚、宦寺、權奸、鄙夫、將相、儒林、循吏，"官逼民反"，"一治一亂"，皆由史事提煉而得，覩其名而悉其實，此休士 (H. Stuart Hughes) 所謂"語意之總結"也 (semantic aspects)⑨，賴特 (Arthur Wright) 所謂

---

④ 劉知幾語，見〔史通通釋〕，「採撰」，頁55。
⑤ 同書，「編次」，頁48。
⑥ 同上，頁49。
⑦ 同註③。
⑧ 見〔史通通釋〕，「浮詞」，頁 76。麥詰拉氏 (C. Behan McCullagh) 亦有"分類"與"貫通"之辨，見氏著〔史述眞論〕(*Justifying Historical Description*), p. 132, 可資參閱。
⑨ 見休士 (H. Stuart Hughes),〔史學家與社會科學家〕(*The Historians and the Social Scientists*), 載呂阿塞諾夫斯基 (Alexander V. Riasanovsky)、瑞士涅克 (Barnes Riznik) 合編之〔史著中之通則〕(*Generalizations in Historical Writing*), p. 26.

之"名相總結"(labeling generalizations)⑩也。乃總結之跬步也。其次爲一事一人之總結,可稱之曰"集詞爲結"(groupings of statements)⑪。司馬溫公曰:"周自平王東遷,日已衰微,至於戰國,又分而爲二,其土地人民,不足以比強國之大夫,然而天下猶尊而事之,以爲共主,守文武之宗祧,緜緜焉,久而不絕,其故何哉?植本固而發源深也。"⑫本固源深,謂姬周之久尙仁崇禮也,此以儒家倫常爲說,總結史事者也。王船山以帝王受命,其上以德,其次以功,趙宋太祖無德無功而開盛世者,因其懼也,曰:"權不重,故不敢以兵威翅遠人;望不隆,故不敢以誅夷待勳舊;學不夙,故不敢以智慧輕儒素;恩不洽,故不敢以苛法督吏民。懼以生愼,愼以生儉,儉以生慈,慈以生和,和以生文。而自唐光啓以來,百年囂陵噬搏之氣,寖衰寖微,以消釋於無形,盛矣哉!"⑬以一懼字貫通趙宋一世,此以情理總結史事者也。英國吉朋,以蠻族與耶教貫通羅馬之衰亡,蓋以啓蒙精神、理性主義總結史事者也⑭。龔

⑩ 見賴特(Arthur F. Wright),「論中國史研究可用之通則」(On the Uses of Generalization in the Study of Chinese History),載高資喬客(Louis Gottschalk)編,〔史著中之通則〕(*Generalization in the Writing of History*), p.36.

⑪ 參閱註⑨,頁27-28。

⑫ 司馬光,〔稽古錄〕,册2,卷11,頁72。

⑬ 王夫之,〔宋論〕,頁3。

⑭ 吉朋以蠻族與耶教皆屬反啓蒙、非理性之產物。其遭敎會之非難,自在意中。福克士(Charles James Fox)且在議會中糾彈之。惟吉朋所責難之耶教,意在狂熱之敎義與夫迷惑之信仰耳。〔羅馬衰亡史〕(*The Decline and Fall of the Roman Empire*)原本六卷,十九世紀有施密士(William Smith)所輯之八卷本,本世紀有百里(J. B. Bury)編註之七卷本。書中15、16兩章述耶敎與帝國之衰亡。

定盦曰："官愈久，則氣逾媮；望愈崇，則禍愈固；地益近，則媚亦益。"⑮則以一己之經驗爲總結也。凡以經驗、情理、倫常爲據者，不外"印象式之總結"(Impressionistic generalization)。欲其精確，近人求諸"統計或抽樣之技巧"(the application of statistic or sampling techniques)。即所謂"量化史學"(quantitative history)也。

量化者，以數字驗證總結史事。試以例爲說。維多利亞女王之英國，素稱教國，因其民大都信奉基督，此印象式之總結也。近人克拉克(G. Kitson Clark)查一八五一年英格蘭與威爾斯之人口紀錄，共計一千七百九十二萬七千六百零九人，僅七百二十六萬一千零三十二人嘗略事禮拜，除卻老弱殘疾，可登教堂之門而不登者，何止五百餘萬⑯，教國云乎哉！美國之傑克遜(Andrew Jackson)，號稱平民總統，其所主宰之一八二〇年代，素有"選票激增"(upward surge in voting; immense popular votes)，"民主革命"(mighty democratic uprising)之印象，而近人麥考密克(Richard McCormick)查一八二四至一八四四歷年各州投票統計，始悉一八三二之投票率(54.9%)尚不及一九二八(56.3%)。至一八四〇年，因兩黨政治漸趨確立，投票率遂達百分之七八⑰。所謂傑克遜

⑮ 見〔龔自珍集〕，頁31。

⑯ 克拉克(G. Kitson Clark)，〔維多利亞英國之形成〕(*The Making of Victorian England*), p. 149.

⑰ 麥考密克(Richard P. McCormick)，「傑克遜政治新論」(New Perspectives on Jacksonian Politics)，〔美國史學評論〕(*American Historical Review*)，1960年元月號，頁289, 292, 301。

之民主 (Jacksonian Democracy) 有其名而無其實焉。據此類推，"禮義之邦"、"儒教中國" 云云，皆未經驗證之印象耳。

量化非僅證誤，復可洞見文義所不及者。若法國大革命後之"恐怖之治當道"(Que la Terreur soit à l'ordre du jour)，論者有以激烈思潮之震盪爲說者，如譚恩(Hippolyte Taine)；有以內亂外患之刺激爲說者，如歐臘 (Alphonse Aulard)；有以社會經濟之窘逼爲說者，如馬蒂斯 (Albert Mathiez)。近人葛里爾 (Donald Greer) 統計恐怖時期死難人數，劃製曲線，血刃十八月，四見高峯。初見之於一七九三年四月，處決二一〇人；二度高峯奮起於是年之秋，入冬而續升，新舊年交替之際，斬首近七千級；三度高峯見之於一七九四之春，死人約千，四度高峯見之於是年之夏，死人約千五百⑱。屠殺之升降，合之於時、地不難推果求因。殺機與危機之鬆緊旣相應，可知恐怖乃鎭壓反革命之自衞手段，前期 (一七九三春至一七九四冬) 尤然，死者多係下層暴徒或叛逆，殊少枉曲，頗可證成譚恩、馬蒂斯之說⑲。惟後期 (一七九四年六、七月間) 之恐怖，幾限於巴黎一地，死者十之六屬社會上層，且 "不准申辯" (Tu n'as pas la parole)，枉者必多，故作者疑有藉此 "淸除朱門，以均財富之企圖" (an attempt to level wealth by

⑱ 統計表見葛里爾 (Donald Greer)，〔法國革命時期之恐怖事件：統計說明〕(*The Incidence of the Terror during the French Revolution: A Statistical Interpretation*)，p. 113.

⑲ 同書，頁114, 116-19, 123-24, 127。

eliminating the wealthy)，庶致社會革命之鵠⑳。量化之效，略見之矣；然有其長，亦有其短，葛里爾於統計之餘，不免興嘆，曰數字"無以見心理狀況，莫悉情緒之所趨，衆事之動態"(give no glimpse of psychology; no hint of the emotional destiny; amplitude of moving events)㉑。善哉斯言。猶憶蕭師公權嘗云，計量大似"三點泳裝"(Bikini swimming suit)，其所展露者固可觀，然其所隱遮者乃至要！至要者，心理狀況歟？情緒趨向歟？蓋人有情而數無情也。再者，史事旣逝，數字難全，而計量之周，端視數字之密。當今電腦決算，瞬息卽得，數字不畏其繁，多多益善耳；若簡而略，殘而闕，則殆矣。而史所遺留，勿論文字或數字，皆不由後人選擇，故所示者，非具代表性之"有效抽樣"(random sampling)，難爲確據。是以計量治史，知有所限，不宜濫施㉒。最宜施者，莫若具備"可資計量性格者"(measurable characteristics)，諸如戶籍、稅册、生產、工資、物價、選舉，與夫財富之分配、家族之大小，皆可就繁理緒，求其貫通，犁然秩然。惟作史者以計量爲用，宜忌捨本逐末。夫史者，猶文也，非數也。"計量者，無

⑳ 同書，頁120-22。麥詰拉謂："統計之術已與歷史總結以新活力。"(the use of statistical techniques has put new vigour into the formation and justification of historical generalization.)〔史述眞論〕，p. 141，參閱註⑧。

㉑ 同書，頁124。

㉒ 參閱艾德羅特(William O. Aydelotte)，〔計量於史〕(*Quantification in History*)，p.48 有云："clearly, formal statistical presentations are feasible only for a limited range of historical problems."

非具有綜合資訊之用途爾”(Statistics are, after all, no more than useful ways of summarizing information)㉓。苟以爲懷計量奇技卽可啓史學堂奧，必不得其門而入也。

又可資史事之貫通與總結者，固非計量一途；近代社會科學昌明，舉凡經濟模式、社會學說、政治原理、心理法則，咸可爲鄰壁之光，燭我之幽。何炳棣嘗借“社會流動”(social mobility)之說，觀明淸科舉題名，上窺唐宋，而爲之總結曰：士農工商，貌似階層嚴明，實則階層間之升降，頗爲繁劇，可謂一流動之社會，原非一成不變者也。而科舉縱有弊端，乃社會流動之所賴，非可一筆抹殺者也㉔。麥克尼爾藉病理知識，以華族南移之緩，要因南方瘴癘肆虐，難以橫越，非必因祖宗廬墓而安居重遷也㉕。餘若以物價之波動，觀國民之生計；以心理之挫折，窺行事之越常；以物質之基礎，探思想之內涵；以吏治之良窳，明政情之趨向。類此學理法則，作史者莫不可用爲貫通總結之助焉。

惟社會學理，近乎定律(law-like)，實有異於放諸四海而皆準之自然定律。蓋天理人理，原有別致；天理難移，而人理易變。況由人理衍發之學說，每具歷史文化之特色。試觀當今社會、經濟、政治、心理、都市諸學說，繽紛雜陳，然皆歸宗於西方之歷史文化。韋伯(Max Weber)雖嘗旁觀域外文明

㉓ 克拉克語，見氏著〔批評之史家〕(*The Critical Historian*), p. 180.

㉔ 參見何炳棣(Ping-ti Ho)，〔明淸社會史論〕(*The Ladder of Success in Imperial China*)。

㉕ 參見麥克尼爾，〔瘟疫與民衆〕。

之社會結構，相互參證，以推其效於寰宇，惜有始而無終，後繼乏人㉖。然則，齊州史家引用西方學說，何莫自我參證；與其削足適履，不若修履以適足也。

至高極遠之總結，則擬貫通全史，以一理一說繩之。十九世紀以來，自黑格爾、馬克思，至於史賓格勒、湯恩比，名家輩出，咸以淵博聞世，號稱"玄史"(Metahistory)㉗。馬克思唯物史觀尤風靡一時，環顧宇內，半壁天下，獨尊勿疑。馬氏取黑格爾辯證之法 (the Dialectic)，以"生產關係"易黑氏之"理念"，而演爲正反合之歷史發展。社會之生產關係組成社會之經濟結構，爲法律政制之眞實基礎，非由人之意志左右。至生產力與既存之生產關係發生衝突，遂有階級鬪爭，導致社會革命，變化生產模式，使社會更上層樓，社會之上層建築亦隨之蛻化矣。馬氏據社會進化之理，而有原始公社、上古奴隸制度、中古封建、近代資本主義，以及未來共產主義之五階段說焉㉘。馬氏以物質基礎之精確，匹比聲光化電，固有別

㉕ 參見韋伯，〔社會學論文〕(*Essays in Sociology*)，格士與米兒士 (H. H. Gerth and C. W. Mills)譯本，頁267-344。巴格比 (Philip Bagby)，〔文化與歷史〕(*Culture and History*)，p.185. 近人馬士丁 (Rex Mastin) 亟言今古之異，文化之異，故史家著論要能"轉化"與"同化"，庶祛今古與文化之隔，詳閱氏著〔史釋〕，pp. 227, 250, 252.

㉗ 參見懷特 (Hayden White)，〔玄史：十九世紀歐陸之玄想史學〕(*Metahistory: The Historical Imagination in Nineteenth-century Europe*)。

㉘ 有關馬克思歷史唯物論著述多不勝擧。馬氏本人之簡短綜說可見之於其一八五九年所撰〔政治經濟批判獻言〕(*A Contribution to the Critique of Political Economy*) 之序言。另可參見柯恩 (G. A. Cohen) 近著，〔馬克思史學理論辯說〕(*Karl Marx's Theory of History: A Defence*)；傅萊秋，〔馬克思主義與歷史〕，頁78-80。

於唯心之"玄史"，故稱之爲科學之歷史法則。然法則之科學性，端賴無施而不可；用之於列國史乘，各史斷代，莫不相適，斯則宜矣。苟若以論帶史，譬如長身短衣，巨首細帽，何足以云科學？又馬氏樂觀未來，與史賓格勒、湯恩比之悲觀，雖然有異，而預見歷史之發展，以爲命定不移則一，跡近貌異心同矣。舉凡以一說統籌全史，擬普照森林之幽，盡吸西江之水者，哲學家多譽之，史學家多謗之，斯亦史哲之異轍也歟？

作史者旣斥玄想之徒，打扮歷史女神，隨心所欲，殊失眞相，又雅不欲專治一端，囿於井見。遂取折衷，以一結構、一時期、一地域爲整體，貫通史事於其間，如索之串珠，以見全貌，此當代法國史學所優爲者也㉙。布洛克 (Marc Bloch) 不從馬克思之見，以封建社會爲生產模式，而視之爲"一社會之整體" (a total social ambiance)，以見其物質與精神結構之全，及其相互間之關係。誠如布氏自謂，控御一社會之制度，必由其整體人文環境中探索㉚，舉凡土地、交通、農作、貿易、衞生、貧富，莫不包攬。因"社會猶若心靈，晝夜交織" (A society, like a mind, is woven of perpetual interaction)㉛。布氏不僅見封建社會之錯綜交織，且見其變遷，故封建社會實有二階段焉，而自一階段至另階段，軌跡可尋。蓋因人口漸增，深耕精作，收成多密，而後有餘力從事手工之業，

㉙ 參見汪榮祖，「白德爾與當代法國史學」，〔食貨月刊〕，復刊，6卷6期，頁1-8。

㉚ 見布洛克 (Marc Block)，〔封建社會〕(*Feudal Society*)，曼容 (L. A. Manyon) 英譯本，Vol. 1, p. 59.

㉛ 同上。

導致城鎭之蔚起、工商階級之出現，社會經濟之面貌全非矣[32]。布氏更以比較參證之法，不限於一時一地之封建社會，務求此一特異制度之貫通，以盡悉其來龍去脈，得其全璧[33]。

布洛克爲當代法國史學之先驅，集其大成者，乃布賀岱也。布賀岱以十六世紀之地中海流域爲一整體，甲編泛論全流域之自然景觀、山川河流、島嶼口岸，無所不包，以及其與人文之關係；乙編遍述全流域之經濟社會活動，自錢幣金融至通商貿易，莫不涉及，以及其與帝國發展、各社會階層之關係；丙編始及政治事件，以西班牙與土耳其兩帝國之和戰爲中心，巨細靡遺。此就其整體之結構而言，實已包羅萬象；再以其整體之演變而言，山川氣候諸自然景觀，變化至緩至微，故其所持之時最長 (longue duree)；物價升降、貿易興衰，變化稍久稍常，故其所持之時略長 (moyenne duree)；作戰議和，將相榮辱，變化最速，何異天際流星，稍縱卽逝，故其所持之時最短 (courte duree)[34]。布賀岱垂注整體，及其長久之演變，故不以瞬息間之史事爲意，其與尋常史家之異趣，立見之矣，然其貫通一區域之複雜結構，見其變化，綜合總結之才華，可嘆觀止。而其晚年巨著，以十五至十八世紀之資本主義與文明爲整體，規模更宏，牽涉益繁，書成三卷。首卷自題〔起居之結構〕(*The Structure of Everyday Life*) 綜述近世各制度之

---

32 閱同書，頁69-71。

33 參閱同書，Vol. 2，ch. 12.

34 參見布賀岱，〔地中海與腓力普第二之地中海世界〕，英譯本見 *The Mediterranean and the Mediterranean World in the Age of Philip II*，上下册。

運作，以及運作之規範；次卷自題〔商旅之踪跡〕(*The Wheels of Commerce*)，細說商賈、市場、貿易，不僅限於歐西，亦及明清之中華；末卷自題〔環宇一覽〕(*Perspective of the World*) ，以世界觀點，總攬近世經濟之整體焉㉟。

布賀岱治史有成，復繼布洛克、費勃爾(Lucien Febuvre)之後，奠法國新史學之基於磐石之上，號稱"安娜學派"(the Annales)㊱，儼然當代顯學。蓋因此派最有組織，能整合社會科學，擅長計量之術，作具體之分析研究，而後貫通綜合，既不容玄理帶史，亦不事一鱗半爪之述論。以史學爲"人文之科學"(les sciences l'homme)㊲，求其學之信實有效，非所以比傅聲光化電之學也。吾人尋思史學貫通總結之法，能不一探安娜學派之堂奧乎?

㉟ 此三卷英譯本，皆由紐約哈潑禮出版社 (Harper & Row) 出版。

㊱ Annales 指此派主要學報，全稱爲 *Annales: Economies, Sociétés, Civilization*。近見國人譯爲"年鑑學派"，顯然直譯 *Annales* 爲年鑑，不知年鑑之類，正爲此派所不屑者，以此稱之，不亦謬乎? 筆者早於1976年音譯爲安娜學派，參閱汪榮祖，「白德爾與當代法國史學」，頁5-6。

㊲ 按法文科學一詞與英德文同一詞意義有出入，一般而言前者意義較泛。

史任第二十四

史之爲任，乃彌綸一代，負海內之責，而嬴是非之尤，秉筆荷擔，莫此之勞。遷、固通矣，而歷詆後世，若任情失正，文其殆哉。

倒之條曉其大綱則衆理可貫然史之爲任乃彌綸一代負海內之責而嬴是非之尤秉筆荷擔莫此之勞遷固通矣而歷詆後世若任情失正文其殆哉

觀乎中外史乘，史之爲任，蓋亦因時而異。遠古蒙昧，史官兼施祝巫之事。所謂巫分醫、卜、祝、史，則史卽巫也。觀射父以史與巫、覡、祝、宗，同爲五官①。〔左傳〕有言，"所謂道，忠於民而信於神也，上思利民，忠也；祝史正辭，信也。"②太史公猶謂其先人，"文史星曆，近乎卜祝之間"③。斯非僅中土爲然，泰西初民載紀，亦唯重"敎儀、宗廟、禱詞之屬"(largely concerned with religious festivals, the building of temples, and delivery of ceremonial offerings)④。是知古史兼掌祭司，中外略同；史者之任，冀能預知未來。降及近古，皇權漸張，朝廷是尙，史者之任，遂以興亡爲意，示治之鑑，冀能維護政權。故司馬溫公，"專取關國家盛衰，繫生民休戚，善可爲法，惡可爲戒者，爲編年一書"，供天子省覽，"監前世之興衰，考當今之得失，嘉善矜惡，取是捨非，足以懋稽古之盛德，躋無前之至治，俾四海羣生，咸蒙其福"即學者亦可進窺"經世匡時之略"⑤。溫公之心，具言歷代作

① 見〔國語〕，「楚語下」。
② 見〔左傳〕，桓公六年，〔春秋三傳〕，頁73。
③ 見「司馬遷報任安書」，〔經史百家雜鈔〕，册4，頁1026。
④ 白德費爾，〔史源〕，頁24。
⑤ 參閱焦循，「刻通鑑記事本末序」，見〔焦氏澹園續集〕，卷1，頁12。司馬光，「進書表」，見〔資治通鑑〕，册13，頁9607，9608。

史之任矣。近世歐美列國，輒多以拓展國威，表彰種族，爲史之任。作史者且以種族之優劣，定歷史之發展，而以“阿利安種”(The Aryan race) 爲至優，命定宰制他族⑥。即如名家莫姆遜（Theodor Mommsen, 1817-1903）亦以自然法則迫令強種併吞劣種爲然⑦，各國遂以擴張爲“天命”(Manifest Destiny)。馬克思欲以階級破國界，則以普羅專政爲史任。凡此皆爲人作嫁，史之爲任，果如是乎?

夫史任之重，莫愈於徵信；彥和嘉言，負海內之責，羸是非之尤，甚見秉筆者負荷之重。按顧千里校羸作嬴，明嘉靖本、元至正本俱作嬴，〔莊子〕有"嬴糧而趣"之詞，嬴卽負也⑧，亟言禹域作史者荷重之舊義。然晚近西方史家，動輒輕蔑齊州史學，謏聞淺見，迄今未衰。若謂彼邦史家乃"記注家"(registrar) 耳，非"撰述家"(author) 也，有綜合而無分析，爲朝廷編纂之浩繁典籍，視作正史；雖亦能區分資料，求實正誤，然官方正史，旣由欽定取捨，反映儒家教義，仰天顏之喜怒。其繁瑣之編年，爲賢者諱之傳統，與夫館修之定式，足令西人藐視中國史學⑨。斯言若然，則三千年來，中土秉筆諸

⑥ 此種史觀盛行於十九世紀之歐美。最顯眼者爲約瑟公爵(Count Joseph Arthur of Gobineau (1816-82) 於一八五四年出版之〔論人種之不平等〕(*Essays on the Inequality of the Human Race*)。

⑦ 參閱莫姆遜 (Theodor Mommsen)，〔羅馬史〕(*The History of Rome*)，狄金孫 (W.P. Dickinson) 譯本，V. 3.

⑧ 參閱潘重規，「續文心雕龍札記」，〔制言〕，49期，頁4。

⑨ 見巴爾寇 (John Barker)，〔超級史家〕(*The Super-Historians: Makers of Our Past*)，p.6. 此書付梓於1982年，可見西方研究史學史者之最近意見，然其見並無新義。讀者可參閱杜維運，〔與西方史家論中國史學〕，新寫本。

士，未稱其任矣。豈其然哉？

嗟乎！章實齋已言之矣，撰述圓神，記注方智⑩，奈何以中國史家皆記注家耶？溯自史漢以降，秉筆作史者固尚直書其事，求其綜合，而不摻己意。然非無己意，不作分析，實乃抒己意於篇末，立義於事外。此乃中西書法有異，何乃情異即以爲誣耶？況別有專事分析史實之書，若葛洪之〔涉史隨筆〕、程至善〔史砭〕、于愼行〔讀史漫錄〕、「明不著撰人〔古史通略〕、計大受之〔史林測義〕、張鵬展之〔讀鑑繹義〕、鍾惺之〔史懷〕、楊以任之〔讀史集識〕、楊維禎之〔史義拾遺〕、黃景防之〔讀史唯疑〕、盧文弨之〔讀史札記〕，而王船山之〔讀通鑑論〕、〔宋論〕，尤著於世，然皆非耳食得窺也。

至於官修正史，肇自李唐。司馬遷太史之署，原非國家修史之所，故〔太史公書〕實子長私人撰述。班固、陳壽、范曄，亦同史家修史，故皆有序傳。自唐訖淸，史館纂修，遂成定局⑪。官史之弊，近人詆之甚矣；惟開館設局，始備一代之事，非一人一時所能網羅，亦形勢成之也。夫官修正史，雖由帝王委任，不由欽定取捨。史臣所據者，乃起居實錄、日曆時政記之屬。唐太宗嘗欲見起居記錄，以知得失，朱子奢以開後世史官之禍爲懼，曰："史官全身畏死，則悠悠千載，尙有聞乎？"⑫故有天子不觀史之例，以容直筆。天子非盡聖，然皆有穢史之懼，勿敢輕易抑揚。愛新覺羅以異族入主，康熙明詔史臣

---

⑩ 詳見〔文史通義〕，「書敎下」，頁12。

⑪ 參見朱希祖，〔史館論議〕，頁38。

⑫ 見〔新唐書〕，卷198，「朱子奢傳」，册18，頁5648。

曰:"作史昭垂永久,關繫甚大,務宜從公論斷,爾等勉之。"復曰:"纂修史書,雖史臣職也,適際朕時,撰成〔明史〕,苟稍有未協,咎歸於朕矣!"⑬是以天子之尊,猶知史任之不可輕忽,修史之宜直書其事也。史臣未必盡賢,舞文隱飾,顚倒是非,容或有之,然秉筆之士雅不欲爲史家之蠹,穢史之譏,遺臭千古,足以爲誡。況史局之開,或愼選儒臣,或延山林積學,先朝遺民,求其忠厚淹通,可塞浮濫之端。學優自潔者,深悉握鉛槧之重,莫不以南董爲典型。錢牧齋雖爲貳臣,未嘗少讓史官書法不隱之義,曰:"其或敢阿私所好,文致出入,曲筆以欺天下後世,不有人禍,必有天刑!"⑭如此意識,良有助於信史。且正史而外,別有野史。野史徵錄難全,不免囿於私見,傳聞異辭,不若正史之信實;然正史官修,或不免舖張隱諱之病,正可徵之於野史。是以正史之失,復可旁求於野史。當國在朝者,豈能一手以遮天下耳目乎?至於儒家教義,固不可等同基督教義之於西方史學。韓文公有以文載道之說,而中土列代史家未嘗以史載道也。或謂〔春秋〕義例,乃孔聖之垂法,列代尊崇不衰。然究其實際,〔春秋〕書法本不可學,"歐陽修作〔五代史記〕,自負上法〔春秋〕,於「唐本紀」大書契丹立晉,爲通人所笑"⑮。"顧欲引〔春秋〕之義,斷後世之獄,是猶禁奸盜以結繩,理文書以科斗,豈不謬哉"⑯!西國儉腹,不

⑬ 見〔明史例案〕,册1,頁2,3。
⑭ 見錢謙益,〔初學集〕,册15,卷48,頁8。
⑮ 章太炎語,見氏著〔國學略說〕,頁108。
⑯ 錢牧齋語,見氏著「春秋論四」,載〔初學集〕,册7,卷21,頁5。

窺堂奧，遽謂："迄今西人仍可漠視東方歷史，而無減於歷史發展之理會，反之則不然。"(Even now a person in the West may disregard most of Oriental history with little consequent loss to his proper understanding of the process of history, while the converse is not so.) ⑰ 是猶井蛙觀天，而覺天小。夜郎固不限於南陲也。

顧中西史家，俱以存往跡爲己任。希羅多德謂其〔史記〕之作也，"雅不欲令人所造者，因時遷而失色" (time may not draw color from what man has brought into being)⑱。太史公亦甚懼史文放絕，子遷網羅舊聞，"弗敢闕" ⑲。近人阿潤德 (Hannah Arendt) 有言焉，希臘記事之始，因悉物界之不朽，而人界之易逝。凡因人而存者，無論何種工作、何種言行，皆可與其人共消逝。將朽之人，苟能使其工作或言行，傳之久遠，庶幾"可與日月長存，天地久大" (enter and be at home in the world of everlastingness)⑳。中土亦然，司馬遷曰："神大用則竭，形大勞則鄙；形神離則死，死者不可復生，離者不可復反。" ㉑ 欲使神用形勞所生之物，不因時變而朽，不因死離而廢絕，捨簡册何由？往跡雖存，苟非實錄，則

⑰ 見盧卡克奇 (John Lukacs)，〔歷史意識〕(*Historical Consciousness, or the Remembered Past*), p. 24.

⑱ 希羅多德〔史記〕(*The History*)，葛林 (David Grene) 譯本，頁33。

⑲ 見「太史公自序」，載〔經史百家雜鈔〕，卷 8，册 2，頁584。

⑳ 見阿潤德 (Hannah Arendt)，〔既往與未來之間〕(*Between Past and Future*), p. 43.

㉑ 同註⑲，頁583。

亦殆矣。故史之優劣，決之於信度之高低耳。

泰西史家，始於希臘。希羅多德素有"史父"之稱。惟希臘心智，非長於史。一則其民重視當今，而乏思古幽情；二則其地狹小，傳聞周知，毋庸記錄；三則以古昔爲神秘之奇境，早具腹案，勿需置論；四則了無通古今之變之觀念，以貫今昔㉒。故希臘史家之出也，已屬難得。然其秉筆撰史，喜逞詞藻（rhetoric），但問文章之華美，不問事實之確否。職是之故，耶路撒冷之約瑟弗士（Flavius Josephus of Jerusalem, A. D. 37-ca. 100）譏之曰："彼土史家撰述，於事不據實情，但憑臆測。"(The works of their historians are not based on any certain knowledge, but on their private conjectures in regard to events.)㉓ 希羅多德固似鶴立鷄羣矣，亦於事多不核實，且甚具偏見，於雅典深情獨鍾，見乎其辭㉔。近人輒喜以希氏與司馬遷相提並論。然今日考古發掘，質以物證，就信實而言，中土之〔史記〕固遠勝於西土之〔史記〕。而西土之〔史記〕，敍事既僅及政軍，述時亦不及廿年，則體例之博大，又非中土〔史記〕之儔矣。

猶可言者，希羅多德亦深懷希臘"末世之感"(eschaton)，以生命爲悲劇，受制於"運命"(moira or tyche)，莫能自主。

㉒ 參見薩林柯（Aubrey de Sélincourt），〔希羅多德之世界〕(*The World of Herodotus*), pp. 23-26.

㉓ 引自湯恩比編譯之〔希臘史學思想〕(*Greek Historical Thought*), p. 65.

㉔ 見希氏〔史記〕，第五編。希氏史記之不核實，另可參見康福〔修西底地斯史觀〕(*Thucydides Mythistoricus*), p. 240.

若述波斯國王 (Xerxes) 登臺檢閱水陸二軍，帆檣林立，虎賁萬千，不禁躊躇滿志，然尋即垂淚。其叔見之曰，何悲喜之遽也；王曰："吾念及人生之短促也，睹此千萬人馬，不及百年，無一生存。" (at the thought of the brevity of all human life, when I realized that, out of all these multitudes, not a single individual will still be alive a hundred years from now.) ㉕ 此猶曹孟德臨江橫槊賦詩，悲歎"人生幾何，譬如朝露" ㉖ 矣。而曹氏兵敗赤壁，波王喪師沙拉米市 (Salamis)，則又運命之巧合矣。宿命之論，充塞希氏〔史記〕，幾如影之隨形，勿可迴避。而司馬遷敍項羽亡其國，身死東城，引"天亡我，非用兵之罪也"；遷益之曰，"豈不謬哉" ㉗！羽身歷其事，感運命之捉弄，別無索解；而遷藉後知之明，燭其事，乃悉人謀之未臧，原非命定。運命者，天也；臧否者，人也。司馬遷天人之辨，猶"命定" (*τύχn* 卽 tyche; chance) 與"智決" (*τέχυn* 卽 techne; *γυώγun* 卽 gnome; intelligence) 之辯證，希羅多德固懵無所知，希氏之後，修西底地斯之史記始見此辨㉘。

修氏之超越希氏尙不止此。修氏頗指希氏記載之不實，若

㉕ 此乃湯恩比英譯，見氏著〔希臘史學思想〕，同註㉓，頁 99-100。另參閱希氏〔史記〕，同註⑱，頁486。

㉖ 語見曹操「短歌行」，載〔曹操集〕，頁 5。

㉗ 見〔史記〕，「項羽本紀」，册 1，卷 7，頁339。

㉘ 修氏史記卽〔伯羅奔尼撒之役〕。修氏天人之辨可參見艾德門司 (Lowell Edmunds)，〔修西底地斯心目中之命定與智決〕(*Chance and Intelligence in Thucydides*)，導論與結論。

謂先民所遺之傳聞，未可依恃，而吾民信之不疑㉙。故修氏不僅記當代之事，實記其親歷之戰役，求其信也。自謂"吾書非迎今人所好，實欲垂之久遠"(My work is not a piece of writing designed to meet the taste of an immediate public, but was done to last for ever)㉚，斯亦藏諸名山之微意也。然修氏雖憑親聞目睹，力求徵信，仍有未逮㉛。又修氏就一戰役，彌綸一代，瘁其心力，滙爲長編，齊州古史所未嘗見。其以此役爲亙古未有之巨變，固無論矣，然其累篇所記，不外"戰事"(εþya 卽 event)與"演說"(λόγψ 卽 speeches)，於此一大戰之起因，竟語焉不明。近人康福 (Francis M. Cornford) 謂修氏不僅昧於起因之眞相，且未曾蓄意求之(there is not a word about causes)㉜。蓋當時希臘子民深信巨禍之降臨，必因神譴報應 (curse) 之故；修氏雖力拒無稽之妄言，不免有將信將疑之時，投羅網而不自知，終勿明雅典與斯巴達何以大興干戈也㉝。職是之故，讀修氏戰紀卷首，但見兩造之爭執、寃情，與夫"託辭"(πρόφασις 卽 pretext)，而勿見

㉙ 見修氏〔伯羅奔尼撒戰爭〕，頁46。

㉚ 同書，頁48。

㉛ 約瑟弗士曰："修西底地斯乃其時代最可信之史家，評者仍以其頗有謬誤"(Even Thucydides, who is considered to be the most accurate historian of his time, is accused of inaccuracy on many points by certain critics)，引自湯恩比，〔希臘史學思想〕，p. 65.

㉜ 康福，〔修西底地斯史觀〕，頁53, 59，參閱註㉔。

㉝ 參閱同書，頁248-50。

戰事之"起因"(*airía* 卽 cause)也㉞。

北征匈奴，自是西漢用兵之大事，班固〔前漢書〕散記其事其言於「武帝本紀」、衞靑、霍去病、匈奴諸傳，直述事實，不異於修氏；然班氏別於事外立義，曰夷狄之患中國久矣。此遠因也。"自漢興以至于今，曠世歷年，多於春秋，其與匈奴，有脩文而和親之矣，有用武而克伐之矣，有卑下而承事之矣，有威服而臣畜之矣，詘伸異變，强弱相反，是故其詳可得而言也。"㉟於是詳析其故，若謂孝惠與高后遵和親而不違，然"匈奴寇盜不爲衰止，而單于反以加驕倨"㊱。斯語似爲漢廷申訴，斥夷狄之不訓，猶若"託詞"。然班氏繼謂："侵掠所獲，歲鉅萬計；而和親賂遺，不過千金。"㊲則直道寇盜不衰之物質動機矣。匈奴數背約束，固無可異也。又班氏述武帝奮擊之威，矜而勿喜，曰"雖征伐克獲，而士馬物故亦略相當；雖開河南之野，建朔方之郡，亦棄造陽之北九百餘里。匈奴人民每來降漢，單于亦輒拘留漢使以相報復"㊳。此可謂實事求是之詮評，不帶激情。出師旣勞而無功矣，班氏遂總結歷史之敎訓，謂諸夏與外夷，"殊章服，異習俗"，"約之則費賂而見欺，攻之

㉞ 康福指陳修氏未嘗區分"託詞"與"起因"，顯然混爲一談，見同書頁58。修氏之"託辭"曰："此役之不可免，蓋因雅典霸業日盛，令斯巴達悚然懷懼。"(What made war inevitable was the growth of Athenian power and the fear which this caused in Sparta.) 見〔伯羅奔尼撒戰爭〕，頁49。另參閱頁87-103。

㉟ 見班固，〔前漢書〕，卷94，册11，頁3830。

㊱ 同書，頁3831。

㊲ 同書，頁3833。

㊳ 同書，頁3831。

則勞師而招寇”，不如“外而不內，疏而不戚”，“來則懲而御之，去則備而守之”㊴。班氏之言，不必盡當；其可稱者，乃敍事因果犂然，立義見著知微也。夫希修兩氏，名垂泰西，猶馬班之於中國，馬班何多讓焉？

修氏之後，可稱述者，其唯破雷別士乎。破氏略與馬遷同時㊵，目睹希臘之衰亡，羅馬之勃興，故亟以興亡爲念，以史資鑑，嘗言史家須以“宣揚歷史教訓，啓導政治”(eulogized the lessons of history as true education and training for political life)㊶爲己任，因而重視史事之起因。苟不知其因，讀史何益㊷？是則破氏固略勝其先賢矣，然其亦不免歸因於運命，而運命付之“上帝”(Providence)。羅馬之勃興既屬上帝之旨意，則希臘之辱敗，亦可解嘲矣。而破氏行文，又多冗蕪之弊，終不及希修二傑之著名於世也。破氏生爲希臘之民，死爲羅馬之鬼。雖以羅馬帝國爲榮，未嘗數典忘祖也。

羅馬開西土前所未有之盛，雄風不亞大漢聲威。唯其史學，未足以言昌明。蓋因羅馬長於政法，風尚功利；至於思緻之精微，文藝之創造，殊不及希臘。數百年之羅馬史學，著作雖多，大師無幾，聲名彪炳者，唯李維與塔西特斯耳。李氏之羅馬書，

㊴ 同書，頁3834。

㊵ 破氏生卒年有四說：㈠198-120 B.C. ㈡200-118 B.C. ㈢198-117 B.C. ㈣201-120 B.C.

㊶ 湯恩比譯文，見湯恩比，〔希臘史學思想〕，頁43。

㊷ 見破氏〔史紀〕(*History*), Book XI, ch.19; Book XXIL, ch. 18. 全書計四十卷，詳述羅馬帝國之勃興，惜今僅存三分之一，餘佚。參見葛蘭特 (Michael Grant), 〔古代史家〕(*The Ancient Historians*), p. 144.

上起“建城”(*Ab urbe* condita),包攬七百餘年史事，計一百四十二書，卷帙暠繁，誠非班固可及㊸。唯所存者僅廿二書，斷片殘章，不及班書之全。然李班各開彌綸一代史事之先河。人或言班氏喜以儒敎倫理，裁斷史實；然李氏亦有其尊奉之倫理，卽“斯多噶主義”(Stoicism)也。其義尙“智”(*φρbνρσiς*)、重“勇”(*dνδρεia*)、講“義”(*ςικaloσύνρ*)、堅“忍”(*σωφ-ροσύνn*)。據此可悉李氏褒貶所趨，道德裁判固甚顯然也㊹。夫李、班者，皆文士也，各以綺文麗句，追頌本朝功德。敍事細密，班不如李；記聞信實，李不如班。希羅史家好作代言，李書中之名人演說，亦為李氏代擬（The speeches in Livy are his own)㊺，非實錄也。且李氏述事傳人，限於軍政，於社經學術，盡付闕如。或謂不得以今人之心，責備古人(anachronism)，然班氏敍帝皇、列官司之外，復分州域、辨食貨、道游俠、總儒林，則古人得今人之心矣。塔氏生平略詳於李氏，書亦較全。塔氏之生也，恰當東漢明帝登基之年，其所著之“書”(Histories) 與“紀”(Annals)，行文華美，下筆變化入奇，“其佳者，足稱拉丁文學之冠冕”(At its best his skill as a narrator is unsurpassed in Latin literature)㊻。若塔

㊸ 李氏之“書”(book)，篇幅大於中國之卷，若以近代洋裝，李氏全書可印成二十五册，每册三百餘頁，見雷斯特那(M.L.W. Laistner)，〔羅馬史學名家〕(*The Greater Roman Historians*), p. 77.

㊹ 參閱同書，頁71, 73, 89。

㊺ 同書，頁96。

㊻ 雷斯特那語，見同書頁 123，另參見塔西特斯 (Cornelius Tacitus)，〔史紀〕(*The Histories*)，威勒斯雷 (Kenneth Wellesley) 譯本，頁175-200。

氏之文彩可與范蔚宗東西輝映，塔氏之迷信運命則非范氏所取。塔氏亦致力於羅馬一代，敍事生動，若"羅馬之陷落"（Sack of Rome），與夫泰伯河之泛濫，讀之猶如身歷。唯其垂注者，大都不出帝王本紀，宮庭變故，範圍殊不及范氏之廣濶也。塔氏敍錄，多可採信，且能兼用實物爲證，唯其傳體，失之嘲諷過甚，跡近誣曲；而范氏傳人，謹愼多矣，且包羅較廣，政學而外，兼傳獨行、方術、逸民、列女、東夷、南蠻。約而言之，中土史傳廣而泛，惟能大題小作；泰西史傳窄而密，宜可小題大作。東西之異，古已見之。

羅馬帝國旣亡，蠻族內侵，耶教勃興，泰西史學因之式微。蓋以教繩史，史爲教用，易主爲奴矣。甚者，以史爲"教史"（Ecclestiastic History），斷自"創世"（Creation）㊼；以神蹟爲事實，莫能詰究；以神魔判是非，任情失正；視希臘羅馬之古典爲"異端"（Paganism），智殆理喪。是則西洋中古，歷時千有餘年，亦史學之"黑暗時代"（The Dark Age）也㊽。其時列國作史者，多係僧侶，僧侶旨在光寵上帝，雖有記錄時事之功，卒"無系統之編纂，亦無正規之史法"（There was no systematic collection of sources and there was no formal technique of scholarship）㊾，終難勝兼史任也。而當此時也，中國由南北朝而下，經隋唐，歷兩宋，大家名篇，絡繹不絕。

㊼ 如 Sextus Julius Africanus (Ca. A.D. 180-Ca. 250) 謂上帝創世於基督生前五千四百九十九年，見巴耐士，〔史學史〕，頁46。

㊽ 見伯恩漢，〔史學方法論〕，頁213。

㊾ 巴耐士語，同註㊼，頁97。

彥和之論史傳，子玄析論史法；杜佑詳古今之異制，示演化之軌；歐陽修明治亂在人，而天不與；司馬溫公創編年通史，窮探治亂之迹，著生民之休戚，附以考異，辨正異聞；鄭樵善於會通，勇於批判，屏絕妖妄，志在傳信，釐舊補闕，不蹈前修；馬端臨留意憲章，詳文該事，總天下之書，古今之學術，融會錯綜，原始要終。類此豈西洋中古之"僧侶史傳"(Church History)、"騎士載紀"(Chronicle of Chivalry)，可望項背耶？尤足言者，彼猶尙宏濶勝大之言，以勸誘愚俗，而我已絕妖祥禍福之應，以芟蕪核實。中西異趣如此，先後優劣，豈待辯哉?!

歐洲"文藝復興"(Renaissance)，古學復蘇，"人文"(Humanism)勃興，史學亦因而稍變。意大利翡冷翠之馬基維利(Niccolo Machiavelli, 1469-1527)，以捭闔詐譎，爲君王筴謀，著名於世㊿；其於西方中古史學，亦頗有激舊揚新之功。蓋奧古斯丁之神魔史觀，宰制作史者千有餘年，視列邦衆生爲帝城子民，眞理由神啓示(51)；而馬氏主人定勝天之說，相與激盪。成敗禍福，莫不操諸其人；智力相尙，必然有功。故馬氏以史爲權術之借鏡，古爲今用，如引羅馬史實，講述羈縻縱橫之道，欺瞞無知，遂其所欲，若"軍酋以宗教令士卒攻戰不息"(army leaders used religion to keep the troops key up for attack)(52)。然則馬氏不以宗教爲信仰，而以其爲工具，並資後世之

㊿ 見其〔君王篇〕(*The Prince*)，另參閱施卓士(Leo Strauss)，〔論馬基維利〕(*Thoughts on Machiavelli*), pp. 54-84.

(51) 參閱本書「春秋第四」，註㊵。

(52) 見〔馬基維利講演錄〕(*The Discourses*), p. 146.

用。馬氏以史爲治術之用，不異溫公；惟溫公以道德誡君王，而馬氏之謂"德"(virtù)，意指"智巧"(ingenuity)，近乎申韓之術。同郡晚輩桂叶底尼（Francesco Guicciardini, 1483-1540），著〔翡冷翠史〕(*Storie Fiorentine*)，史法猶出馬氏之上。博徵家藏，以彰郡家；善於述事，而不逞華辭。晚年完成〔義大利史〕(*Storia d'Italia*)，長篇鉅製，詳衰亡之迹，明人事無常，譬如"風揚波濤"(not unlike a sea whipped by winds)(53)。苟不明趨向，濫施權力，害於其政深矣。故桂氏於卷首即譴責狂愚之君，爲"誤謬與貪婪所矇蔽"(o errori vani o le cupidità presenti)(54)。然桂氏不止於以昔爲今之鑑，更直指今昔"變遷之理"(a che ragionevolmente per sua natura)(55)，滙細節而成篇，如集腋而成裘。雖未盡信實，然徵引頗繁，敍事綿密，喜怒深藏不露。馬基維利促政敎分流，駁耶敎史論，恢宏人文史學，而桂氏更上層樓(56)，與馬氏共開近代西方政治史之先河矣。然耶敎史學，未即息影。餘波盪漾，至"宗敎改革"(Raformation)，復又燃熾。十七世紀中葉，如歐雪（James Usher）等作史，仍賴〔聖經〕紀年，篤信不疑，並臆斷上帝創世確切年月日，荒誕莫可名狀(57)。及西歐"啓蒙"，理性始張。顧此時也，華夏已入雍乾盛世。伏爾泰

---

(53) 見其〔意大利史〕(*History of Italy*)，亞歷山大（Sidney Alexander）英譯本，頁3。

(54) 引自費利普士（Mark Philips），〔桂叶底尼之史法〕(*Francesco Guicciardini: The Historian's Craft*), p. 128.

(55) 引自同書，頁143。

(56) 參見同書，頁174-83。

(57) 參見巴耐士，〔史學史〕，頁134-35。

(Francois Maire Arouet de Voltaire, 1694-1778) 輩，仰慕中國，乃因中國學藝素不受制於鬼神故也。

啓蒙既起，益之以科學革命之激盪，學者愼思明辨，歸納演繹，以觀察天（自然）人（社會）焉。史家亦以此爲任，曰"理性史學" (the Rationalist historiography)。史氏唯理是尙，以理述古。吉朋尤顯於世，所撰〔羅馬衰亡史〕，傲視儕輩。按吉朋之匠心，略輸伏爾泰；吉朋之學養，稍遜羅勃遜 (William Robertson, 1721-1793)，然吉朋專注於史，旁無所兼，有異於伏、羅，況其史著結構宏偉，以事爲經，以年爲緯，而行文恣肆，自開卷至終卷，有連續不可分割之勢㊿。故其風格雄渾，唯其雄渾，取捨之際，不免流於臆斷。復於食貨之贏虧、學術之流變、社會之動態，俱付闕如，僅一政治史耳59。夫吉朋生當啓蒙之世，目睹洛克(John Locke)、牛頓 (Newton) 輩之以理則征服自然，故亦以理則檢驗史事，力黜政教獨裁之不合理性，尤渺視宗教，以其"乃空心儉腹者之產品" (the creature of an empty stomach and an empty brain)60。吉朋既貶斥中古以降迷信虛妄之世，猶自反古，揣摹希羅名師，

58 參閱本書「盛衰第十四」，註㉑、㉒。

59 參見安古斯一拔特華士 (L. M. Angus-Butterworth)，〔史學十大師〕(*Ten Master Historians*), p. 66. 吉朋之〔羅馬衰亡史〕述一千三百年間事(100-1453)，可分三段：甲自特洛伊時代 (the Age of Trojan) 至羅馬之陷落，乙自查士丁尼 (Justinian) 及其恢復東羅馬，至穆罕默德與查理曼時代，丙自西帝國之中興至土耳其之取東都君士坦丁堡，參閱吉朋，〔羅馬帝國衰亡史〕。

60 引自玖艾士(Michael Joyce)，〔吉朋傳〕(*Edward Gibbon*), p. 152.

不僅修造麗句華詞，且亦擇撰往古感人之事，敷陳推衍，着力於政教征討，固也[61]。

法國革命既起，浪漫風潮瀰漫，欲以情意挑戰理智，流風所及，作史者寄情往事，發古幽情；棄理性之同，取人性之異。司谷脫想見古人，繪鬚眉、狀音容，刻意渲染，亦羅貫中、施耐庵之流亞也。然其不仿古典規律，任眞情流露，如述中古騎士及其地方色彩，憑添詩情畫意，以顯特殊之時代精神[62]。世變事異，文化和而不同，頗得浪漫旨趣。史家祖構不鮮，舉數例以概。蒂埃（Augustin Thierry, 1795-1856）敬慕司谷脫著作之色彩與意象，譽爲大師，深信敍事生動，見其特色，始克賦古人以生命，譬如"着骷髏以血肉"(to clothe skeletons with flesh and blood)[63]也。此能唯馳騁想像得之。故蒂氏之撰〔北蠻平英記〕(*Histoire de la Conquête d'Angleterre par les Normands*)也，亦冀求人事之栩栩如生，不惜言外增飾，浮辭奪意。至於着力於民族殊相，風俗異趣，同情元元，馳想像而少徵信，皆不出乎司氏之類也。麥考雷之受司氏啓示，論著已多[64]。觀其〔英國史〕述及人口蕃衍，鄉閭情狀，物產富藏，鎭市發展，道路驛站，風敎藝術[65]，累見地方色彩，因

---

[61] 羅沃氏（David M. Low），以吉朋追蹤希羅多德，見氏著〔吉朋傳〕(*Edward Gibbon*), p. 328. 蓋氏則以吉朋仿傚塔西特斯，見蓋彼得，〔史學風格〕，頁25-26。

[62] 司氏著作頗豐，可參見〔衞弗萊故事〕(*Waverlay Tales*)。另參閱崔弗琰，〔史家餘興〕，pp. 45-46.

[63] 語見古區，〔十九世紀之史學與史家〕，頁163。

[64] 如克萊夫（John Clive）之〔麥考雷傳〕(*Macaulay: The Shaping of the Historian*), p. 119.

[65] 參見麥考雷，〔英國史〕，Vol. 1, pp. 257-386.

司氏而成事者也。餘如米西雷以詩人情操而作史，卡萊爾膜拜英雄。司氏之穗，拾之者衆矣。

浪漫史家於同中求異，各自標榜國性，自負傳統，勢所必至。國性殊相，不從一理；乃歸諸於虛渺之立國精神，唯我獨有，持以爲榮。近世列國競存，弱者激勵忠愛以衞國，強者鼓舞擴張以拓疆。史爲國用，益揚虛矯之燄，此民族主義史學之所以興也。史家頌揚國史，寄情本族。普魯士學派（the Prussian School）尤爲彰著，謳歌民族之解放，呼號德意志之統一，情見乎史。朶伊森（Johann Gustav Droysen, 1804-1884）主強權、尙軍功、嚴法度、尊王朝、奉一統，嘗謂：富強之本"端賴嚴肅之責任感"(die verfluchte Schuldigkeit)(66)。以此論史，遂以希臘文化之東傳，非由文雅之城邦，實歸功於馬其頓軍國，並以此比附普魯士之當代使命(67)。朶氏史任如此，故除政軍而外，未稍加意；文獻之考信，亦雅不欲求全責備矣。史家以張我族爲任，自不限德國一隅，可謂遍及全歐。其不崇奉王政集權者，則以自由主義爲標榜，其爲民族主義之史家則一也。如法蘭西之米西雷，以熱愛法民之心，撰述法史；以謳

(66) 引自艾克頓，〔德國歷史學派〕，Part II, p. 33.

(67) 參見朶伊森（J.G. Droysen），〔亞歷山大帝史傳〕(*Geschichte Alexanders des Grossen*, 1833)。廿二年復撰〔普魯士策略史〕(*Geschichte der Prussischen Politik*)，謂自十五世紀以來，普魯士君主卽存德國使命於胸，以普魯士與德國之命運結合爲一。繼朶氏而起者有崔子刻，著有〔歷史與政治文集〕(*Historische und Politische Aufsätzig*)，以及七卷本〔十九世紀德國史〕(*History of Germany in the Nineteenth Century*)。另有施貝爾（Heinrich von Sybel, 1817-1895）。

歌之情，讚禮革命。若謂："聖哉！聖哉革命！汝來何遲！千年黑暗，待汝之來，豈容再待？"(68)其傳聖女貞德也，視爲民族英雄，益可概見。如英格蘭之麥考雷，以本國之改革傳統爲榮，既成之自由體制爲傲。故其作史，刻意追索大英良法美意之由來，光榮革命以降議會黨政之成長。而"此良法美意，唯在吾國持續"(This wise policy was followed in our country alone)(69)。麥氏既以國體黨見爲己任，數據之確切與夫敍事之核實，非所措意矣。又如美利堅之莫特雷，則藉荷蘭之立國，以表揚自由主義、共和政體。頌讚荷蘭民國締造者威廉(William the First of Orange)，以一人作千人之事，生而爲公，"堪與華盛頓同列青史"(He is one of very few men who have a right to be mentioned in the same page with Washington)(70)。莫氏嘗走訪荷蘭皇家史館，勤於旁搜，兼採敵友，固有虛心覈實之志(71)。然其褒貶斷於政見，不免"好者輕焉，惡者重焉"(72)。夫民族主義驟興，各國開採史之館，使文獻不墜，便於稽古，何異禹域史館舊制？奈愛國熱腸，每欲偉其事而莫顧實理，卽名家巨匠亦鮮能平心靜氣，守正不阿，

---

(68) 見米西雷，〔法國革命史〕(*Histoire de la révolution française*), Vol. 2, p. 240.

(69) 見麥考雷，〔英國史〕, Vol. 1, p.49.

(70) 見莫特雷，〔莫特雷尺牘〕(*The Correspondence of John Lothrop Motley*), 柯悌士 (George W. Curtis) 編輯, Vol. 1, pp. 146-47.

(71) 見莫特雷 (J. L. Motley),〔荷蘭民國之興〕(*The Rise of the Dutch Republic*) 序言, Vol. 1, p. vii.

(72) 汪梅村語，見〔汪梅村先生集〕，册1，頁306。

遂揚列國“沙文之風”(chauvinism)，助長近世血肉拼搏之大戰。施蒂芬士 (H. Morse Stephens) 言之矣，“十九世紀善作史者，輒顯耀宗邦，過甚其辭，導致斑斑血跡，歐洲文明幾亦垂亡，痛哉”(73)！

蘭克亦浪漫時代之產兒，固甚具國家意識。唯其不尙往事之想像，而以史料之考訂爲已任。故能承繼語文考證學風而光大之，下開近代批判史學之門戶。遍訪檔案之府(archivalische Neugier)、內外文獻互證 (Kritik)、直書其事 (wie es eigentlich gewesen)，乃蘭氏之史法也。此法由來，原非無故。一則有鑒於先時之作史者，未啓閱石室金匱，聊憑裂帛殘竹，遽爲定說。嘗曰“吾曾稽核史實，知原始文獻之可貴，而此類文獻未爲前人利用……吾卽據之定吾史識”(74)。二則有鑒於哲學家以史爲用，隨抽象之思維，斷爲定式，以擇取相關之史實。嘗曰歷史者乃由具體之事實而成。集事成史，繫之於全局，知其交涉，明其關係耳。故良史必關懷具體事實，直書其事，不入先具之見，而大勢自現(75)。是卽不宜以論帶史，而宜由史實求識，此蘭氏直書其事一詞，命題之所繫也。蘭氏固未嘗視史事

---

(73) 語見氏撰，「論國與史」(Nationality and History)，〔美國史學評論〕(*American Historical Review*)，1916年1月，頁236。

(74) 見「敎皇史序言」(Preface to History of the Popes, 1834) 收入蘭克，〔史學之理論與實踐〕(*The Theory and Practice of History*)，pp. 149-50. 康那斯基 (M. Conersky) 定蘭克史學思想五要素，見氏著「韓子與蘭克遺業」(Hintze and the Legacy of Ranke)，p. 107.

(75) 參閱蘭克之1930年代手稿，收入同書，頁29-31。

若偶然之游塵，隨風而至；蓋其深信，史事背後有其神靈在焉(76)。蘭氏身在神裏，神在其心，秉筆作史，所以隱示心中之神，此乃蘭氏篤信路德教義故也。蓋彼得曰："蘭克不止以宗教爲史家之靈感，實以之爲史學之關鍵。"(For Ranke, religion was more than a motive for historians, it was also a key to history.)(77) 故蘭氏直書其事，非心無城府。其異於中古僧侶史筆，近世我族史家，要能勤搜文獻，愼爲核實，不妄生穿鑿，任情失正耳。崔子刻繼蘭克柏林史席，大張我族偏見，爲軍國助威(78)。益信蘭氏秉筆，貴能遺世獨立，遂令其鶴立鷄羣也。

蘭克勤於旁搜，擅長考證；法蘭西之傅思忞，尤能辨今古之異。史家執筆於今，必先揣慕古人古事，得其魂魄、靈犀相通，方可以言知古。而知古之途，捨啓塵封陳編，令古復生莫由。傅氏遂因知古而旁搜勤考，與蘭氏史法可謂殊途同歸矣；而傅氏更以文獻爲重，嘗謂："史者僅由文獻而成，個人私見必不可取而代之。" (History is made only with texts, and personal opinions must not be substituted for them.)(79) 又曰："非我說史，史由我口而說。"(It is not I that I speak to you but history that speaks by my mouth.)(80) 苟非若

(76) 見其〔拉丁與條頓列國史〕(*Geschichte der romanischen und germanischen Volker*) 序文末句。

(77) 蓋彼得，〔史學風格〕，頁84。

(78) 崔子刻，著有〔十九世紀德國史〕七卷，有英譯本 (*History of Germany in the Nineteenth Century, 1879-1894*)，另著有〔歷史政治論集〕(*Historische und Politische Aufsätzig*)。

(79) 引自沙夫森，〔史學思維〕，頁195。

(80) 引自古區，〔十九世紀之史學與史家〕，頁202。

是，則必以今測古，古其殆哉！蓋因古人今人，體質雖同，心魂有異；數百年間起居、風俗、思緻與時俱變，是故探悉人事，不同於研究植物。三千年前之人，非今日之人，斷不可以今人之心度之，必明其變化，定其時而後知其人[81]。傅氏據之而述法國古代政制，發其因革嬗遞之迹。並"觀其俗情，察其需求，辨其風格，明其才智，庶解各代之治"(To understand how each generation was governed we shall have to observe its social conditions, its needs, its manners, and its genius)[82]。傅氏似能就古論古矣，不惑於時代之偏見矣，奈其必不能無感於時代之挑激，若其譴責德國史家之偏頗也，不免自露激情。然傅氏整齊史法，開設絳帳，培訓青衿，同於蘭克。兩氏各求信史，皆有功於近代西方史學之成立[83]。總之，蘭、傅而後，批判之歷史學派 (Critical historical scholarship)，遂風起雲湧於歐陸、英倫，且遠被俄羅斯、西班牙、美利堅矣。所謂批判也者，無證不信、考而後信之謂也。

比觀中西，中國史學盛極於兩宋；當斯時也，泰西猶居中古黑暗之世，史學爲耶教羈縻，久而靡衰。元明以降，齊州史家雖亦繼事增華，未再新闢蹊徑。明季西人航海東來，世局丕變。康雍稱盛，而西洋知識日進，大師漸出。伏爾泰歎服中國，

---

[81] 參閱傅氏 1862 年「就職演說」(An Inaugural Lecture)，收入施鐙 (Fritz Stern) 編選，〔史學論叢〕(*The Varities of History*: *from Voltaire to the Present*), pp.180-81.

[82] 見傅氏〔法國古代政制史〕序文，引自同書，頁189。原著篇名爲 *Histoire des institutions politiques de l'ancienne France*, 6 vols., 1875-1892。詳述中古法國之歷史淵源。

[83] 蘭、傅兩氏所謂以科學方法治史，實指信史之追求，非欲歸史於自然科學之域也。近人多誤解，特表出之。

而中國已瀕強弩之末。乾嘉考據固亦光輝一時，卒未能據之以作長篇信史。滿州閉關，終以兵戎相見，中國潰敗。國家旣衰，史家洞燭時艱，或留意邊疆，警惕危機；或講究經世，以備國用。奈史法史學，俱少長進，創意旣鮮，更乏鉅製，殊無歐美民族史著之盛。蓋末代季世，精神萎敝，學亦寖衰。蘭克、傅思忑設講著述，近代史學崛起歐陸，正當道咸同光蹭蹬拙爲之時，國勢若江河之日下。屢經剉折屈辱之餘，華冑漸覺漢學之猥瑣，羨西學之昌明。卽以任公之賢，猶不免自感形穢。嘗謂舊史病源有四端焉：一曰知有朝廷而不知有國家；二曰知有個人而不知有羣體；三曰知有陳迹而不知有今務；四曰知有事實而不知有理想。緣此四病復生二弊：其一能鋪敍而不能別裁，其二能因襲而不能創作。集此四病二弊而遺惡果三端：一曰史如煙海難讀；二曰難以別擇條理；三曰無以激勵愛國之心，團結其合羣之力[84]。固不論任公驟下己見，未得其平；其所以下此斷言者，蓋因驚羨歐美民族史學之盛，故以激勵愛國爲史氏之任。"以此論之，雖謂中國前者未嘗有史，殆非爲過"[85]。梁氏不知激勵愛國，或有功於國，實有虧於史。夫讀史可生愛國之心，蓋因國運生民相戚；若激勵愛國，則易致沙文主義，德、日前車，足以爲誡。愛國主義史學之弊，梁氏未及深切體會之也。

民國史家固多敬慕蘭克，崇尚科學方法，以爲西方治史之秘，因而或以史學卽科學，比之於生化地質之學[86]；或以歷史

[84] 詳見梁啓超，「新史學」，〔飲冰室文集〕，册34，頁25-30。
[85] 見梁啓超，「中國史敍論」，同上書，頁16。
[86] 如見胡適，「歷史科學之方法」，〔胡適選集〕，演說，頁187。

即考古，唯物證可信，輕言懷疑舊史(87)。按蘭克輩所謂科學之史，實指兩端：一曰勤訪檔案，庶幾言必有據，斯即齊州石室金匱，設館修史之遺意也；二曰述如其事，不妄加我見，此何異吾華直書其事，褒貶自見之旨趣耶？夫西土舊史多馳想像、逞辭藻，故蘭克以實錄砭之，所冀求者，信史耳。考信之法，禹域自具淵源：蜀之譙周、宋之蘇轍，並考古史，駁正馬遷；溫公考異，辨正異同；馬驌〔繹史〕，比勘求實，上窺三代；錢氏〔考異〕、王氏〔商榷〕、趙氏〔劄記〕、全氏〔答問〕、杭氏〔然疑〕、洪氏〔發伏〕，則考辨舊籍，或版本互校，以書證書；或析論實事，以史證史。兼發本末經緯，人物賢愚。崔述〔考信〕，開疑古之先河。中國舊史固不可盡信，然考而後信，歷代史家夙所稔知者也，後人自可精而求精，何庸盡捨家藏而別求之於外乎？至於今古之異，亦中土固有，不待西方進化之說之東來也。太史公通古今之變，劉知幾知"天地長久，風俗無恆，後之視今，猶今之視昔。"(88)傅山則謂："昨日新，前日陳，昨日陳，今日新，此時新，轉眼陳。"(89)近人章太炎亦曰："丘壞世同、賓萌世異。"(90)必謂齊州舊史知恒不知變，是猶見秋菊晚開而不信江梅已早發也。

竊謂中國史學，久而漸衰，非法之不足，乃學之式微。夫法者，高明之招式也；學者，沈潛之內力也。內力不繼，招式雖妙，花拳繡腿而已。而學之深淺，植根於文化；文化之精緻

(87) 此章太炎詆之甚力。
(88) 見〔史通通釋〕，「言語」，卷 6，頁73。
(89) 見傅山，〔霜紅龕集〕，册 2，卷27，頁15，總頁1040。
(90) 見〔檢論〕，「尊史」篇，收入〔章太炎全集〕，册 3，頁416。

粗鄙，則視其吸納之巨細，與夫創新之豐歉爾。歐洲哲人，當中國朱明之世，航海遠颺，幾無遠弗至，探險發現，觸目異情；舊時鄉土偏見，如霜消冰釋矣。胸襟既拓，求知益熾，故"歐洲之擴張"(the expansion of Europe)，亦令其文化開濶，思想突破，史學因而漸變焉[91]。中國文化於漢唐之際，頗多攝取，融和大乘，尤拓新境。兩宋印書大盛，知識流通，史學亦趨興隆。蒙古內侵，猶北蠻之入據羅馬，人文凋傷，難以倖免；唯元人溝通歐亞，固有利於文化之交流也。然明初強行海禁，中西交通之契機遂扼。明清閉關，懵懂於泰西猛晉之勢，以天朝自居，心愈偏狹，思慮涸弊；及鐵甲叩關，門戶洞開，弊端畢現。故"中國之孤立"(the isolation of China)，令其文化遲滯，思想蔽塞，史學因而趨衰矣。

明清之際，中西消長日明。泰西史學穎脫而出，尤著見於"歷史哲學"(philosophy of history)之興焉。史哲者，以哲人之思維理解往事之謂也。史哲之具規模者，自維科、赫德、黑格爾、馬克思，以迄克羅齊、史賓格勒、湯恩比、索羅金[92]，

---

[91] 參閱巴耐士，〔史學史〕，頁136-47。

[92] 索氏爲俄國學者，落籍美國，長期執教哈佛，著作甚夥，其中〔社會文化變動說〕(*Social and Cultural Dynamics*)，示歷史之進展，禍福相間，最能表達其哲理。索氏卒於1968年。讀者可參閱福特(J.B. Ford)之「哲人索氏」(Sorokin as Philosopher)，載阿侖(Philip J. Allen)編，〔索羅金評論〕(*Pitirim A. Sorokin in Review*)。近有印度學者戈爾(Dharmendra Goel)謂歷史哲學不必追踵黑格爾、馬克思等之宏觀建構；苟若致力於主要觀念之分析、方法論之提煉，或更見效用。見氏著，〔晚近歷史哲學述評〕(*Philosophy of History: A Critical Study of Recent Philosophies of History*)。另參閱梅葉荷夫(Hans Meyerhoff)，「史學理論評述」(Review of Theories of History)，載〔史學與學說〕(*History and Theory*,) Vol. 1, no. 1 (1960), pp. 90-97.

莫不董理舊跡,發其含義,定其形態,演爲通則定理。哲人心胸,別有懷抱,每以我見觀史,史爲我用,不免本末倒置。苟若泥於一說,以史就論,史任殆矣。夫史哲之爲用,蓋能啓迪史家神智,展其視野,增益其學,敏銳其識,譬如振衣高崗,極目遠眺,山川棋佈,盡入眼底。此近人所謂"宏觀"(macroscopic view)之效也。

近代西方史學之昌盛,則多賴"社會科學"(social sciences)之發達。布賀岱嘗謂,與史家爲鄰者,有經濟學家、民族學家、人類學家、社會學家、心理學家、語言學家、人口學家、地理學家,甚至統計學家[93]。鄰壁之光,堪借照焉。按史家取用社科之"概念"(concepts)與"方法"(methods),淸理史料,燭照數計,每可洞見癥結,諸如以"流動之說"(social mobility),窺社會之升降;以"起飛之說"(take-off),明經濟之發達;以統計之術,示物價之波動;以"潛在意識"(unconsciousness or subconsciousness),露深藏之隱衷;以"抗議意結"(ideology of protest),釋民亂之勃興。甚或"化文獻之質,爲可計之量"(coding qualitative documents to permit quantification),盡悉情僞。譬如透視肺腑,細察秋毫,毛髮骨血,纖介畢現,此近人所謂"微觀"(microscopic view)之效也。惟社科理則供史之用,宜知其通性,未必盡合特異之史實,殊不可削足適履,以冀附從,而須實事求是,以事證理。或可以史實修正理則,增而益之。蓋同一體系,若封建、若倫理、若邊疆、若玄想、若城鎮,因傳統文化,

---

[93] 見布賀岱,〔論史〕,頁26-27。

與夫自然人文景觀之異，其因革發展，豈能盡同？使以一時一地之體系，涵蓋其餘，必然捉襟見肘，何若合各時各地之異同，求其合理？史家固亦有功於社科，非有取而無可施也。唯史學仍有異於社科，文采勿宜輕失，敍事解說，要能達衆。巴神所謂："今之史者，不再爲公衆而寫，僅爲史者而作然"(Professional historians no longer write for the public but for one another) ⑭，實爲當今史界大弊。挽瀾於未倒，此其時矣。

今去劉勰之世，歲時渺遠，而史氏秉筆荷擔，其勞如昔。夫史任之重，莫逾乎直筆信史；徵信之法，與時俱增，融通中外，參驗古今，斯其宜矣⑮。然徒法仍有不逮，猶有學乎？學而後覺，覺而後可羸是非之尤矣。

丁卯小暑後十日完稿
戊辰立夏後三日校畢
戊辰仲秋二校
癸酉立冬再版一校

---

⑭ 巴神 (Jaques Barzun)〔吾人應有之文化〕(*The Cutlure We Deserve*)，頁9。

⑮ 崔弗琰日，史家欲達其任，需具"遠大之眼光，清晰之頭腦，平和之脾性。"(larger views, clearer head and better temper)，見氏著〔史家餘興〕，p. 28. 足資參照。

徵引書目

（甲）中日文之部

〔二十五史〕，北京中華書局標點本。

1959, 1975　〔史記〕，十册。

1962, 1975　〔漢書〕，十二册。

1963, 1973　〔後漢書〕，十二册。

1969, 1975　〔三國志〕，五册。

1974　〔晉書〕，十册。

1974　〔宋書〕，八册。

1974　〔魏書〕，八册。

1971, 1974　〔周書〕，三册。

1975　〔南史〕，六册。

1974　〔北史〕，十册。

1975　〔舊唐書〕，十六册。

1975　〔新唐書〕，二十册。

1974　〔新五代史〕，三册。

1977　〔宋史〕，四十册。

1974　〔明史〕，二十八册。

1977　〔淸史稿〕，四十八册。

卜大有（輯）

〔史學要義〕，五卷，明萬曆刻本。

于愼行

〔讀史漫錄〕，十四卷，明刻本。

方　苞

1976　〔方望溪全集〕，臺北河洛圖書出版社。
文廷式
1979　〔純常子枝語〕，線裝四十卷，錢仲聯序。
王士禎
1982　〔池北偶談〕，二册，北京中華書局。
王文濡
1967　（評選）〔近代文評註〕，臺北廣文書局。
王夫之
1964　〔宋論〕，北京中華書局。
1971　〔讀通鑑論〕，三册，臺北中華書局。
王安石
〔臨川集〕，一百卷，四部叢刋本。
王　充
1962　〔論衡集解〕，二册，臺北世界書局。
王國維
1973　「釋史」，〔觀堂集林〕，香港中華書局。卷 6，頁263-273。
1973　「太史公行年考」，〔觀堂集林〕，卷11，頁481-514。
王陽明
1915　〔傳習錄集評〕，線裝二册，四明孫氏本，上海新學會社。
王鳴盛
1960, 1971　〔十七史商榷〕，二册，臺北廣文書局。
王　鏊
1536　〔王文恪公集〕，三六卷，嘉靖十五年霍氏序，明寫刻本。
王應麟
1804　〔困學紀聞〕，線裝二十卷八册，嘉慶九年本。
尹守衡
1978　〔明史竊〕，四册，臺北華世出版社。
尹　達
1985　〔中國史學發展史〕，鄭州中州古籍出版社。
不著撰人
〔古史通略〕，明弘治元年杭州刊本。

內藤虎次郎
　1950　〔支那史學史〕，東京弘文堂。
司馬光
　1978　〔資治通鑑〕，十五册，北京中華標點本，臺北新象書店翻印本。
　　　〔稽古錄〕，線裝三册，四部叢刊本。
　1989　〔涑水記聞〕，北京中華書局。
皮錫瑞
　1961　〔經學通論〕，香港中華書局。
白壽彝
　1982　「司馬遷與班固」，〔司馬遷與史記論集〕，歷史研究編輯部編，陝西人民出版社。
朱　熹
　1982　〔晦庵文集〕，〔臺北國立故宮博物院景印宋善本叢書〕。
　　　〔四書集注〕，銅版二册，香港永經堂印。
　　　〔朱子全書〕，六六卷，明武英殿御製。
朱　權
　〔通鑑博論〕，二卷，明初內府刊黑口本。
朱希祖
　1977　〔中國史學通論〕，臺北莊嚴出版社。
　1978　〔史館論議〕，臺北學生書局。
朱東潤
　1957, 1969〔史記考索〕，臺灣開明書店。
全祖望
　1977　〔結埼亭集〕，二册，臺北華世出版社。
宋　濂
　〔宋文薰公文集〕，四部叢刊本。
沈德潛
　1979　〔明詩別裁集〕，上海人民出版社。
汪士鐸
　〔汪梅村先生集〕，二册。〔近代中國史料叢刊〕第十三輯，一二五册，臺北文海出版社印。

汪　中

1970　〔述學〕，臺北廣文書局。

汪榮祖

1975　「蘭克史學眞相」，〔食貨月刊〕，復（4月）刊5卷，1期，頁17-19。

1976　「白德爾與當代法國史學」，〔食貨月刊〕，復刊6卷，6期（9月），頁1-8。

1979　「歷史與科學以及科學的歷史」，〔中央日報史學副刊〕。

1984　〔史家陳寅恪傳〕，臺北聯經出版事業公司。

汪榮寶

1967　〔法言義疏〕，二册，臺北世界書局。

束世徵

1980　「范曄與後漢書」，〔中國史學史論集〕，吳澤主編，上海人民出版社，册1，頁300-312。

杜維運

1977　〔校證補編二十二史劄記〕，臺北華世出版社。

1984　〔清代史學與史家〕，臺北東大圖書公司。

1981　〔與西方史家論中國史學〕，新寫本，臺北東大圖書公司。

杜維運、黃進興（編）

1976　〔中國史學史論文選集〕第一册，臺北華世出版社。

李　白

1980　〔李翰林集〕，景宋咸淳本，揚州廣陵刻印社。

李　耳

1972　〔道德經〕，〔新編諸子集成〕第三册，臺北世界書局。

李　昉等（纂）

1806　〔太平御覽〕，一千卷，嘉慶丙寅揚洲汪氏活字本。

李長之

1968, 1970　〔司馬遷之人格與風格〕，臺北開明書店。

李則綱

1935　〔史學通論〕，上海商務印書館。

李慈銘

1975　〔越縵堂讀書記〕，三册，臺北世界書局。

李　贄

1971　〔焚書〕、〔續焚書〕，東京中文出版社。

貝塚茂樹

1967　〔古代中國の精神〕，〔筑摩叢書〕91，東京筑摩書房。

吳士奇（輯）

〔史裁〕，二十六卷，明萬曆刻本。

吳廷翰

1984　〔吳廷翰集〕，北京中華書局。

吳楚材（選輯）

〔古文觀止〕，線裝十二卷五册，上海商務印書館鉛字本。

吳　澤（主編）

1980　〔中國史學史論集〕，二册，上海人民出版社。

吳闓生

1969　〔左傳微〕，臺北新興書店影印本。

呂祖謙

1924　〔東萊博議〕，上海致新書局線裝本。

何文煥

1974　〔歷代詩話〕，臺北藝文印書館。

何良俊

1959, 1983　〔四友齋叢說〕，〔元明史料筆記叢刊〕，北京中華書局。

何炳松

1990　〔何炳松論文集〕，北京商務印書館。

余英時

1976　〔歷史與思想〕，臺北聯經出版事業公司。

余嘉錫

1974　〔四庫提要辨證〕，三册，北京中華書局。

1983　〔世說新語箋疏〕，北京中華書局。

武田泰淳

1952　〔司馬遷——史記の世界〕，東京創元社。

〔尚書〕，上海商務印書館線裝本。

周一良

「魏收之史學」，收入杜維運、黃進興編，〔中國史學史論文選集〕，第一册，頁311-347。

周　容

1933　〔史學通論〕上海開明書局。

金毓黻

1962　〔中國史學史〕，北京中華書局。

1979　「文心雕龍史傳篇疏證」，〔中華文史論叢〕，第一輯，頁209-268。

津田左右吉

1958　〔左傳の思想史的研究〕，東京岩波。

施　丁

1981　「史漢寫人物細節的比較研究」，〔中國歷史文獻研究集刊〕，第二集，長沙湖南人民出版社，頁143-53。

1982　「馬班異同三論」，〔司馬遷研究新論〕，北京師範大學史學研究所編，河南人民出版社。

姜白巖

1764　〔讀左補義〕，線裝十六册，三多堂藏版，乾隆二十九年序。

胡　寅

1635　〔讀史管見〕，明張溥崇禎乙亥刻本。

胡　適

1966　〔胡適選集〕，十二册，臺北文星書店。

「論左傳之可信及其性質摘要」，載顧頡剛，〔古史辨〕，第五册，頁293-313。

胡哲敷

1935　〔史學概論〕，上海中華書局。

柳宗元

1981　「與韓愈論史官書」，〔柳宗元集〕，四册，北京中華書局。

柳詒徵

1969　〔國史要義〕，臺北中華書局。

范文瀾

1931　〔正史考略〕，北平文化學社。

1933　〔羣經概論〕，北平樸社。

侯外廬

1959, 1980 〔中國思想通史〕，五卷，北京人民出版社。

俞正燮

1965 〔癸巳類稿〕，臺北世界書局。

俞思學

1587 〔史概〕，十卷，明萬曆十五年刻本。

高士奇

1979 〔左傳紀事本末〕，三册，北京中華書局。

高本漢

1935, 1971 〔左傳眞僞考及其他〕，臺北泰順書局。

高似孫

1987 〔史略〕，周天游校箋，北京書目文獻出版社。

高　敏

1979 〔雲夢秦簡初探〕，河南人民出版社。

唐長孺

1962 〔唐書兵志箋證〕，北京中華科學出版社。

馬端臨

1936 〔文獻通考〕，二册，上海商務印書館。

袁　宏

〔後漢紀〕，三十卷，四部叢刊本。

袁　枚

1808 〔隨園隨筆〕，小倉山房藏版，嘉慶戊辰年鐫。

1934 〔隨園隨筆〕，上、下册，上海大達圖書供應社。

1955 〔隨園詩話〕，臺北萬國圖書公司。

桓　譚

1968 〔新論〕，收入嚴可均輯，〔全上古三代秦漢六朝文〕，北京中華書局，13卷，頁537-553。

桑原隲藏，韓　悅（譯）

1930 「關於司馬遷生平之一新說」，〔大公報文學副刊〕，107期（元月29日）。

孫　臏

1975 〔孫臏兵法〕，北京文物出版社。

荀　卿、王先謙（集解）

1972 〔荀子集解〕，〔新編諸子集成〕，第二册，臺北世界書局。

晁公武

1884, 1987 〔郡齋讀書志〕，江蘇廣陵古籍刻印社據光緒十年王先謙校刊本影印。

徐子明

「東西史學之異同」，〔史學〕，2 期，頁285-293。

徐中舒

「左傳的作者及其成書年代」，〔中國史學史論集〕，吳澤主編，册 1，頁60-85。

徐朔方

1984 〔史漢論稿〕，江蘇古籍出版社。

徐　堅

1982, 1985 〔初學記〕，三册，北京中華書局。

清高宗 〔清高宗御製詩〕，三集。

梁啟超

1925 「新史學」，〔飲冰室文集〕，上海中華書局線裝本，乙丑重編，頁25-30。

章炳麟

1909 「原經」，〔國粹學報〕，己酉第五年第二册。

1917-19 〔文始〕，章氏叢書本，浙江圖書館校刊本。

〔檢論〕，同上。

〔春秋左傳讀敍錄〕，同上。

〔國故論衡〕，同上。

1933 〔春秋左氏疑義答問〕，〔章氏叢書續編〕，四川線裝本。

1939 「春秋三傳之起源及其得失」，〔制言〕，56期（9 月25日）。

1939 「略論讀史之法」，〔制言〕，53期（6 月）。

1974 〔國學略說〕，孫世楊校錄。章氏國學講習會印本；香港寰球文化服務社印本；臺北河洛圖書出版公司印本。

1982 〔春秋左傳讀〕，〔章太炎全集〕，第二册，上海人民出版社。

1985 〔章太炎全集〕，第五册，上海人民出版社。

章學誠

1972 〔文史通義〕，臺北國史研究社。

1936 〔章氏遺書〕，八册，上海商務印書館刊本。

1968　〔章實齋先生讀書劄記〕，臺北文華出版公司。
許　愼
1972　〔說文解字〕，徐鉉注，香港中華書局。
許冠三
1983　「劉知幾的實錄史學」，香港中文大學出版社。
常燕生
1936　〔生物史觀研究〕，上海大光書局。
郭大有
1586　〔評史心見〕，明萬曆十四年刻本。
郭沫若
1961　〔文史論集〕，北京人民出版社。
郭嵩燾
1974　〔史記札記〕，臺北世界書局。
陸　深
1545　「史通會要」，〔儼山外集〕，明嘉靖刻本。
康有爲
1969　〔新學僞經考〕，臺北世界書局。
曹　操
1973　〔曹操集〕，香港中華書局。
張文治（編）
1955　〔史書大綱〕，〔國學經史子集大綱全集〕，第二册，香港掃葉山房。
張心澂
1975　〔僞書通考〕，臺北宏業書局翻印本。
張西堂
1935　「左氏春秋考證序」，〔古史辨〕，册 5，頁263-292。
張　岱
1977　〔史闕〕，二册，臺北華世出版社。
1985　〔琅嬛文集〕，長沙岳麓書社。
1987　〔夜航船〕，劉耀林校注，浙江古籍出版社。
張　溥
〔七錄齋別集〕，二卷。
張爾田
1975　〔史微〕，臺北華世出版社。
張蔭麟
1956　〔張蔭麟文集〕，臺北中華叢書委員會。

陸　機

1982　〔陸機集〕，〔中國古典文學基本叢書〕，北京中華書局。

陳　亮

1974　〔陳亮集〕，二册，北京中華書局。

陳　垣

1962　〔史諱舉例〕，北京中華書局。

陳士元

〔史書論纂〕，四十卷，明萬曆十三年刊本。

陳師道

1984　〔後山居士文集〕，上海古籍出版社。

陳寅恪

1980　〔金明館叢稿〕初編、二編，上海古籍出版社。

1980　〔寒柳堂集〕，上海古籍出版社。

1978　〔元白詩箋證稿〕，上海古籍出版社。

陳　澧

1892　〔東塾集〕，六卷附「申范」一卷，光緒壬辰刋本。

1901　〔東塾讀書記〕，光緒辛丑邵州勸學書舍倣番禺陳氏本刋。

陳　韜（譯）

1967　〔史學方法論〕，臺北商務印書館。

崔　述

1910, 1927　〔史記探源〕。

1975　〔考信錄〕，收入〔崔東壁遺書〕，臺北河洛圖書出版社。

崔　適

1918　〔春秋復始〕。

馮　班

1937　〔純吟雜錄〕，〔叢書集成初編〕，上海商務印書館。

曾　鞏

1984　「戰國策目錄序」，〔曾鞏集〕，二册，北京中華書局，頁183-184。

曾國藩

1874　〔曾文正公文集〕，線裝五册，同治十三年傳忠書局校刋本。

1936, 1948　〔經史百家雜鈔〕，六册，上海世界書局。

「雲夢秦簡大事釋文」，〔文物〕，6、7期，1976。

〔雲夢秦簡研究〕，1981，北京中華書局。

黃宗羲

1964 〔南雷文定〕，臺北世界書局。

黃景防

〔讀史唯疑〕，十六卷八册，舊抄本，臺北中央研究院傅斯年圖書館藏。

焦 循

1611 〔焦氏澹園續集〕，明萬曆辛亥刻本。

程千凡（編）

1983 〔文論十箋〕，黑龍江人民出版社。

程至善

〔史砭〕，二卷，明宋葉刊本。

程 顥、程 頤

1981 〔二程集〕，四册，北京中華書局。

1957 〔春秋三傳〕，景印古本，粹芬閣藏本，臺北啟明書局。

傅 山

1984 〔霜紅龕集〕，二册，山西人民出版社影印。

傅東華（譯）

1926 〔亞里斯多德詩論〕，上海商務印書館。

傅斯年

1940, 1947 〔性命古訓辨證〕，二册，〔中央研究院歷史語言研究所單刋〕乙種之五，上海商務印書館

1967 「與顧頡剛論古史書」，〔傅斯年選集〕，臺北文星書店，册 3，頁405-444。

賈 誼

1976 〔賈誼集〕，上海人民出版社。

雷海宗

1941 「司馬遷的史學」，〔清華學報〕，13 卷，2 期（10月），頁1-6。

楊以任

〔讀史集識〕，一卷四册，明刊本。

楊樹達

1984 〔漢書窺管〕，二册，上海古籍出版社。

虞世南

1828 〔北堂書鈔〕，一六〇卷，二函二十本，道光八年本。

葛　洪

〔涉史隨筆〕，一卷，明弘治刊本。

葉　適

1981　〔葉適集〕，三册，北京中華書局。

萬斯同

1972　〔羣書疑辨〕，臺北廣文書局。

董仲舒

〔春秋繁露〕，十七卷，四部叢刊本。

齊思和

1981　〔中國史探研〕，北京中華書局。

趙　翼

1962　〔二十二史劄記〕，二册，臺北世界書局。

潘重規

1939　「讀文心雕龍札記」，〔制言〕，49期。

諸葛亮

1960, 1974　〔諸葛亮集〕，北京中華書局。

翦伯贊

1946　〔史料與史學〕，上海國際文化服務社發行。

鄭　樵

1935　〔通志〕，三册，上海商務印書館。

〔六經奧論〕，六卷，四庫全書本。

1992　〔鄭樵文集〕，吳懷祺校補，北京書目文獻出版社。

鄭鶴聲

1924　「漢隋間之史學」，〔學衡〕，33期（9月），頁4465-4546。

1930　〔史漢研究〕，上海商務印書館。

鄭鶴聲、鄭鶴春

1930, 1937　〔中國文獻學概要〕，〔國學小叢書〕，上海商務印書館。

增井經夫

1966　〔アヅアの歷史と歷史家〕，東京吉川弘文館。

1984　〔中國の歷史書——〔中國史學史〕，東京刀水書房。

歐陽詢（輯）

〔藝文類聚〕，一百卷，明王元貞校大字本。

蔡上翔

1969 〔王荆公年譜考略〕，上海人民出版社。

蔡尚思

1982 〔孔子思想體系〕，上海人民出版社。

劉 因

〔靜脩先生文集〕，四部叢刊初集部。

劉 安

1971 〔淮南子〕，高誘注集解本，〔新編諸子集成〕，第七册，臺北世界書局。

劉承幹

〔明史例案〕，一函四册，吳興劉氏嘉業堂，北京文物出版社。

劉知幾

1833 〔史通削繁〕，紀昀編，道光十三年線裝本，四卷三册。

1962 〔史通通釋〕，浦起龍釋，臺北世界書局。

劉師培

1950 「春秋左氏傳答問」，〔儀徵劉師培先生遺著〕本，臺北國民出版社。

劉 基

1981 〔郁離子〕，上海古籍出版社。

劉義慶

1972 〔世說新語〕，〔新編諸子集成〕第八册，臺北世界書局。

劉 節

1982 〔中國史學史稿〕，河南中州書畫社。

劉 勰

1923 〔文心雕龍〕，一函四册，上海會文堂書局。

1976 楊明照校注本，臺北河洛圖書出版社影印。

1984 元至正本，上海古籍出版社。

1986 〔劉子集校〕，上海古籍出版社。

盧南喬

1980 「論司馬遷及其歷史編纂學」，〔中國史學史論集〕，吳澤主編，上海人民出版社，册1，頁167-189。

錢大昕

1808 〔諸史拾遺〕，五卷，嘉興郡齋本。

1968 〔潛研堂文集〕，八册，〔國學基本叢書〕本，臺北商務印書館。

1971 「二十二史考異」，三册，臺北樂天出版社。

1978 〔十駕齋養新錄〕，二册，臺北商務印書館。

錢玄同

1935 「左氏春秋考證書後」，〔古史辨〕，册5，頁1-21。

錢基博

1962 〔經學通志〕，臺北中華書局。

錢　穆

1940, 1960 〔國史大綱〕，二册，臺北商務印書館。

錢謙益

〔初學集〕，線裝三十二册，四部叢刋本。

1972 〔錢牧齋文鈔〕，臺北廣文書局影印。

錢鍾書

1979, 1982 〔管錐編〕，四册；〔管錐編增訂〕，一册，北京中華書局。

1984 〔談藝錄〕，北京中華書局。

戴名世

1970 〔南山集〕，二册，活字版巾箱本影印，臺北華文書局。

戴　震

1980 〔戴震集〕，上海古籍出版社。

韓　非

1972 〔韓非子〕，王先愼集解本，〔新編諸子集成〕，第五册，臺北世界書局。

〔戰國策〕，四部備要本。

1976 〔戰國從橫家書〕，馬王堆漢墓帛書，北京文物出版社。

韓　愈

1964, 1973 「答劉秀才論史書」，〔韓昌黎集〕，香港商務印書館，外集第二卷。

1984 〔韓昌黎詩繫年集解〕，二册，錢仲聯集釋，上海古籍出版社。

繆文遠

1984 〔戰國策考辨〕，北京中華書局。

繆　鉞
1985　〔冰繭盦叢稿〕，上海古籍出版社。
鍾　惺
〔史懷〕，十七卷，明萬曆刊本。
〔禮記〕，十三經注疏本，二册，1980，北京中華書局。
顏之推
1972　〔顏氏家訓〕，〔新編諸子集成〕，第二册，臺北世界書局。
鎌田正
1964　〔左傳の成立と其の展開〕，東京大修館。
蕭　統（輯）
1976　〔文選〕，李善註，臺北藝文印書館。
藍文徵
1976　「范蔚宗的史學」，〔中國史學史論文選集〕，册1，頁304-310。
瞿式耜
1981　〔瞿式耜集〕，上海古籍出版社。
魏　源
1978　〔魏源集〕，二册，北京中華書局。
歸有光
1981　〔震川先生集〕，二册，上海古籍出版社。
瀧川龜太郎
1972　〔史記會注考證〕，臺北藝文印書館。
羅元鯤
1929　〔史學研究〕，上海開明書局。
羅根澤
1967　「戰國策作始蒯通考」，〔諸子考索〕，九龍學林書店，頁543-545。
蘇　洵
「史論上中下」、〔三蘇先生文集〕七十卷，明書林劉氏安正書堂刻本，頁 2-6。
蘇　軾
1981　〔蘇軾選集〕，劉乃昌選註，濟南齊魯書社。
〔東坡七集〕，四部備要本。
蘇　轍

1991 〔古史〕，臺北故宮博物院景印宋刊本二函八册。

釋智海

1961 〔六祖壇經箋注〕，高雄慶芳書局。

饒宗頤

1977 〔中國史學上之正統論〕，香港龍門書局。

顧炎武

1971 〔日知錄〕集解本，臺北世界書局。

1976 〔顧亭林詩文集〕，香港中華書局。

1963 〔蔣山傭殘稿〕，臺北世界書局。

顧　實

1927 〔漢書藝文志講疏〕，上海商務印書館。

顧頡剛

1982 〔古史辨〕，上海人民出版社重印本。

1983 （口述），〔中國史學入門〕，香港中國圖書刊印社。

龔自珍

1975 〔龔自珍全集〕，臺北河洛圖書出版公司翻印本，含〔定盦續集〕與〔定盦文拾遺〕。

（乙）西文書目

Aaron, Daniel ed.

1978 *Studies in Biography*, Harvard English Studies 8, Cambridge, Harvard University Press.

Acton, John Emerich Edward Dalberg.

1886 "German School of History," *English Historical Review*, (January), pp. 7-42.

1957 *Essays on Freedom and Power*, Selected and with a new introduction by Gertrude Himmelgarb. New York, Meridian Books.

1961 "Inaugural Lecture on the Study of History",

in *Lectures on Modern History*, New York, Meridian Books, pp. 17-14.

Adams, Henry.

1918, 1961 *The Education of Henry Adams, An Autobiography*, Boston, Houghton Mifflin Co.

Agard, Walter R.

1957 *The Greek Mind*, Pronceton, D. Van Nostrand Co.

Anderson, Frank Maloy.

1948 *The Mystery of "A Public Man"*, Minneapolis, University of Minnesota Press.

Angus-Butterworth, L. M.

1961 *Ten Master Historians*. Aberdeen, University Press.

Arendt, Hannah.

1954, 1968 *Betwaen Past and Future*, New York, The Viking Press.

Aron, Raymond.

1948, 1962 *Introduction to Philosophy of History*, Boston, Beacon Press.

Atkinson, R. F.

1978 *Knowledge and Explanation in History*, Ithica, Cornell University Press.

Augustine, St.

1963 *The City of God*, Abridged and translated by J. W. C. Wand. Oxford, Oxford University Press.

Aydelotte, William O.

1971 *Quantification in History*, London, Addison-

Wesley.

Bacon, Francis.

1623 *De Augmentis Scientiarum.*

Bagby, Philip.

1958, 1963 *Culture and History: Prolegomena to the Comparative Study of Civilization,* Berkerley, University of California Press.

Barker, John.

1982 *The Super-Historians, Makers of Our Past,* New York, Charles Scribner's Sons.

Barnes, Harry Elmer.

1963 *A History of Historical Writing,* Second Revised Edition, New York, Dover Publications.

Barzun, Jaques.

1974 *Clio and the Doctors: Psycho-history Quanto-history and History,* Chicago, the University of Chicago Press.

1989 *The Culture We Deserve,* Middletown, Wesleyan University Press.

Beasley, W. G. & Pulleyblank, E. ed.

1961 *Historians of China and Japan,* Oxford University Press.

Becker, Carl.

1935 *Everyman His Own Historian: Essays on History and Politics,* New York, Appleton-Century-Crofts.

Berlin, Isaiah.

1969 "Historical Inevitability", *Four Essays on Liberty,* Oxford University Press, pp. 41-117.

1963 *Karl Marx: His Life and Environment*, New York, Time Reading Program Special Edition.

1961, 1976 *Vico and Herder, Two Studies in the History of Ideas*, New York, Vintage.

Bernheim, Ernest.

1914, 1970 *Lehrbuch der Historischen Methode und der Geschichtsphilosophie*, New York, Burt Franklin.

Blegen, Theodore C.

1947 *Grass Root History*, Minneapolis.

Block, Marc.

1961, 1974 *Feudal Society*, 2 vols. Translated by L. A. Manyon. Chicago, the University of Chicago Press.

1953 *The Historian's Craft*. Translated by Peter Putnam. New York, Vintage Books.

Bober, M. A.

1927, 1948 *Karl Marx's Interpretation of History, A Study of the Central Thesis of the Marx-Engels Doctrine of Social Evolution*, Second Revised Edition. New York, Norton.

Boswell, James.

1952 *The Life of Samuel Johnson*, New York, the Modern Library.

Bowen, Catherine D.

1968 *Biography, the Craft and the Calling*, Boston, Little Brown.

Bowen, Elizabeth.

1936 *The House in Paris*, London.

Braithwaith, R. B.

1960 *Scientific Explanation, A Study of the Function of Theory Probability and Law in Science*, New York, Harper.

Braudel, Fernand.

1980 *On History*, Translated by Sarah Matthews. Chicago, the University of Chicago Press.

1979 *The Structures of Everyday Life*, 3 vols. New York, Harper & Row.

1958 "Historie et Sciences Sociales, la longue duree", *Annales*, Ocotober-December, pp. 725-53.

1949 *La Mediterranee et le Monde Mediterraneen a l'Epoque de Philip II*, Paris.

1966 The Mediterranean and the Mediterranean World in the Age of Philip II, 2 vols. New York, Harper & Row.

Bredyaev, Nicholas.

1936, 1962 *The Meaning of History*, Translated from Russian by George Reavey. Cleveland and New York, The World Publishing Co.

Breisach, Ernst.

1983 *Historiography, Ancient, Medieval, and Modern*, Chicago, the University of Chicago Press.

Bronowski, J. & Mazlish, Bruce.

1960, 1962 *The Western Intellectual Tradition, From Leonardo to Hegel*, New York, Harper & Row.

Bruni, Leonardo (1369-1444).

The Twelve Books of Florentine History.

Burckhardt, Jacob.

1943 *Reflections on History*, Translated by Mary D. Hottinger. London, Allen & Unwin.

Burr, George Lincoln.

1917 "The Freedom of History", *American Historical Review*, Vol. XXII, No. 2 (January), pp. 253-71.

Bury, J. B.

1909 *The Ancient Greek Historians*, London, McMillan.

1956 "The Science of History", in Fritz Stem ed. *The Varieties of History, from Voltarire to the Present*, New York, Meridian Books, pp. 209-26.

Butterfield, Herbert.

1981 *The Origins of History*, Edited with an Introduction by Adam Watson. New York, Basic Books.

1931, 1963 *The Whig Interpretation of History*, New York, Norton.

1952 "Moral Judgements in History", *History and Human Relations*, New York, Macmillan, pp. 101-30.

Cairns, Grace E.

1962 *Philosophies of History, Meeting of East and West in Cycle-pattern Theories of History*, New York, The Citadel Press.

Cannon, John ed.

1980 *The Historian at Work*, London, Boston, Sydney, George, Allen & Unwin.

Carlyle, Thomas.

1895 *Critical and Miscellaneous Essays, in Works*, Centenary Edition, London, vols. XXVI-XXX.

n.d. *On Heroes, Hero-worship, and the Heroic in History*, Pathfinder Publishing Co.

Carr, Edward H.

1964 *What is History*, New York, Knopf.

Clark, G. Kitson.

1967 *The Critical Historian*, New York, Basic Books.

1962 *The Making of Victorian England*, Cambridge, Mass., Harvard University Press.

Clifford, James L. ed.

1962 *Biography As an Art, Selected Criticism 1560-1960*, New York, Oxford University Press.

Clives, John.

1974 *Macaulay, the Shaping of the Historian*, New York, Knopf.

Cohen, G. A.

1978 *Karl Marx's Theory, of History, a Defence*, Princeton.

Collingwood, R. G.

1956 *The Idea of History*, New York, Oxford University Press.

Commager, Henry S.

1965, 1966 *The Study of History*, Columbus, Merrill.

Conersky, Milton.

1968 "Hintze and the Legacy of Ranke", in Hayden V. White ed., *The Uses of History*, Detroit,

Wayne State University Press, pp. 107-26.

Cornford, Francis M.

1907, 1971 *Thucydides Mythistoricus*, Philadelphia, University of Pennsylvania Press.

Court, W. H. B.

1962 "Economic History", in H. P. R. Finberg ed. *Approaches to History*, Toronto, University of Toronto Press, pp. 17-50.

Creel, H. G.

1949 *Confucius, the Man and the Myth*, New York, John Day.

Croce, Benodetto.

1941 *History as the Story of Liberty*, Translated by Sylvia Sprigge. New York, Norton.

1920 *Teoria e storia della storiografia*, Roma.

Crump, J. I. **Jr.**

1970 *Chan-kuo Ts'e, Translated from the Chinese*, Oxford, Clarendon Press.

1964 *Intrigues, Studies of the Chan-kuo Ts'e*, Ann Arbor, University of Michigan Press.

Cumont, Franz Valery Marie.

1956 *Oriental Religions in Roman Paganism*, Dover.

Damon, Philip ed.

1967 *Literary Criticism and Historical Understanding*, New York & London, Columbia University Press.

Daniel, Glyn.

1962 *The Idea of Prehistory*, Mitcham, Penguin.

Dance, E. H.

1960 *History the Betrayer, A Study in Bias*, London, Hutchinson.

Danto, Aruthur C.

1968 *Analytical Philosophy of History*, Cambridge, Cambridge University Press.

Dawson, Christopher ed.

1957, 1964 *St. Augustine and His Age*, Cleveland & New York, Meridian Books.

Dray, William.

1957, 1970 *Laws and Explanations in History*, Oxford University Press.

Droysen, Johann Gustav.

1966 *Geschichte Alexanders des Grossen*, Darmstadt, Wissenschaftliche Buchgesellschaft.

1868-86 *Geschichte der Prossischen Politik*, 14 vols. Leipzig.

Dunning, William.

1937 *Truth in History*, New York, Columbia University Press.

Durant, William & Ariel.

1968 *The Lessons of History*, New York, Simon & Schuster.

Edmunds, Lowell.

1975 *Chance and Intelligence in Thucydides*, Cambridge, Mass., Harvard University Press.

Eissler, K. R.

1963 *Goethe, a Psychological Study, 1775-1786*, 2 vols. Detroit, Wayne State University Press.

Elton, G. R.

1967 *The Practice of History,* New York, T. Y. Crowell.

Erickson, Erick.

1958, 1962 *Young Man Luther, A Study in Psychoanalysis and History,* New York, Norton.

Fischer, Fritz.

1974 *World Power or Decline, the Controversy over Germany's Aims in the First World War,* Translated by Lancelot Farrar, et al. New York, Norton.

Fleischer, Helmut.

1969 *Marxism and History,* Translated by Eric Mosbacher. New York, Harper & Row.

Fauconnet, Andre.

1925 *Un Philosophe Allemand Contemporain, Oswald Spengler,* Paris.

Fischer, David Hackett.

1970 *The Historian's Fallacy, Toward a Logic of Historical Thought,* New York, Harper & Row.

Florinsky, Michael.

1959 *Russia,* 2 vols. New York, Macmillan.

Ford, J. B.

1963 "Sorokin as Philosopher", in Philip J. Allen ed. *Piterim A. Sorokin in Review,* Durham, Duke University Press.

Fraser, J. J.

1975 *Of Time Passion and Knowledge, Reflections on the Strategy of Existence,* New York,

George Braziller.

Freeman, Edward A.

1886 *The Method of History Studies, Eight Lectures*, London, Macmillan.

Freud, S. & Bullitt, W. C.

1967 *Thomas Woodrow Wilson, A Psychological Study*, Boston, Houghton Mifflin.

Fustel de Coulanges.

1875-1892 *Historie des institutions politiques de l'ancienne France*, 6 vols. Paris.

Gallie, W. B.

1964, 1968 *Philosophy and the Historical Understanding*, Second Edition. New York, Schocken Books.

Gardiner, Patrick.

1952, 1965 *The Nature of Historical Explanation*, Oxford University Press.

Garraty, John.

1957, 1964 *The Nature of Biography*, New York, Vintage Books.

Gay, Peter.

1974 *Style in History*, New York, Basic Books.

1985 *Freud for Historians*, New York, Oxford University Press.

George, Rev. H. B.

1909 *Historical Evidence*, Oxford at the Clarendon Press.

Gibbon, Edward.

The Decline and Fall of the Roman Empire, Complete and unabridged in three volumes. Modern Library Giant Edition.

1966 *Edward Gibbon, Memoirs of My Life,* Edited by Georges A. Bonard. London, Nelson.

1961 *The Autobiography of Edward Giddon,* A New and Revised Edition. New York, Meridian Books.

Ginsbery, Morris.

1957-61 *Essays in Sociology and Social Philosophy,* New York, Macmillan.

Gittings, Robert.

1978 *The Nature of Biography,* Seattle, University of Washington Press.

Goel, Dharmendra.

1961 *Philosophy of History, A Critical Study of Recent Philosophies of History,* India, Yogantar Press.

Gooch, G. P.

1913, 1962 *History and Historians in the Nineteenth Century,* Boston, Beacon Press.

Gorman, J. L.

1982 *The Expression of Historical Knowledge,* Edinburgh, University of Edinburgh Press.

Gottschalk, Louis ed.

1963 *Generalization in the Writing of History,* Chicago & London, The University of Chicago Press.

Grant, Michael.

1970 *The Ancient Historians*, New York, Scribner's Son.

Granets, Marcel.

1934 *La Pensee Chinoise*, Paris.

Greer, Donald.

1966 *The Incidence of the Terror during the French Revolution, A Statistical Interpretation*, Harvard Historical Monographs, VIII. Cloucester, Mass., P. Smith.

Guicciardini, Francesco.

1969 *Storia d'Italia* (1561). English Translation entitled History of Italy by Sidney Alexander. New York, Macmillan.

Handlin, Oscar.

1979 *Truth in History*, Cambridge, Harvard University Press.

Harrison, John A.

1972 *The Chinese Empire*, New York, Harbinger Books.

Hegel, Georg Wihelm Friedrich.

1956 *The Philosophy of History*, New York, Dover.

Hempel, Carl G.

1959, 1960 "The Function of General Laws in History", in Patrick Gardiner ed. *Theories of History*, Glencae, The Free Press, pp. 344-55.

1965 *Aspects of Scientific Explanation*, New York, The Free Press.

Herder, Johann Gottfried von.

1968 *Reflections on the Philosophy of the History of Mankind.* Abridged and with introduction by Frank E. Manuel. Chicago & London, The University of Chicago Press.

Herodotus.

1987 *The History,* Translated by David Grene. Chicago & London, The University of Chicago Press.

Hexter, J. H.

1971 *The History Primer,* New York, Basic Books.

Higgins, George V.

1974, 1985 *The Friends of Richard Nixon,* Boston & Toronto, Little Brown.

Hightower, James R.

1954 "Ch'u Yuan Studies", Silver Jubilee Volume of the *Zinbun-Kagaku Kenkyusya,* Kyoto, pp. 192-223.

Himmefarb, Gertrude.

1962 *Lord Acton, A Study in Conscience and Politics,* Chicago, The University of Chicago Press.

Ho, Ping-ti.

1962, 1967 *The Ladder of Success in Imperial China, Aspects of Social Mobility, 1368-1911,* New York, Columbia University Press.

Hodges, H. A.

1944 *William Dilthey, An Introduction,* London.

Holborn, Hajo.

1950 "Wilhelm Dilthey and the Critique of Historical Reason", *Journal of the History of Ideas.* Vol. XI, No. 1 (January), pp. 93-118.

Hughes, H. Stuart.

1962 *Oswald Spengler, A Critical Estimate,* New York, Scribner's Sons.

Iggers, George G.

1975 *New Directions in European Historiography,* Middletown, Wesleyan University Press.

1968 *The German Conception of History, the National Tradition of Historical Thought from Herder to the Present,* Middletown, Wesleyan University Press.

Janet, Paul.

1913 *Histoire de la Sciene Politique dans ses Rapports avec la Morale,* Paris, Librairie Felix Alcan.

Johnson, Allen.

1930 *The Historian and Historical Evidence,* New York, Scribner's Sons.

Jordan, Winthrop.

1974, 1976 *The Whiteman's Burden, Historical Origins of Racism in the United States,* London & New York, Oxford University Press.

Jose Ortega y Gasset.

1973, 1975 *An Interpretation of Universal History,* Translated by Mildred Adams. New York, Norton.

Joyce, Michael.

1953 *Edward Gibbon,* London, New York, & Toronto, Longmans, Green & Co.

Kendall, Paul Murray.

1965 *The Art of Biography,* New York, Norton Library.

Kipling, Rudyard.

1899 "The Ballad of East and West".

Kissinger, Henry A.

1964 *A World Restored, the Politics of Conservatism in a Revolutionary Age,* New York, the Universal Library.

Kitto, H. D. F.

1951, 1960 *The Greeks, A Study of the Character and History of an Ancient Civilization and of the People Who Created It,* Baltimore, Penguin Books.

Kostomarov, Nikolai I.

1922 *Autobiografia N. J. Kostomarov,* Moscow.

LaCapra, Dominick.

1983 *Rethinking Intellectual History, Texts, Contexts, Language,* Ithaca, Cornell University Press.

1985 *History and Criticism,* Ithaca & London, Cornell University Press.

Ladurie, Emmanuel Le Roy.

1979 *Montaillou, the Promised Land of Error,* Translated by Barbara Bray. New York, Vintage

Books.

Langlois, C. V. & Seignobos, C.

1925 *Introduction to the Study of History*, Translated by G. G. Berry. London.

Laistner, M. L. W.

1966 *The Greater Roman Historians*, Berkeley & London, University of California Press.

Lea, Henry Charles.

1903 "Ethical Value in History", *American Historical Review*, Vol. IX, No. 2 (January), pp. 233-46.

Lee, Dwight E. & Beck, Robert N.

1954 "The Meaning of Historicism", *American Historical Review*, Vol. LIX, No. 3 (April), pp. 568-77.

Lefebvre, G.

1947 *The Comming of the French Revolution*, Translated from the French by R. R. Palmer. New Jersey, Princeton University Press.

1978 *Reflexions sur l'histoire*, Paris, Francois Maspero.

Leff, Gordon.

1969 *History and Social Theory*, London, The Merlin Press.

Levenson, Joseph.

1953 "History and Value: the Tension of Intellectual Choice in Modern China", in Arthur Wright ed. *Studies in Chinese Thought*, Chicago &

London, The University of Chicago Press, pp. 146-94.

Leys, Simon.

1983 "Qian Zhongshu", *Le Monde,* 10 Juin, p. 15.

Lovejoy, Arthur O.

1936, 1965 *The Great Chain of Being, A Study of the History of an Idea,* New York, Harper & Row.

Low, David M.

1937 *Edward Gibbon, 1737-1774,* London, Chatto & Windus.

Luce, T. J.

1977 *Livy, the Composition of His History,* New Jersey, Princeton University Press.

Lukacs, John.

1968 *Historical Consciousness, or the Remembered Past,* New York, Harper & Row.

Macaulay, Thomas Babington.

1957 *History of England, from the Accession of James II*, 3 vols. Philadelphia, Porter & Coates.

1968 An abridged edition in the Great Histories Series with an introduction by H. R. Trevor-Roper. New York, Washington Squares Press.

Machiavelli, Niccolo.

1970, 1985 *The Discourses,* Translated by L. J. Walker. New York, Penguin Books.

1974 *The Prince,* Translated & Edited by Thomas G. Bergin. Arlington Heights, AHM.

McCormick, Richard P.

1960 "New Perspectives on Jacksonian Politics", *American Historical Review*, Vol. LXV, No. 2 (January), pp. 288-301.

McCullagh, C. Behan

1984 *Justifying Historical Description*, Cambridge University Press.

McNeill, William H.

1976 *Plagues and Peoples*, New York, Anchor Press.

1989 *Arnold J. Toynbee, A Life*, New York, Oxford University Press.

Mandelbaum, Maurice.

1938, 1967 *The Problem of Historical Knowledge, An Answer to Relativism*, New York, Evanston, London, Harper Torchbooks.

1977 *The Anatomy of Historical Knowledge*, Baltimore & London, the John Hopkins University Press.

Mannheim, Karl.

1936 *Idology and Utopia, an Introduction to the Sociology of Knowledge*, New York, A Harvest Books.

Maritain, Jacques.

1961 *On the Use of Philosophy*, New Jersey, Princeton University Press.

Maspero, Henri.

"Le Roman de Sou Ts'in", *Etudes asiatiques publiees par l'Ecole francaise d'Extreme-Orient a l'occasion de son 25c anniversaire,* pp. 127-41.

Mastin, Rex.

1977 *Historical Explanation: Re-enactment and Practical Inference*, Ithaca and London, Cornell Unirersity Press.

Meinecke, Friedrick.

1970 *Cosmopolitanism and the National State*, Translatcd by Robert B. Kimber. New Jersey, Princeton University Press.

1950 *The German Catastrophe*, Translated by Sidney B. Fay. Cambridge, Mass., Harvard University Press.

1959, 1972 *Historicism, the Rise of a New Historical Outlook*, Translated by J. E. Anderson. New York, Herder & Herder.

1957 *Die Idee der Staatsrason in der neueren Geschichte*.

Meyerhaff, Hans.

1960 "Review of Theories of History", *History and Theory*, Vol. 1, No. 1, pp. 90-97.

Michelet, Jules.

1874 *Histoire de la Revolution Francaise*, 2 vols. Paris.

1967 English translation entitled History of the French Revolution by Charles Cocks. Chicago & London, The University of Chicago Press.

Mink, Louis O.

1969 *Mind, History and Dialectic, the Philosophy of R.G. Collingwood*, Bloomington & London,

Indiana University Press.

Mitchell, J. B.

1954, 1967 *Historical Geography*, London, the English University Press.

Mommsen, Theodor.

1958 *The History of Rome*. A new edition by Dero A. Saunders & John H. Collins. Cleveland & New York, the World Publishing Co.

Money-Kyrle, R. E.

1951 *Psychoanalysis and Politics, a Contribution to the Psychology of Politics and Morals*, London.

Motley, John.

1880 *The History of the United Netherland*, 4 vols. New York, Harper and Brothers.

1889 *The Correspondence of John L. Motley*, 2 vols. New York, Harper and Brothers.

1898 *The Rise of the Dutch Republic*, 2 vols. Philadelphia, Henry Altemus.

Murphey, M. G.

1973 *Our Knowledge of Historical Past*, Indianapolis & New York, Bobbs-Merrill.

Namias, Herome.

1981 "Severe Drought and Recent History", in Robert Rotberg and Theodore K. Rabb ed., *Climate and History*, New Jersey, Princeton University Press, pp. 117-32.

Needham, Joseph.

1969 "Time and Eastern Man", in *The Grand Titra-*

tion, Science and Society in East and West, Toronto, University of Toronto Press, pp. 218-98.

Neff , Emery.

1947, 1961 *The Poetry of History*, New York, & London, Columbia University Press.

Nevins, Allan.

1938, 1962 *The Gateway to History*, New Revised Edition. New York, Doubleday.

Nugent, W. T. K.

1967, 1973 *Creative History*, Second Edition. Philadelphia, J. B. Lippincott.

Olafson, Frederick A.

1970 "Narrative History and the Concept to Action", *History and Theory*, Vol. 9, No. 3, pp. 265-89.

Oman, Sir Charles.

1939 *On the Writing of History*, London, Methuem & Co.

Palgrave, Francis T.

1903 *The Golden Treasury, Selected from the Best Songs and Lyrical Poems*.

Petrie, Sir Charles.

1972 *A Historian Looks at His World*, London, Sidgwick & Jackson.

Philips, Mark.

1977 *Francesco Guicciardini, the Historian's Craft*, Toronto & Buffalo, University of Toronto

Press.

Plato.

1928 *The Republic*, With an Introduction by Charles M. Bakewell. The Modern Student's Library. New York, Chicago, Boston, Scribner's Sons.

1954, 1959 *The Last Days of Socrates*, Baltimore, Penguin Books.

1956 *Great Dialogues of Plato*, New York & Toronto, A Mentor Book.

Plumb, J. H.

1969, 1978 *The Death of the Past*, London, Macmillan.

Poincare, Jules H.

1909 *La Science et l'hypothese*, Paris, E. Flammarion.

1952 New York, Dover Publications.

Polybius.

1960 *The Histories*, Cambridge, Mass., Harvard University Press.

Popper, Karl R.

1962, 1963 *The Open Society and Its Enemies*, 2 vols. New York, Harper and Row.

Pouncey, Peter R.

1980 *The Necessities of War. a Study of Thucydides' Pessimism*, New York, Columbia University Press.

Preussische Jahrbucher, VII (1861).

Ranke, Leopold von.

1973 *The Theory and Practice of History*, Edited

with an Introduction by George G. Iggers and K. von Moltke. New York, Bobbs-Merrill.

1901 *History of the Popes, Their Church and State,* New York, Colonial Press.

1966 *History of Roformation in Germany,* Translated by Sarah Austin. New York, F. Unger Publishing Co.

1981 *The Secret of World History, Selected Writings on the Art and Science of History,* Edited with Translation by Roger Wines. New York, Fordham University Press.

1818-1824 *Geschichte der romanischen und germanischen volker.*

1852 *Deutsche geschichte im zeitalter der reformation,* Berlin, Duncher und Humblot.

Read, Conyers.

1950 "Social Responsibilities of the Historians", *American Historical Review,* Vol. LV, No. 2 (January), pp. 275-85.

Redford, A.

1974 *Economic History of England, 1760-1860,* A Greenwood Achival Edition.

Renier, G. J.

1950, 1965 *History, Its Purpose and Method,* New York, Harper and Row.

Riasanovsky, Alexander V. ed.

1963 *Generalization in Historical Writing,* Philadelphia, University of Pennsylvania Press.

Ricoeur, Paul.

1976 "History and Hermeneutics", *Journal of Philosophy*, Vol. LXXIII, No. 19 (November), pp. 683-95.

Robinson, James H.

1912, 1965 *The New History*, New York, Free Press.

Russell, Bertrand.

1951, 1968 *The Autobiography of Bertrand Russell*, Boston, Little Brown.

1945, 1959 *A History of Western Philosophy, and Its Connection with Political and Social Circumstances from the Earliest Times to the Present Day*, New York, Simon & Schuster.

Salomone, A. William.

1969 "Pluralism and Universality in Vico's Scienza Nuova", in Giorgio Tagliacozzo ed., *Biambattista Vico, An International Symposium*, Baltimore, The John Hopkins University Press, pp. 517-42.

Santayana, George.

1986 *Works of Santayana*, Cambridge, Mass., MIT Press.

Schlesinger, Arthur jr.

1967 "On the Writing of Contemporary History", *The Atlantic*, (March), pp. 69-74.

Schwartz, Bejamin I.

1963 *In Search of Wealth and Power, Yen Fu and the West*, Cambridge, Mass., Harvard

University Press.

Seligman, Edwin R. A.

1902, 1961 *The Economic Interpretation of History*, Second Revised Edition. New York & London, Columbia University Press.

de Selincourt, Aubrey.

1962 *The World of Herodotus*, Boston, Little Brown.

Scott, Sir Walter.

1829 *Waverley Novels*, Crowell.

Shotwell, James.

1939 *The History of History*, New York, Columbia University Press.

Sivin, Nathan.

1966 "The Chinese Conception of Time", *Earlham Review*, Vol. 1, pp. 82-91.

Smith, Page.

1960, 1964 *The Historian and History*, New York, Vintage Books.

Spengler, Oswald.

1926 *The Decline of the West, Form and Actuality*, New York, Knopf.

Sorokin, Pitirim.

1962 A *Social and Cultural Dynamics*, 4 vols. New York, the Bedminister Press.

Stephens, H. Morse.

1916 "Nationality and History", *American Historical Review*, Vol. XXI, No. 2 (January), pp. 225-36.

Stern, Fritz ed.

1956 *The Varities of History, from Voltaire to the Present*, New York, Meridian Books.

Strauss, Leo.

1958, 1969 *Thoughts on Machiavelli*, Seattle, University of Washington Press.

Stromberg, Roland.

1972 *Arnold Toynbee, Historian for an Age of Crisis*, London & Amsterdam, Peffer & Simons.

Stuckenberg, J. H. W.

1882 *The Life of Immanuel Kant*, London, Macmillan.

Swingle, Wager T.

1927 "Chinese Historical Sources", *American Historical Review*, Vol. XXVI, No. 4 (July), pp. 717-25.

Tacitus, Cornelius.

1964, 1984 *The Histories*, Middlesex, N. Y. , Penguin.

Taylor, A. J. P.

1982 *Politicians, Socialism and Historians*, N. Y. Stein and Day.

1950, 1976 *Essays in English History*, New York, Penguin Books.

1961, 1983 *The Origins of the Second World War*, New York, Atheneum.

Teggart, Frederick J.

1962 *Theory and Process of History*, Berkeley & Los Angles, University of California Press.

Tholfsen, Trygve.

1967 *Historical Thinking*, New York, Evanston & London, Harper and Row.

Thompson, Paul.

1978 *The Voice of the Past, Oral History*, Oxford, London & New York, Oxford University Press.

Thucydides.

1954, 1972 *The History of Peloponesian War*, Middlesex, N. Y., Penguin Books.

1963 An abridged version with an introduction by Hugh Trevor-Roper can be found in The Great Histories Series. New York, Washington Square Press.

Toynbee, Arnold J.

1956 *A Study of History*, 10 vols. London & New York, Oxford University Press.

1952, 1962 transl., *Greek Historical Thought*, New York, A Mentor Book.

1956 *Toynbee and History, Critical Essays and Reviews*, M. F. Ashley Montagn ed., Boston, Porter Sargent.

Treitschke, Heinrich G. von.

1907 *Historische und politische aufsatzig*, Leiozug, S. Hirzel.

1927 *Deutsche geschichte im neunzehnten jahrhundert*, Berlin, E. Reiss.

Trevelyan, George Macaulay.

1919 *The Recreations of an Historian*, Lodon, Edinburgh, and New York.

1948 *Garibaldi and the Making of Italy*, London,

Longmans.

1949 *An Antobiography and Other Essays*, London, Longmans.

Trevor-Roper, Hugh.

1980 *History and Imagination*, A Valedictory Lecture delivered before the University of Oxford on 20 May. Oxford: Clarendon Press.

Troetlsch, Ernst.

1922 *Der Historismus und seine probleme Gesammelte Werke*, Tuebingen.

Tuchman, Barbara W.

1967 "Can History Use Freud? The Case of Woodrow Wilson", *The Atlantic*, Vol. 219, No. 2 (Feb.)

1982 Reprint as "Woodrow Wilson on Frued's Couch", in *Practicing History, Selected Essays*, New York, Ballantine Books, pp. 146-57.

Usher, Stephen.

1969 *The Historians of Greece and Rome*, New York, Taplinger.

Vico, Giambattista.

1961, 1970 *The New Science of Giambattista Vico*, Translated from the third edition by Thomas C. Bergin & Max H. Fisch. Ithaca & London, Cornell University Press.

Waelder, Robert.

1971 "Psychoanalysis and History, Application of Psychoanalysis to Historiography", in Benjamin B. Wolman ed., *The Psychoanalytic Interpretation of History*, New York & London, Basic

Books, pp. 3-32.

Walsh, W. W.

1951, 1958 *Philosophy of History, an Introduction,* New York, Harper Tochbooks.

Watson, Burton.

1958 *Ssu-ma Ch'ien, the Grand Historian of China,* New York, Columbia University Press.

Watson, Goodwin.

1940 *Clio and Psyche, Some Interpretations of Psychology and History.*

Weber, Max.

1958 *Essays in Sociology, from Max Weber,* Translated and edited with an introduction by H. H. Gerth and C. Wright Mills. New York, Oxford University Press.

Wedgwood, C. V.

1960 *Truth and Opinion, Historical Essays,* London, Collins.

White, Hayden.

1973 *Metahistory, the Historical Imagination in Nineteenth Century Europe,* Baltimore & London, The John Hopkins University Press.

White, Morton.

1943 "Historical Explanation", *Mind.* Microfilm.

1965 *Foundations of Historical Knowledge,* Cambridge, Mass., Harvard University Press.

Winks, Robin W. ed.

1968 *The Historian as Detective, Essays on Evidence,* New York, Evanston & London.

Wong, Young-tsu.

1989 *Search for Modern Nationalism, Zhang Binglin and Revolutionary China*, Hong Kong: Oxford University Press.

Woodward, C. Van.

1957 *The Strange Career of Jim Crow*, New York, Oxford University Press.

Yeats, William Butter.

1951 *The Trembling of the Veil, Collected Poems*, New York, Macmillan.

Young, Louise Merwin.

1939, 1971 *Thomas Carlyle and the art of Histary.* New York: Octagon Books.

譯名對照表

索　　引

六　劃

七　劃

八　劃

九　劃

十　劃

十一劃

十 二 劃

十 三 劃

十四劃

十五劃

十 六 劃

十 七 劃

十八劃

十九劃

二十劃

二十一劃

二十二劃

史傳通說

2021年11月三版　　定價：新臺幣580元
2022年3月三版二刷

著　者　汪榮祖

出版者	聯經出版事業股份有限公司	副總編輯	陳逸華
地址	新北市汐止區大同路一段369號1樓	總編輯	涂豐恩
叢書主編電話	(02)86925588轉5305	總經理	陳芝宇
台北聯經書房	台北市新生南路三段94號	社長	羅國俊
電話	(02)23620308	發行人	林載爵
台中分公司	台中市北區崇德路一段198號		
暨門市電話	(04)22312023		
郵政劃撥帳戶第	0100559-3號		
郵撥電話	(02)23620308		
印刷者	世和印製企業有限公司		
總經銷	聯合發行股份有限公司		
發行所	新北市新店區寶橋路235巷6弄6號2F		
電話	(02)29178022		

行政院新聞局出版事業登記證局版臺業字第0130號

本書如有缺頁，破損，倒裝請寄回台北聯經書房更換。　ISBN 978-957-08-6114-3 (精裝)
聯經網址 http://www.linkingbooks.com.tw
電子信箱 e-mail:linking@udngroup.com

國家圖書館出版品預行編目資料

史傳通說/汪榮祖著．三版．新北市．聯經．2021.11
375面．14.8×21公分．
ISBN 978-957-08-6114-3（精裝）
[2022年3月三版二刷]

1.通靈術

601 110018352